지적인
생각법

영리하게 세상을 살아가는 힘

지적인 생각법

THE INTELLECTUAL THINKING

이주형 지음

위즈덤하우스

머리말

구두장이 셋이 모이면 제갈공명보다 낫다는 말이 있다. 아무리 제갈공명이라 해도 자기가 아는 것만을 과신하고 제 주장만 한다면 구두장이만 못하다는 의미이리라. 지식이 많은 것과 그 지식을 지혜로 만들어 삶에서 구현하는 것은 완전히 다른 차원의 일이다.

그런데 안타깝게도 오늘날의 지식 환경은 그 일을 점점 더 어렵게 하고 있다. 홍수에 마실 물 없다고, 날마다 정보의 홍수 속에서 헤엄치고 있음에도 우리가 접하는 그 많은 정보는 대부분 사장되거나 잊히고 만다. 더욱이 받아들인 지식이 내면화되어 실제 우리 삶에서 지혜로 빛을 발하는 일은 많지 않다. 누구에게나 지식에 대한 욕구와 갈망이 있지만, 사방에서 밀려드는 지식을 잘 정리해서 삶에 현명하게 적용하기에는 너무나 바쁘게 살고 있기 때문이다.

이 책은 바로 정글과 같은 이 세상에서 손해 보지 않고 남들보다 더 똑똑하게, 더 지혜롭고 영리하게 사는 방법은 없을까 하는 고민에서 시작되었다. 정신적으로나 물리적으로나 여유가 없는 현대인들에게 사회에서 관찰할 수 있는 법칙, 효과, 이론, 증후군 등을 쉽게 설명해주고자 하는 게 출발점이었다.

그래서 맨 처음 한 일이 법칙의 선정 기준을 잡는 것이었다. '어디서 들어본 것 같기는 한데 정확히 설명하기는 어렵고, 그렇다고 모른다고 하기엔 부끄러울 수 있는 것'을 기본으로 하여, 요즘 가장 많이 사용되는 법칙들을 선정했다. 그리고 심리학이나 마케팅에 치우

쳤던 기존 도서들과 다르게 경영, 경제, 정치, 심리, 사회, 엔터테인먼트, 스포츠, 고전 등에 이르기까지 분야도 크게 넓혔다. 잠깐 듣고 잊히는 수많은 정보 중 하나가 되지 않도록 현실적이고 실제적인 사례들을 풍부하게 소개하여 피부에 와 닿게 했다. 이 내용만 숙지하더라도 웬만한 사회 현상과 사람들의 생각을 깊이 이해하고 수용할 수 있게 될 것이다.

기획안을 작성하고 프레젠테이션이나 강의를 통해 자신보다 더 똑똑한 청중을 설득해야 하는 직장인, 당장 사회에 나올 일이 걱정되어 여러 가지 배경지식을 쌓기에 여념이 없는 학생, 사회인 못지않은 지적 욕구를 가진 전업주부 등 모든 계층의 모든 이들에게 실질적이고 직접적인 도움을 줄 것이다.

거래처를 설득하거나 자녀에게 훈계를 하거나 친구들끼리 일상적인 대화를 할 때 이 책에 제시된 법칙들을 활용하기를 바란다. 높은 신뢰도와 설득력을 갖춘 대화 스킬로 구두장이 천 명이 모여도 끄떡없는 제갈공명이 될 것이다. 설득의 달인이 되는 데서 멈추는 것이 아니라 사회의 폭넓은 스펙트럼을 이해함으로써 세상을 바라보는 눈이 한층 더 넓어질 것이다. 확신컨대 책의 마지막 장을 덮을 때는 생각이 부쩍 자라 있음을 스스로 느끼게 될 것이다.

이 책을 세상에 소개할 수 있도록 출판 기회를 주신 위즈덤하우스에 감사드린다. 원고를 쓰는 내내 곁을 지키며 큰 힘이 되어준 아내 경숙과 보석 같은 두 아이 규원, 규민에게도 깊은 사랑을 전한다.

각자 상황과 처지는 다르지만 이 책을 읽는 모든 독자가 지적인 생각을 통해 영리하게 세상을 살아가는 힘을 습득하게 되기를 소망한다.

차례

머리말 »4

1장 | 관계를 넓히는 지적인 생각법

01 왜 첫사랑은 좀처럼 잊히지 않는 걸까 » 12
  • 초두 효과 / 최신 효과 / 첫인상 효과 / 3초 법칙 / 콘크리트 법칙 •

02 연인과 더 가까워지려면 공포영화를 함께 봐라 » 18
  • 흔들다리 효과 / 스톡홀름 증후군 •

03 좋든 싫든 결국 어떻게든 다시 돌아온다 » 23
  • 부메랑 효과 / 로미오와 줄리엣 효과 •

04 성공의 척도는 내가 섬기는 사람 수다 » 29
  • 등정주의, 등로주의 / 10-11-9의 법칙 •

05 갈라파고스에 갇혀 바보 도도새로 살 것인가 » 34
  • 갈라파고스 증후군 •

06 사회적 자폐에는 약도 없다 » 39
  • 아스퍼거 증후군 •

07 스킨십은 백 마디 말보다 더 큰 효과를 가져온다 » 46
  • 안아주기 효과 •

08 한 번 보고 두 번 보니 자꾸만 보고 싶네 » 52
  • 단순 노출 효과 •

09 나랑 비슷하니까 왠지 자꾸 끌리네 » 58
  • 카멜레온 효과 •

10 그건 쿨한 게 아니야, 쿨한 척하는 거지 » 65
  • 고슴도치 딜레마 •

11 좋은 사람을 만나고 싶다면 좋은 사람이 되라 » 71
  • 상호성의 법칙 •

12 당신이 꿈꾸는 이상형은 누구인가 » 76
  • 신데렐라 콤플렉스 / 평강공주 콤플렉스 / 바보 온달 콤플렉스 •

2장 | 생각을 바꾸는 지적인 생각법

13 죽을 때의 모습은 선택할 수 있다 » 82
• 아도니스 콤플렉스 / 번아웃 증후군 •

14 신문에 날까 두려운 일이라면 하지 마라 » 88
• NYT 법칙 •

15 아픈 기억일수록 빨리 마침표를 찍어라 » 93
• 자이가르닉 효과 •

16 어제의 내가 내일의 나를 만든다 » 98
• 스키마 이론 / 학습된 무기력 •

17 점쟁이와 혈액형에 인생을 맡길 건가 » 104
• 바넘 효과 / 포러 효과 / 자기 선택적 편향 •

18 행운은 준비된 자에게만 미소 짓는다 » 112
• 세렌디피티의 법칙 •

19 지나고 후회해봐야 소용없다 » 118
• 터널 시야 현상 •

20 누군가가 당신의 양심을 지켜보고 있다 » 124
• 거울 효과 •

21 믿음이 인생을 결정한다 » 129
• 플라시보 효과 / 노시보 효과 •

22 쇠붙이가 되지 말고 면도날이 되라 » 134
• 디핑 포인드 / 휠주로 이론 •

23 떨어질 때 떨어지더라도 높이 날아라 » 138
• 이카루스 패러독스 •

24 대가大家보다 더 빛나는 평범한 샐러리맨들 » 142
• 1만 시간의 법칙 •

25 누구나 골리앗을 무찌를 수 있다 » 148
• 다윗의 법칙 •

26 비관론자는 어떤 전투에서도 승리하지 못한다 » 154
• 프레이밍 효과 •

3장 | 삶을 바꾸는 지적인 생각법

27 거짓을 입에 담는 순간 실패한 인생이 된다 » 160
· 리플리 증후군 / 확증 편향 / 소유 편향 ·

28 리셋으로 문제가 해결되지 않는다 » 167
· 리셋 증후군 ·

29 디지털기기의 노예로 살 것인가 » 174
· 크랙베리 증후군 / 팝콘 브레인 증후군 ·

30 다들 그렇게 말하니 정말 그래 보이네 » 179
· 밴드왜건 효과 / 펭귄 효과 / 애쉬 효과 / 스놉 효과 ·

31 우리는 소망한다, 금지된 것을 » 184
· 칼리굴라 효과 ·

32 죽을 용기 있으면 죽기 살기로 살아보자 » 188
· 베르테르 효과 ·

33 돌고래는 칭찬 때문에 춤을 추는 것이 아니다 » 193
· 피그말리온 효과 / 스티그마 효과 ·

34 우리는 여전히 자라고 있다 » 199
· 피터팬 증후군 ·

35 참된 가치를 보려거든 높이보다 깊이를 보라 » 203
· 후광 효과 / 악마 효과 ·

36 좋은 비교가 있다면 나쁜 비교도 있다 » 208
· 샤르팡티에 효과 ·

37 세상에 나 혼자 덩그러니 남겨진 듯한 기분 » 213
· 빈 둥지 증후군 ·

38 행복은 쟁취하는 것이 아니라 발견하는 것이다 » 219
· 파랑새 증후군 ·

4장 | 일머리가 좋아지는 지적인 생각법

39 구경꾼이 될 것인가, 주인이 될 것인가 » 226
• 링겔만 효과 / 무임승차 효과 •

40 복잡한 것을 단순하게 만드는 것이 능력이다 » 234
• 아이젠하워 원칙 / 3의 법칙 •

41 섣부른 혁신이 복잡성을 증가시킨다 » 240
• 파킨슨의 법칙 / 눈덩이 효과 / 메디치 효과 •

42 감시자가 아니라 격려자가 필요하다 » 248
• 호손 효과 / 기니피그 효과 •

43 산은 높아서 좋은 것이 아니라 나무가 있어 좋은 것이다 » 254
• 피터의 원리 •

44 가장 나쁜 결정은 때 늦은 결정이다 » 261
• 루비콘 요소 / 썩은 사과 증후군 / 크런치 포인트 •

45 당근과 채찍만으로는 움직일 수 없다 » 267
• 내적 동기 / 외적 동기 / 테레사 효과 •

46 보상은 확실하게 징계는 신중하게 » 272
• 크레스피 효과 •

47 사소한 일 하나가 큰 낭패를 부른다 » 277
• 깨진 유리창 이론 •

48 2차 세계대전은 히틀러가 아닌 미술대 학장 때문이다 » 282
• 나비 효과 / 항소채찍 효과 •

49 세상을 바꾸는 물 한 방울의 힘 » 286
• 잔물결 효과 / 도미노 효과 •

50 유리 천장? 두들기면 깨지니까 유리다 » 291
• 유리 천장 효과 •

51 친절은 은행강도의 발길도 돌린다 » 298
• 존 구드만의 법칙 •

52 약자가 강자를 꺾으면 왜 묘한 쾌감이 느껴질까 » 303
• 언더독 효과 •

주 »310

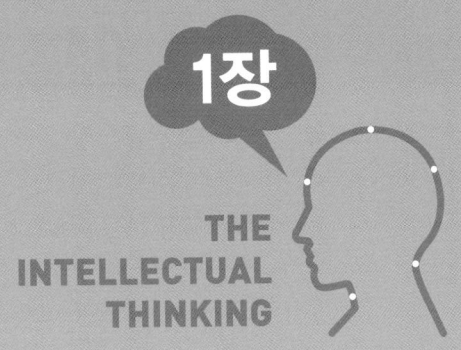

관계를 넓히는 지적인 생각법

01

왜 첫사랑은 좀처럼 잊히지 않는 걸까

• 초두 효과 / 최신 효과 /
첫인상 효과 / 3초 법칙 / 콘크리트 법칙 •

드디어 초등학교 동창회 날이다. K는 온종일 설레서 일이 손에 잡히지 않는다. 30년 만에 만나는 친구들인데 어떻게 변해 있을까. 계속 입으로는 여행스케치의 〈국민학교 동창회 가는 날〉을 흥얼거린다. 무엇보다 오랜 시간 가슴 졸이게 했던 첫사랑도 나온다니 더욱 기대된다. 그래서 가장 좋은 양복에 가장 비싸고 화려한 넥타이를 맸다. 그러나 이런 준비와 기대는 친구들과 대면하는 순간 와르르 무너지고 말았다.

"어이 꼴통! 이게 얼마 만이냐."

"맞다, 저 녀석 별명이 꼴통이었지. 맨날 선생님이 쥐어박으면서 불렀지."

"그래. 그리고 허구한 날 여자애들 고무줄놀이하는 데 가서 고무줄 끊고 도망치고, 여자애들 치마 들치고…. 쟤 때문에 우리 반 여자

애들 치마 못 입고 다녔잖아."

"정말 그랬지. 아직도 꼴통 짓 하고 다니냐?"

얼굴을 비치자마자 30년 전의 이야기가 쏟아져 나와 제대로 인사 말을 건네지도 못했다. 까르르 웃는 친구들 틈에 첫사랑도 보였다. 흰 이를 드러내며 누구보다 크게 웃고 있었다. 자신이 입고 간 근사한 슈트는 아무도 눈에 들어오지 않는 듯했다.

"이 녀석들아, 그런 건 좀 잊어버려라. 언제 적 일인데 아직도 그 얘기냐!"

"인마, 그걸 어떻게 잊냐. 아마 죽을 때까지 널 따라다닐 거다."

얼마 전 케이블TV 드라마 사상 최고의 시청률을 자랑하며 방영되었던 〈응답하라 1997〉과 〈응답하라 1994〉는 한마디로 첫사랑에 관한 내용이었다. 첫사랑은 이루어지지 못한다는 '첫사랑의 법칙'을 비웃기라도 하듯 주인공들이 모두 첫사랑에 골인했다. 또 철저한 고증을 통해 소품과 음악, 복장 등을 재현함으로써 동시대를 살아온 우리한테는 당시의 추억을 되새기는 행복감을 선사했다.

사람들은 왜 첫사랑에 열광하는가. 사실 첫사랑뿐 아니라 '첫'이리는 단어가 붙는 말에 많은 의미를 부여한다. 첫사랑, 첫눈, 첫아이, 첫 신혼집, 첫 MT, 첫 직장, 첫 미팅, 첫 공연… 그리고 예외 없이 그 첫 번째의 일들을 가장 또렷하게 기억한다. 이를 심리학적으로 정의한 용어가 '초두 효과 Primacy Effect'다. 즉, 먼저 제시된 정보가 나중에 들어온 정보보다 전반적인 인상 현상에 더욱 강력한 영향을 미치는 것을 의미한다. 한마디로 첫인상이 중요하다는 것으로 '첫인상 효과'라고 불리기도 한다. 이처럼 중요하면서도 좀처럼 바뀌지 않는 강력한 첫인상의 효과 때문에 첫사랑은 오랜 시간 마음속에 남는 것이다.

순서의 마력

사회심리학자인 솔로몬 애쉬는 가상적인 두 인물의 성격을 묘사하는 형용사를 나열하고, 피실험자들에게 각 인물에 대한 느낌을 물었다.

- A: 똑똑하고, 근면하고, 충동적이며, 비판적이고, 고집이 세며, 질투심이 강함
- B: 질투심이 강하고, 고집이 세고, 비판적이며, 충동적이고, 근면하며, 똑똑함

피실험자들은 A에 대해서 더 긍정적인 반응을 보였다. 그러나 이미 눈치챘겠지만, A와 B를 묘사한 형용사는 모두 같은 것들인데 단지 그 순서만 바꾼 것이다. 그러므로 긍정적인 형용사들이 먼저 제시되었을 때 더 호의적인 인상을 느끼게 된 것이다. 이 실험은 첫인상이 중요하다는 초두 효과의 타당성을 잘 설명해준다.[1]

애쉬는 이렇게 첫인상이 중요한 이유를 맥락 효과로 설명한다. 즉, 처음에 제시된 정보가 하나의 큰 맥락을 형성하여 뇌가 기억하고, 이

맥락 속에서 나중에 제시된 정보를 해석한다는 것이다.

예를 들어 평소에 일도 잘하고 성실하며 싹싹한 P 대리가 지각을 했다면 '무슨 피치 못할 사정이 있었겠지', '오늘따라 차가 많이 막혔나 보군', '혹시 집에 무슨 일이라도 있나?'라고 생각할 것이다. 그러나 반대로 평소에 게으르고 일도 잘 못하며 불평불만을 일삼는 부정적인 이미지의 Q 대리가 지각을 한다면 '이 친구 또 지각이군', '어제 약속 있다더니 또 생각 없이 마구 달린 모양이야'라는 반응을 보일 것이다. 이렇게 우리 뇌는 처음 가지고 있던 정보와 다른 이미지가 입력되면 처음 정보에 맞게 재해석하는 경향을 보인다.[2]

이 초두 효과는 밀러와 캠벨이 1959년에 실시한 '모의 배심원 공판 실험'에서도 잘 드러난다. 재판에서 원고와 피고가 동일한 진술을 하는데, 진술 순서를 바꿨더니 배심원들의 판결이 다르게 나오는 것을 확인할 수 있었다. 이 '순서에 따른 설득의 마력' 때문에 양쪽은 서로 먼저 진술을 하려고 하는 것이다.[3]

초두 효과와 반대되는 개념으로 '최신 효과 Recency Effect'라는 것이 있다. 말 그대로 가장 나중에 들어오는 정보, 즉 최신의 정보가 과거의 정보보다 더 잘 기억된다는 뜻이다. 새로운 것이 들어오면 더 오래된 것을 던져버린다는 개념으로 공장의 재고관리에서 선입선출법과 비슷한 개념으로 이해하면 된다.

처음 혹은 나중이 유리하므로 가능하면 중간은 피하라는 의미다. 대통령이나 국회의원 후보로 나가서 연설을 해야 할 때, 면접을 볼 때, 중요한 거래처에 여러 업체와 함께 제안 프레젠테이션을 할 때, 오디션 프로그램에 나가서 순서를 정할 때, 개그맨 시험을 볼 때 등 모두 마찬가지다.[4]

어떤 상황에서도 처음은 중요하다

20년 전 취업지옥이라 불리던 시절, 대학 4학년 때의 일이다. 60대 1의 경쟁을 뚫고 합격하여 사회생활의 첫 발걸음을 내디뎠을 때 내 면접 수험번호는 2,000명 가까운 지원자 중 '1번'이었다. 그때 첫 타자라 긴장하던 내게 인사 담당자가 해준 말이 아직도 기억에 남는다. "너무 긴장하지 마세요. 대부분 면접번호 1번을 기준으로 하거든요. 몇 년 동안 1번은 계속 합격했어요." 당시 인사 담당자였던 선배와는 지금도 막역한 사이로 지내고 있다.

초두 효과, 혹은 첫인상의 법칙은 3초 만에 스캔이 완료된다 하여 '3초 법칙', 처음 이미지가 굳어버린다는 의미로 '콘크리트 법칙'이라고 불리기도 한다. 또한 처음에는 부정적인 이미지가 긍정적인 이미지보다 더 눈에 들어온다고 하니, 될 수 있으면 부정적인 면을 감추고 긍정적인 면을 드러내고자 노력해야 한다. 내가 근무하던 은행에서도 직원들에게 큰 소리로 인사하거나 기립해서 활짝 웃는 미소로 응대하기 등을 교육했다. 고객이 문을 열고 들어오자마자 긍정적인 이미지를 형성할 수 있도록 하기 위해서다. 효율성과 혁신을 생명처럼 여기는 일류 기업도 사옥 로비만큼은 생산성과 상관없이 화려하고 웅장하게 꾸미는데, 그 이유도 이해가 될 것이다.

　누군가를 처음 만날 때 첫인상만 잘 심어놓아도 그 후의 관계는 수월하게 풀려나간다. 직장생활을 시작할 때 첫인상을 좋게 심어놓으면 신입 사원 시절을 훈훈하게 보낼 수 있다. 군대 신병 시절 군기가 바짝 든 모습을 보여주면 이후에는 비교적 수월하게 생활할 수 있다. 그래서 첫 만남 때 단정한 용모와 복장으로 긍정적이고 적극적인 태도를 보이라고 하는 것이다. 약속 시간보다 일찍 도착하는 성의도 필요하고, 자기소개를 할 기회에 대비해 짧지만 강력한 임팩트를 줄 수 있는 멘트도 준비해두는 게 좋다.

02
연인과 더 가까워지려면 공포영화를 함께 봐라

• 흔들다리 효과 / 스톡홀름 증후군 •

대학 시절 한 친구가 여자친구 때문에 한창 고민이었다. 좀 더 친해지고 싶은데 방법이 없다는 것이다. 그런데 어느 순간 급격히 친해지더니 항상 둘이 붙어다니는 게 아닌가. 친구들이 모두 비결을 물었는데 그의 대답은 간단했다.

"여자친구랑 용인 자연농원에 한번 다녀와."

지금은 ○○랜드라고 불리는 놀이공원에 다녀오라는 것이었다. 거기서 청룡열차와 바이킹 등을 타면서 부쩍 친근감이 느껴졌다고 한다. 특히 귀신의 집을 들어갔다 나온 후에는 서로 오래전부터 연인이었던 것처럼 거리낌이 없게 되더라는 것이다.

연인과 자연스럽게 스킨십도 하면서 가까워질 수 있는 최고의 데이트코스는 공포영화를 함께 보는 것이다. 사람은 위험한 곳이나 공포를 느끼는 곳에서 긴장하게 되고 심장이 평소보다 더 빠르게 뛴다.

이렇게 심장이 마구 뛰는 상황에서 만나는 이성은 유독 매력적으로 느껴진다. 실험 결과 이런 위험한 상황에서 맥박이 빨리지는 것과 사랑하는 사람 앞에 있을 때 맥박이 빨리지는 것이 비슷하게 나타났다고 한다. 이를 '흔들다리 효과 Suspension Bridge Effect'라고 한다.

이쪽 산봉우리와 저쪽 산봉우리를 연결해주는 흔들다리를 건넌다고 상상해보라. 중간쯤 갔을 때 혹시 줄이 끊어지지 않을까, 갑자기 강풍이 불어 다리가 출렁이지 않을까, 마주 오던 정신분열자가 갑자기 밀치지는 않을까 등등 온갖 걱정이 들어 긴장하게 된다. 이렇게 잔뜩 긴장하여 심장이 두근거리는 상황, 평소와 다르게 급박한 상황에는 자연스레 옆 사람에게 의지하게 된다. 007시리즈를 비롯한 첩보영화를 보면 아무리 급한 상황에서도 꼭 한 번은 남녀 주인공의 로맨스가 나온다. 전에는 '에이, 저런 상황에서 어떻게 연애할 생각이 나지?'라고 생각했는데, 실제로 과학적 근거가 있는 설정이었던 셈이다.

이 효과를 증명하기 위해 우리나라 교육방송에서도 실험을 한 적이 있다. 실내에서 소개팅을 한 커플보다 놀이공원에서 소개팅을 한 커플이 실제 연인으로 연결될 확률이 높았다고 한다.

위기 속 로맨스

내가 근무했던 은행에는 사내 커플이 유독 많았다. 그들의 연애 시절 이야기를 들어보면 공통점이 있었다. 대부분 같은 지점에서 근무한 적이 있었고, 그때 서로에게 연애감정을 느꼈다는 것이다. 은행은 오후 4시면 문을 닫지만 문 뒤에서는 그때부터 전쟁이 시작된다. 지금처럼 컴퓨터가 일을 처리해주기 이전에는 은행원들이 계산기와 주판으로 그 많은 거래를 다 정리해서 시재를 딱 맞춰야 했다. 1억 원이 비는데 지점을 다 뒤집어봤더니 신입 행원의 쓰레기통에서 1억짜리 수표가 발견됐다는 둥, 원화와 달러를 바꿔 기재했다는 둥 지점마다 전설적인 에피소드 몇 개씩은 전해 내려온다. 모두가 임무를 완수해야 지점 전체 업무가 끝나는데 일이 익숙하지 않은 여성 신입 사원은 일 처리가 서툴러 쩔쩔매고 있기 십상이다. 이런 때는 선배들이 달라붙어 도와줘야 한다. 모든 업무가 돈과 관련이 있어서 조금만 실수해도 큰 사고로 이어지기 때문에 온 신경이 곤두선 상태다. 그런 위기 상황에 어김없이 나타나 셔츠를 팔뚝까지 걷어붙이고 도와주는 선배에게 애틋한 감정이 생긴 것이다.

 1973년 스웨덴의 스톡홀름에서는 한 은행에서 인질강도 사건이 발생했다. 강도들이 4명의 인질을 잡고 경찰과 대치한 이 사건은 6일 동안 계속됐다. 사건 발생 초기에는 인질들이 강도들을 무서워했다. 하지만 시간이 흘러갈수록 강도들에게 호감을 갖게 되었고, 점차 경찰보다는 그들을 더 신뢰하게 되었다. 사건이 마무리된 후 경찰이 증언을 요구했을 때 인질들은 강도들에게 불리한 증언을 전혀 하지 않았다. 심지어 한 여자 인질은 강도 중 한 명에게 애정을 느껴 약혼자와 파혼까지 하게 된다. 이때부터 이런 현상을 '스톡홀름 증후군 Stockholm Syndrome'이라 했는데, 사실 인질과 강도들 사이에는 이런 교감

이 많이 나타난다. 이 현상도 흔들다리 효과의 한 예라 하겠다.[5]

함께한다는 것

  나는 고소공포증이 무척 심하다. 놀이공원에 가면 놀이기구를 타는 곳으로는 아예 발걸음도 하지 않는다. 심지어는 회전목마도 어지러워서 못 탈 정도다. 그래서 스키를 배울 때는 남들보다 몇 배나 고생해야 했다. 지금은 우습게 보이는 초보자 코스도 처음에는 너무나 무서웠다. 지금도 처음 슬로프에 섰을 때 숨이 턱 막힐 것 같던 두려움, 걷잡을 수 없이 빨라지던 맥박의 느낌이 고스란히 남아 있다. 남들은 반나절만 타면 중급에도 올라가곤 하는데 나는 초보자 코스를 제대로 내려오는 데 꼬박 한 시즌을 허비해야 했다. 운동신경이 있어서 웬만한 종목은 다 잘하던 나였기에 주변 사람들은 그런 나를 의아해하면서도 비웃고 난리도 아니었다. 자존심 강한 나는 그것도 상당히 힘들었다. 그 시절 나를 타박하지 않고 계속해서 데리고 다니면서 스키를 가르쳐준 선배가 있다. 나는 그를 사부님이라 부르며 지금도 다른 선배들보다 더 애틋한 마음을 가지고 있다. 그 덕분에 나중에는 회사 스키동호회 회장도 하고 사내 스키강사로 활동하기도 했다.

  가까워지기 위한 가장 좋은 방법은 어려운 상황을 함께 겪는 것이다. 서로 의지하고 힘을 합쳐 어려움을 헤쳐나가다 보면 사이가 몰라보게 가까워진다. 사랑하는 사람과 더 가까워지고 싶거나 친해지고 싶은 사람이 있다면 이 흔들다리 효과를 적극 활용해보라. 나의 매력에 퐁당 빠지진 않더라도 적어도 가슴이 뛰고 맥박이 빨라지는 순간에 함께했다는 것만으로도 상대방에게 오래도록 좋은 기억으로 남을 것이다.

지금 주위에 힘든 상황을 겪고 있는 친구가 있는가. 말 못 할 고민거리로 끙끙대며 마음 아파하고 있는 사람이 있는가. 그렇다면 이 기회를 놓치지 마라. 평생 함께할 좋은 친구를 사귈 절호의 기회다.

세상이 워낙 힘해서 삶 자체가 롤러코스터를 탄 것 같다 보니 따로 위험하고 호흡이 빨라질 곳을 찾지 않아도 된다고들 한다. 작은 충격과 반응에도 간이 콩알만 해지는 세상인지라 따로 공포영화를 보러 가지 않아도, 바이킹 같은 놀이기구를 타러 가지 않아도 된다는 얘기다. 그렇다면 우리는 모두 흔들다리에서 서로를 만나고 있는 셈이다. 그러니 동시대를 살아간다는 사실만으로도 서로 의미 있는 사이가 될 수 있다.

03
좋든 싫든
결국 어떻게든 다시 돌아온다

• 부메랑 효과 / 로미오와 줄리엣 효과 •

얼마 전 백화점에 양복을 한 벌 사러 갔다. 한 매장에 들어서자 직원이 부담스럽게 얼굴을 들이밀면서 다가온다. 양복을 고르는 동안 이것저것 참견하면서 따라다닌다. 여러 상품을 내보이는데 개중 마음에 드는 것도 있다. 그런데 모든 양복이 다 좋다고 일단 입어보란다. 내가 입는 옷마다 다 잘 어울린단다. 머뭇거리자 하나를 꺼내 추천한다. 요즘 가장 잘 팔리는 상품이고, 전문가인 자기가 볼 때 내 얼굴에 가장 잘 맞을 거라고 한다. 참다 못한 나는 아내의 팔을 잡아끌고 나와버렸다. 몇 걸음 떨어진 옆 매장에 들어갔다. 이번에는 직원이 가볍게 인사를 하고 일정한 거리를 두고 따라다닌다. 한참을 고르다 망설이자 어떤 스타일과 색깔을 찾는지 묻는다. 마음이 편안해진 나는 이것저것 물으면서 결국 맘에 드는 양복을 한 벌 골랐다. 옆에 있는 바지도 한 벌 더 사고, 마침 필요했던 벨트도 하나 구매했다.

나는 왜 두 번째 상점에서 양복을 구매했을까. 첫 번째 상점의 직원이 더 적극적이고 전문가임을 자처했는데도 말이다. 한마디로, 너무 들이대니까 불편해서였다. 나 같은 사람에게는 그렇게 막 밀어붙이면 역효과가 난다. 적극적 설득에 오히려 강한 저항이나 반발을 보이는 이 청개구리 같은 심리를 바로 '부메랑 효과 Boomerang Effect'라 한다. 어떤 계획이나 행위가 원래 의도한 목적을 벗어나 행위자에게 불리한 결과를 가져오는 것을 뜻한다. 학창 시절, 공부하려고 마음먹고 막 책상에 앉으려는데 어머니께서 공부하라고 하시면 갑자기 하기 싫어졌던 기억이 한 번쯤은 있을 것이다. 좀 돌아서 가게 되긴 해도 안전하게 횡단보도로 건너려 했는데 '무단횡단 금지'라는 팻말이 있으면 갑자기 건너가고 싶어지거나, '잔디 보호'라는 문구가 붙어 있으면 잔디를 막 밟아주고 싶어지는 심리도 이와 비슷하다.

그냥 내버려두시죠

부메랑은 잘 알려져 있듯이 원래 호주 원주민들의 사냥 도구였다. 던지면 제자리로 되돌아오는 특징이 있다. 어릴 적 나는 문방구에서 파는 부메랑을 가지고 운동장에서 친구들과 놀곤 했다.

부메랑 효과는 심리학과 경제학에서 모두 사용되는 용어다. 심리학적인 면에서 볼 때는 앞에서 얘기한 대로 자신은 적극적으로 손님을 맞이했지만 오히려 부작용을 일으키는 경우가 대표적이다. 사람을 설득하는 일이 늘 성공하는 것은 아니다. 마치 자석의 같은 극처럼 다가가면 튕겨져나가는 경우도 드물지 않다.

　다른 사람이 설득하기 시작하면 오히려 하기 싫어지는 이 효과와는 반대로, 다른 사람이 반대할수록 더 강렬하게 원하는 '로미오와 줄리엣 효과'도 있다.

　이 둘의 공통점은 선택의 자유가 제한되거나 위협받는다고 느낄 때 발생한다는 것이다. 설득을 하려 하면 할수록 더 심하게 맞서 반발하게 된다. 그러므로 차라리 설득하지 말고 그냥 내버려두는 것이 나을 수도 있다. 고객이 충분히 고를 때까지 일정 거리를 유지한다든가, 서로 죽자고 사랑하는 사이를 반대하지 말고 그냥 내버려두는 것이다. 만약 그랬다면 로미오도 줄리엣도 그런 극단적인 선택까지는 하지 않았을 것이다. 꼭 설득을 해야 하는 상황이라면 강제적이고 일방적인 태도보다는 부드러운 청유형 태도를 취하는 것이 좋다. 반드시 대답을 듣고자 하거나 바로 반응을 보려 하기보다는 숙고할 수 있도록 어느 정도 시간을 준 후 판단을 내릴 때까지 기다려주어야 할 때도 있다는 것이다.

　사실 부메랑 효과는 경제학적인 의미로 더 많이 사용된다. 예를 들어 다음과 같은 과정을 가리킬 때다. 선진국이 개발도상국에 경제 원조나 자본 투자를 한 결과 현지 생산이 이루어진다. 생산되는 제품이 현지 시장수요를 초과하고 기술과 제품의 품질이 향상되어 오히려 처음에 원조를 해주었던 그 선진국에 역수출된다. 그래서 두 나라가 해당 산업에서 갈수록 경쟁을 벌이게 된다.

　세계적으로 살펴보면 한국만큼 이 부메랑 효과를 잘 보여주는 나라도 드물 것이다. 1970년대에 일본 산요전기에서 트랜지스터라디오와 TV를 만드는 기술을 전수받아 '이코노 텔레비전'을 만들기 시작한 삼성은 1990년대 초반까지만 해도 소니에 OEM으로 TV를 납품하던 평범한 회사에 불과했다. 그러나 이제는 세계의 가전 산업을 이끄는 초우량 기업이 되었다. LG전자도 전신인 금성사가 1966년에 일본의 히타치에서 기술을 지원받아 국내 최초로 TV를 생산했다. 지금 LG는 가전, 휴대폰 분야에서 손꼽히는 글로벌 기업으로 성장했다. 반면 한국에 기술을 전수했던 산요, 소니, 파나소닉 등 일본의 전자 회사들은 사업 철수를 고려하거나 이미 철수한 처지가 되었다.[6]

짧은 시간에 외국의 기술을 받아들여 지금은 세계 최고의 기술을 보유한 한국은 이 외에도 자동차, 철강, 조선, 중공업, 석유화학 등 많은 분야에서 부메랑 효과의 사례를 만들어냈다. 그러나 물이 순환하듯이 역사와 경제도 순환하는 법. 우리가 인심 좋게 기술을 전수해준 후진국이나 개발도상국이 우리를 앞서는 일이 머지않은 미래에 벌어질 수도 있다. 모방이나 잘 한다고 생각한 중국의 기술 수준이 이미 우리 턱밑까지 따라붙었고, 일부 분야에서는 우리를 넘어서기도 했다. 앞으로는 우리가 부메랑 효과의 피해를 가장 많이 본 사례로 소개될 가능성도 크다.

관계의 부메랑 효과

나는 부메랑 효과를 개인적인 생활에도 적용해보고 싶다. 우리가 평소 사용하는 말도 부메랑처럼 돌고 돌아 나에게로 다시 오는 경우가 많다. 그런데 그냥 돌아오는 게 아니라 처음 내용보다 상당히 증폭되는 게 보통이다. 가령 회식 자리에서 회사에 대해 별 뜻 없이 불만을 토로했다고 하자. 이 정도는 누구나 할 수 있는 일이다. 그런데 이것이 다른 사람의 입을 통해 전해지면서 '김 과장이 회사에 불만이 많아 오래 다니지 않을 것 같다'라는 내용을 거쳐 '곧 회사를 그만둔다더라'고 소문이 날 수 있다. 거기서 몇 사람을 더 거치다 보면 '이미 다른 회사로 스카우트되었다더라' 하는 이야기로 확대되어 돌아올 수도 있다. 또한 다른 사람에 대한 작은 험담도 돌고 돌아 당사자에게 들어갔을 때는 내용이 너무나 신랄해져 돌이킬 수 없는 지경에 이르게 되기도 한다.

이처럼 돌고 도는 부메랑 효과를 잘 이용하면 의외로 유익한 면도 있다. 아무리 미운 사람도 잘 찾아보면 장점 한두 개는 분명히 찾을 수 있다. 가령 평소 친해지고 싶은데 왠지 거리감이 느껴지던 사람이라든가, 조금 까칠해서 정이 잘 가지 않는 사람이 있다면 그의 장점을 찾아내어 사람들에게 혹은 SNS를 통해 언급해보라. 얼마 지나지 않아 그 당사자가 내게 부쩍 친근감을 표시하는 것을 느낄 수 있을 것이다. 대부분의 사람들은 눈앞에서 들은 칭찬보다 우연히 듣게 된 칭찬에 더 열광하고 흥분한다. 칭찬을 들은 상대는 당신에게 무언가 보답을 하거나 친해지고 싶다는 신호를 보낼 것이다.[7]

'남자는 여자 하기 나름'이라는 광고 카피처럼 인간관계도 내가 하기 나름이고, 조금 딱딱한 사회 법칙도 내가 사용하기 나름이다. 나는 이 방법을 자주 사용하는 편이고, 그 효과도 톡톡히 보고 있다. 나는 이러한 효과를 '관계의 부메랑 효과'라 부르고 싶다. 사람의 마음을 얻는 방법은 의외로 먼 곳에 있지 않다.

04
성공의 척도는
내가 섬기는 사람 수다

· 등정주의, 등로주의 / 10-11-9의 법칙 ·

세계에서 가장 먼저 에베레스트를 오른 에드먼드 힐러리는 하늘 아래 가장 높은 곳에 오르고도 늘 겸손했고 자신보다 남을 먼저 생각하는 사람이었다. 힐러리와 셰르파 텐징 노르가이 중 '실제로 누가 먼저 정상을 밟았는가'는 오랜 미스터리였다. 힐러리가 하산할 때 가지고 내려온 사진은 텐징이 에베레스트 정상에 서 있는 모습뿐이었고 정작 자신의 사진은 없었다. 힐러리는 정상에서 텐징의 사진만 찍고 자신의 사진을 찍기는 한사코 거부했다는 것이다. 그는 굳이 '내가 세계 최초'라고 주장하지도 않았다. 누가 먼저 에베레스트 정상을 밟았는지 묻는 말에 대해선 오랫동안 '우리가 함께 올랐다'라고 말해왔다.

그러나 텐징이 숨진 후 13년 뒤인 1986년에야 힐러리가 3미터쯤 앞서 정상을 밟았다는 것이 밝혀졌다. 그러나 그것은 텐징 노르가이가 정상 바로 밑에서 힐러리를 30분이나 기다렸다가 그에게 첫 정상을 밟을 기회를 양보했기에 가능했던 일이었다. 힐러리는 힐러리대로 인간에 대한 배려와 예의를 지켰고 텐징은 끝까지 셰르파로서의 자세를 잊지 않았던 것이다. 힐러리는 죽을 때까지 '나는 텐징과 함께 에베레스트를 올랐다'라는 것을 강조하면서 세계 최고봉 첫 등정의 영광을 목숨 걸고 자신과 함께한 셰르파와 공유했다. 그들에게는 진정한 명예, 그리고 나보다 남을 먼저 생각하는 배려의 정신이 있었다. 이들에게 세계 최초라는 수식어는 별로 중요해 보이지 않는다.[8]

등반 사조 중에는 '등정주의登頂主義'와 '등로주의登路主義' 두 가지가 있다. 등정주의는 어떤 방식으로든 정상에 오르기만 하면 된다는 과거의 전통적인 등반 사조다. 반면 등로주의는 정상에 올랐다는 결과보다는 역경을 극복하며 힘든 루트를 직접 개척하는 것을 중요시하는 사조다. 히말라야의 난봉들이 모두 등정되자 등정주의는 거의 자취를 감추고 등로주의가 현대 등반 사조로 정착되고 있다. 정상에 오르기는 분명 쉽지 않은 일이지만 수단과 방법을 가리지 않고 정상에만 서면 된다는 생각보다는 남을 위해 길을 내며 간다는 것이 더 소중한 의미로 자리 잡았다.

고(古) 박영석 대장은 히말라야 14좌 완등, 7대륙 최고봉 완등, 에베레스트 무산소 등정, 도보로 남극과 북극 탐험 등 2005년 인류 최초로 산악 그랜드슬램을 달성했다. 2009년에는 세계 최고봉이자 최난벽인 에베레스트 남서벽 루트를 개척하여 코리안 루트라 명명했다. "후배들에게 길을 만들어주고 싶어요. 일단 제가 시작하면 누군가 계속 이어나가지 않겠어요? 걸을 수 있고, 숨 쉴 수 있는 마지막 순간까지 계속할 거예요. 등반과 탐험이 제 삶 자체니까요"라며 도전을 계속하던 그는 2011년 10월 안나푸르나에서 새로운 루트를 개척하던 중 실종되었다. 후배들을 위해 길을 만들어주고자 사투를 벌인 그의 정신은 우리나라뿐 아니라 전 세계에서 인정하는 바다.[9]

남을 먼저 생각한다

 '나보다 남을 먼저 생각한다는 것', 그것은 말처럼 쉽지가 않다. 그럼에도 남을 먼저 생각하느라 자신의 가장 귀한 것도 돌보지 못했던 위대한 사람들 덕분에 지금 우리가 이처럼 편하게 생활하고 있는 것이다.
 세상은 함께 사는 곳이다. 자기 혼자만의 힘으로 살 수 있는 사람은 없다. 겉으로는 세상을 등지고 혼자의 힘으로만 살아가는 것처럼 보이는 사람도 사실은 누군가의 혜택을 받고 있다. 작은 벌레 한 마리조차 많은 도움의 손길이 있어 살아갈 수 있는 것이다. 혼자만의 능력으로 모진 고난을 헤치고 살아온 것 같아도 잘 생각해보면 자신에게도 많은 도움의 손길이 있었음을 깨닫게 된다. 아무리 세고 강해 보여도 그 옆에 늘 마음을 써주며 자신을 희생한 주위의 손길이 있었음을 알게 된다. 힘 있는 자는 지혜 있는 자를 꺾지 못한다는 말도 있듯이 아무리 머리 좋고 강한 자도 마음 깊은 자를 이기지 못한다. 그래서 덕승재德承才, 즉 '덕이 재주를 이긴다'라는 말이 있는 것이다. 모두가 강하다고 인정하는 사람들도 때로는 절망하며, 때로는 누군가의 도움을 간절히 필요로 한다.

"나치는 처음에 공산주의자를 잡으러 왔다. 나는 공산주의자가 아니었으므로 아무 말도 하지 않았다.

다음에는 노동조합원을 잡으러 왔다. 나는 노동조합원이 아니었으므로 아무 말도 하지 않았다.

그러고 나서 유대인을 잡으러 왔다. 나는 유대인이 아니었으므로 아무 말도 하지 않았다.

마지막으로 나치는 나를 잡으러 왔다. 그즈음에는 날 대신해 말해 줄 사람이 아무도 남지 않았다."[10]

독일의 반나치 신학자였던 마르틴 니묄러가 나치 독재 아래 선한 독일인들이 타인의 생명과 권리를 보호하기 위해 목소리를 높이지 않았음을 꼬집는 말이다. 남의 어려움을 나 몰라라 하고 자신의 안녕과 평안만 추구한다면 자신을 위해 헌신할 사람은 없어진다.

나보다 남을 먼저 생각하는 원칙은 돈을 버는 비즈니스 사회에서도 필요하다. 아시아 최고 갑부인 리자청은 항상 '10-11-9의 법칙'을 강조했다. '남이 봐도 이익의 10퍼센트를 가져가는 것이 공정하고, 11퍼센트를 가져가는 것이 가능하다고 해도, 오히려 다른 사람들을 위해 9퍼센트만 갖도록 하라'는 것이다. 기업들도 이런 생각으로 사회의 가려운 곳을 긁어주어야 모두가 한결 잘살게 된다.[11]

여러 음악 용어 중 내가 가장 좋아하는 것은 '레가토 legato'다. 각각 단절되어 있는 두 개의 음을 마치 한 음처럼 이어서 연주하라는 것이다. 이런 레가토 같은 사람들이 있다. 조각난 마음을 서로 이어주는 레가토 같은 사람들, 자신을 희생해서 세상을 이어주는 사람들 말이다. 그런 사람들의 아름다운 동행에 박수를 보낸다.[12]

반갑게도 '집단지성'이란 말이 주목받고 있다. 여럿이 모여 함께 만드는 공유 지식의 힘을 강조하는 말이다. 나 혼자만 잘살겠다는 심보로는 절대 만들어낼 수 없는 힘이다. 남을 진심으로 배려하고 돕는 사람, 자신이 이룬 것을 남들과 기꺼이 공유하는 사람들이 집단지성을 통해 더 큰 성과를 거둘 수 있다.[13]

목소리 큰 사람, 똑똑한 사람은 많지만 사람의 향기가 나는 사람, 남을 위해 손해를 감수하는 사람이 많지 않아 세상은 전쟁터가 된 지 오래다. 존 맥스웰의 말처럼 '성공의 척도는 자신을 섬기는 사람의 수가 아니라 자신이 섬기는 사람의 수'라 할 수 있다. 그리고 그 점을 인정하는 사회가 성숙한 사회다.[14]

자신만의 길을 개척하는 사람보다 남들도 함께 그 길을 갈 수 있도록 묵묵히 길을 내면서 가는 사람들이 필요하다. 더 좋은 세상을 원한다면 자신부터 더 좋은 사람이 되어야 한다. 남을 위해 사는 사람들이 공통으로 지니고 있는 덕은 어느 날 갑자기 생기는 것이 아니라 아주 오랜 시간 삶을 통해 갈고 닦아야 지닐 수 있는 것이다.

05

갈라파고스에 갇혀 바보 도도새로 살 것인가

• 갈라파고스 증후군 •

　인도양 모리셔스 섬에는 도도새가 살고 있었다. 16세기 포르투갈 선원들과 네덜란드 사람들이 이 섬에 상륙하기 전까지만 해도 섬의 주인은 도도새였다. 75센티미터 남짓한 키에 무게가 25킬로그램이나 되는 이 새는 언제든 먹이를 구할 수 있을 뿐 아니라 천적이 전혀 없는 천혜의 환경에서 살고 있었기 때문에 날개가 퇴화되었다. 굳이 날개를 움직여 날아다닐 필요가 없었기 때문이다. 인간들이 그들 앞에 나타났을 때 경계심이 전혀 없는 이 새들은 도망가지도 않고 멀뚱멀뚱 바라보다가 먹이가 되곤 했다. 결국 멸종의 운명을 맞게 되는데 사람들이 이 새에게 붙여준 이름 '도도'는 포르투갈 말로 '바보'라고 한다. 이 도도새의 비극처럼 틀 안에 갇혀 변화를 거부하고 오히려 퇴화하면서 결국에는 위기를 자초하게 되는 현상을 '갈라파고스 증후군Galapagos Syndrome'이라 한다. 남태평양의 갈라파고스 제도가 육

지로부터 고립돼 고유한 생태계가 만들어진 것을 빗대 만들어진 말이다.[15]

  이 용어는 일본 휴대전화 인터넷망 i-mode의 개발자인 나쓰노 다케시 게이오대 교수가 맨 처음 사용했다. 1990년대 이후 IT, 전자로 대변되는 일본의 제조업이 일본 시장에만 주력하기를 고집한 결과 세계 시장으로부터 고립되는 현상을 설명하면서다. 일본 기업이 개발한 기술과 서비스가 일본 내에서 일본 소비자들의 취향에만 맞춰 독자적으로 발전하다 보니 세계 시장의 요구와 국제 표준을 맞추지 못하게 되었다. 결국 그 기술과 서비스는 고립되고 말아 세계 시장으로의 진출이 막히고 나아가 일본 내수 시장마저 위기에 처하게 됐다는 의미다. 대표적으로 휴대폰, 디지털 TV 등을 들 수 있다.[16] 지금은 대한민국의 인터넷 산업이나 미국의 자동차 산업 등 다른 국가들의 비슷한 상황에 대해서도 널리 사용되고 있다. 요약하자면, 세계 시장의 흐름에 발맞추지 못함으로써 곤란에 처하게 되는 상황을 가리킨다.

익숙함을 이겨내야 한다

  바깥의 경쟁은 갈수록 치열해지는데 내부의 문제에만 매달리거나 현재 상황에 자족하며 머물러 있으면 곧 도태된다. 현실 안주는 감각을 마비시킨다. 현실에 안주해서는 발전을 기대할 수 없다. 현재 상황에 머물고 싶어 하는 까닭은 익숙하기 때문인데, 잠깐의 평화와 휴식에 안주하면 헤어나기 어려운 함정에 빠지기 쉽다. 지금은 잔잔한 파도에 몸을 맡기고 여유롭게 항해하고 있지만 곧 닥쳐올 거대한 태풍에는 속수무책이다. 안테나를 곤추세우고 세상이 어떻게 움직이는지, 어떤 파도에 몸을 맡겨야 하는지 늘 연구하고 고민해야 한다. 끊임없는 변화와 혁신이 필요하다. 편안하다고 느낀다면 바로 지금이 위기임을 알아야 한다. 늘 새로운 일이 우리를 기다리고 있음을 잊지 말아야 한다.

한국이 세계 시장의 흐름을 더 민감하게 파악하고 준비해야 하는 분야는 서비스 산업이다. 그러나 국내의 최고 인재들이 모이는 이 분야가 전형적인 만리장성형 폐쇄 모델을 하고 있다. 우리 수준은 세계 시장에 명함을 내밀기 부끄러울 정도로 국제화의 흐름에서 벗어나 있다. 내부의 시장만으로도 먹고살 만했기 때문이다. 그러나 이제는 해외 시장을 뚫지 않으면 일본처럼 도태되고 마는 사례가 속출할 것이다. 경제성장률이 저하되고 국내 시장이 침체되면서 해외 시장의 중요성은 더욱 커지고 있다. 글로벌 환경에 적응하지 못할수록 고립되고 면역력이 떨어질 것이다. 한국 최고의 인재들이 모여드는 분야가 세계 경제 흐름에 따라가지 못하는 폐쇄형 구조로 고착화되고 있다는 사실은 매우 안타깝고 위험한 일이다. 서비스 산업 분야를 미래의 신성장동력으로 삼기 위해서는 내부 시장에만 만족하고 안주하거나 스펙 위주의 인재를 중용하기보다는 자신을 희생하면서 헌신적으로 뛰는 선수들을 발굴해야 한다. 그들이 세계에서 마음껏 일할 수 있도록 열린 생태계 모델로 변화되어야 한다.[17]

요즘 특히 혁신과 관련된 키워드 중 가장 활발하게 논의되고 있는 것이 '개방형 혁신'이다. 내부에서만 이루어지는 혁신이 아니라 외부의 아이디어도 적극 수용하려는 시도다. 개방형 혁신이 전통적인 경계를 무너뜨려 지적 재산과 아이디어, 인적 자원이 자유롭게 오가는 일이 일반화되고 있다.[18]

관계 능력이 부족하면 스펙도 무용지물

주변을 둘러보면 견고한 자신만의 '성城'을 쌓고 사는 사람들이 있다. 밖에서 아무리 열려고 해도 잠긴 문은 꼼짝도 하지 않는다. 특히 자신만의 성공 스토리를 가진 사람들이 이런 성을 구축하는 경향이 있는데, 이들은 다른 사람들을 자신의 세계로 들이려 하지 않는다. 아널드 토인비는 과거에 성공했던 사람이 자신의 능력과 방법론만을 절대시하는 과오를 범하는 현상을 '휴브리스hubris, 오만 혹은 자기 과신'이라 불렀다.[19]

이처럼 자신만의 성공 체험에만 의지하여 외부의 목소리에 귀와 눈을 닫아버리는 것은 어리석은 일이다. 자신의 성공 스토리가 오히려 깊은 함정이 되어버리는 것이다. 과거의 성공을 통한 경험은 약이 되기도 하지만 독이 되기도 한다.

굳이 성공한 경우가 아니더라도 자신만의 성을 쌓고 있는 사람들을 많이 볼 수 있다. 사회는 점점 개방형으로 변해가고 오픈 네트워킹이 대세인 것처럼 보이지만, 그 안을 자세히 들여다보면 사람 사이의 관계는 오히려 폐쇄적으로 변하고 있다. 누군가 자신의 성을 열고 들어오는 것은 용납할 수 없을 뿐 아니라 그 문을 열려고 노크하는 것조차 부담스러워한다. 겉으로는 멀쩡해 보여도 스스로를 갈라파고스 섬 안에 가둬놓으려 한다.

하버드 대학교에서 해직당한 사람들을 조사해본 결과 '업무 능력 부족'이 원인인 사람보다 '관계 능력 부족'으로 해고당한 사람이 두 배나 많았다고 한다. 아무리 업무 능력과 스펙이 뛰어나도 관계 능력이 부족하여 자신의 성 안에만 틀어박혀 있으면 무용지물이 된다.

스스로를 가둬놓는 것은 개인이든 기업이든 유익하지 않다. 성에서 나와 바깥 공기를 마셔봐야 한다. 그렇지 않으면 어느 순간 갈라파고스의 바보 도도새로 살아가는 자신을 발견하게 될 것이다.

06
사회적 자폐에는 약도 없다

• 아스퍼거 증후군 •

　당신의 자녀가 학교에서는 황당한 질문으로 수업 진행에 지장을 주고 다른 학생들에게 피해를 준다는 이유로 자퇴를 권고받고, 저녁에는 어디로 갔는지 안 보여 샅샅이 찾아보니 헛간 한구석에서 병아리를 부화시키겠다고 계란을 품고 앉아 있다면 어떻게 하겠는가. 아마 대부분의 부모는 크게 놀라 병원부터 데리고 갈 것이다. 실제로 그런 아이가 있었는데 바로 토머스 에디슨이다.

　에디슨의 이런 행동은 '아스퍼거 증후군 Asperger Syndrome'의 한 증세라 할 수 있다. 의학 용어인 아스퍼거 증후군은 자폐증의 한 질환으로 지적 능력과 언어 발달에서는 그다지 문제가 없지만 사교성과 사회성이 부족하다. 특정 관심사에 집착하고, 반복적이고 서투른 행동을 하며, 상대방의 감정을 잘 알아차리지 못하고 상황에 맞지 않는 반응과 말을 하는 것이 특징인데 신경학적 손상이 원인이라 한다.

의사들은 이런 비교에 공감하지 않을지 모르나 외국에서는 이 증상을 '에디슨병'이라 부르기도 한다. 이 병은 자폐증임에도 불구하고 사랑하는 여인과의 약속을 지키기 위해 미국 대통령을 만나러 가는 여정을 담은 인도 영화 〈내 이름은 칸〉의 주인공을 통해 더욱 많이 알려졌다. 《브레인맨, 천국을 만나다》라는 책이 바로 아스퍼거 증후군에 걸린 사람이 자전적으로 쓴 책이며, 고양이가 쥐(컴퓨터 마우스)를 쳐다보며 입맛을 다시는 등의 익살스러운 사진을 소개한 《고양이는 모두 아스퍼거 증후군이다》라는 책은 국내에도 소개되었다.

혼자 있는 시간이 많은 사람은 자신만의 생각에 빠져 자신만의 취미를 만들게 된다. 이때 그들은 자신의 취미에 관해 특정 두뇌가 보통 사람들과는 비교도 되지 않을 만큼 초인적, 초월적으로 발달하게 되기도 한다. 사실 위인전에 나오는 위인들의 상당수는 이 증세를 보였던 것 같다. 평생을 쇠똥구리나 관찰하며 살았던 파브르나 하늘을 날겠다고 날개를 달고 절벽에서 뛰어내리는 라이트 형제의 모습은 보통 사람들의 눈에는 정상이 아니었을 것이다. 그러나 그들은 자신들이 집중했던 분야에서 천재성을 발휘하여 과학기술의 발달에 혁혁한 기여를 했다. 이들은 '자신만의 생각이 강하고 남과 쉽게 융화하지 못하며 목표에 대한 성취욕구가 높다'라는 이 증후군의 특징을 가지고 있었다. 《별종, 괴짜 그리고 아스퍼거 증후군》이라는 책에서는 고흐, 아인슈타인, 심지어 빌 게이츠에게서도 이 증상이 보인다고 소개한다.

사실 이 증후군의 특성을 낱낱이 펼쳐놓고 살펴보면 평범한 사람에게도 몇 가지씩은 해당하는 사항이 있음을 알 수 있다. 그러니 우리는 이런 증세를 보이는 사람에 대해 '당신은 틀리다'라고 선입견을 갖기보다는 '나와 조금 다르다'라는 생각으로 대해줘야 한다. 그들이 또 어떤 위대한 업적을 남겨 후세들이 위인전을 통해 접하게 될지 모르는 일 아닌가.

괴짜 외톨이들

 이 증세 자체를 자세히 소개할 생각은 없다. 멀쩡해 보이지만 '사회적인 자폐', 즉 '사회적 아스퍼거 증후군'을 보이는 사람들 이야기를 하고 싶을 따름이다. 그들은 천재이긴 하지만 인류를 한 발짝 더 진보하도록 기여하기보다는 말 그대로 사회 부적응자의 족적을 남긴다.

 '유나바머Unabomber'라는 이름을 들어보았는가. 대학교university와 항공사airlines에 폭탄bomb을 보냈다고 해서 FBI에서 유나바머라 이름 붙인 테러범 시어도르 카진스키다. 하버드 대학교 출신의 수학 천재로 26세에 버클리대에서 종신 교수가 되었다. 그러나 현대 문명이 인류를 파괴한다는 문명 혐오주의자로 변신하여 20여 년간 숲 속 오지에서 은둔형 외톨이로 지내며 16차례에 걸쳐 폭탄테러를 감행했다. 그는 현대 문명과 등진 채 몬태나 주의 산골 오두막집에서 전기와 수도도 없이 살다가 동생의 제보로 체포되었고, 종신형을 받아 복역 중이다.

은둔형 외톨이들은 자신만의 근거지를 두고 틀어박히는 경향이 있다. 그들이 본인의 의지를 사회에 직접 전달하겠다고 나서면 끔찍한 사고로 이어지기 십상이다. 그들의 메시지는 극단적이고 부정적이며 종말론적이다. 이런 의미에서 '외로운 늑대'라는 단어가 나왔는데, 현대 사회의 병리까지 포함하는 학문적 개념으로 자리 잡아가고 있다. 주로 극우 인종주의자들의 자생적 테러리스트를 지칭하며, 이들은 잠잠해질 만하면 다시 나타나곤 한다. 미국 언론들은 3명의 사망자와 260명의 부상자를 낸 2013년 보스턴 마라톤 테러도 이늘의 소행이라고 추정하고 있다.

이처럼 극단적인 경우는 그 성격이 너무도 뚜렷하여 얼마든지 경계하고 조심할 수 있다. 사실 더 위험한 것은 '한 가지에 지나치게 몰입하여 자신에게만 집중하는 사회적 자폐'의 형태다. 물론 몰입 자체는 나쁜 것이 아니다. 도리어 꼭 필요한 것이다.

밟고 올라서려는 이들

황농문 교수는 그의 저서 《몰입》에서 몰입할 때 나타나는 긍정적 효과와 행복감에 대해 강조한다. 몰입을 하면 할수록 뇌의 시냅스가 활성화되고 도파민이 분비되면서 창조성과 의욕이 증가하고 각성과 쾌감을 경험하게 된다. 그러면서 더 큰 재미를 느끼게 되고 역량과 성과도 향상된다는 것이다. 이런 몰입은 반드시 필요하다. 특히 텅 빈 눈동자에 세상 고민을 전부 짊어진 듯이 축 처진 어깨를 하고 있는

젊은이들에게는 억지로라도 이 몰입 에너지를 주입해주고 싶을 정도다.[20]

문제는 몰입의 대상과 목적이다. 학식과 지위가 높거나 돈이 많고 유명한 이들 중에서도 마음의 눈은 철저히 감긴 사람이 많다. 그들은 인간관계의 흐름을 읽지 못한다. 모든 것의 중심이 자기 자신이기 때문이다. 자신을 둘러싼 모든 관계가 자신을 위해 존재한다는 듯이 행동한다. 자신만의 목표에 몰입해 주위 사람은 안중에도 없고, 심지어 자신의 성공을 위한 소모품 정도로 생각한다.[21]

사실 내 주위에도 이런 사람들이 적지 않다. 그들의 인생 목표는 '성공'이다. 수단과 방법을 가리지 않고, 심지어는 동료의 등에 칼을 꽂고 밟고 올라서더라도 그 목표를 이루려는 사람들이다. 그들에게는 성공 외에는 아무것도 보이지 않는다. 이런 사람들이 있는 곳은 황량해지고 피폐해진다. 이런 사람이 상사라면 아무리 능력 있는 직원이라도 견디지 못한다.

이들이 목표를 이루어 성공했다고 치자. 그다음은 어떻게 될까. 아마도 큰 사무실과 배기량 좋은 차, 자기만 보면 머리를 조아리는 직원들을 두고, 월급도 많이 받을 것이다. 그런데 그 정도 되면 인생이 행복하다고 느끼고 베풀면서 살까? 단언컨대, 그런 식으로 목표를 달성한 사람은 그 자리에 만족하지 못한다. 자기보다 더 위에 있는 사람을 보면서 열등감을 느끼며 또 다른 목표를 세울 것이다. 결국엔 어떻게든 최정상에 오를 것이다. 그때는 어떤 일이 일어날까? 구름 위를 날아다니는 기분도 잠시뿐, 최정상에서 떵떵거리는 일은 오래

가지 못한다. 많이 올라간 만큼 급락을 맛보게 될 것이다. 그제야 주위에 아무도 없음을 알아채고 외로움에 치를 떨게 될 것이다. 그런 사회적 자폐아 곁에 누가 남아 있겠는가.

웬만한 사람은 다 아는 유명한 CEO가 바로 이런 고민을 털어놨다. 함께 고생하며 울고 웃던 옛 동료들이 자기만 빼고 OB 모임을 하는 것을 알고 엄청난 충격을 받았다는 것이다. 자신이 성공해서 옛 후배를 좋은 자리로 부르고자 했을 때 아무도 오지 않았던 이유를 알게 된 것이다. 자기만 빼고 골프모임을 구성해서 운영하고, 분기에 한 번씩 등산도 다녀오고 했다는 것이다. 그러면서도 이제껏 초대는커녕 그런 모임에 대해 언급하는 사람조차 없었다는 것이다. 겉으로는 성공하여 TV에서 대학생들을 대상으로 강연도 하고, 하루가 멀다고 성공한 샐러리맨의 신화로 소개되지만 정작 마음 한가운데는 큰 구멍이 나버린 것이다.

그런 사람이 가정에서는 인정받으리라고 생각하는 사람은 없을 것이다. 어찌어찌 성공은 이뤘지만, 평생을 바쳤던 직장에서 그리고 가정에서 자신은 이미 오래전에 내쳐진 사람이었다. 본인이 그런 처지를 깨닫게 될 때는 보통의 경우 너무 늦다. 이런 비극이 벌어지는 이유는 자기만 생각할 뿐 주위를 살뜰하게 챙기는 마음의 눈이 감겨 있었기 때문이다.

아스퍼거 증후군 증세를 보이는 사람은 열심히 치료받고, 주위에서도 '틀린 것이 아니라 다른 것'이라는 따뜻한 시선을 가지고 대하면 증세가 호전될 수 있다. 그런데 사회적 아스퍼거 증후군을 보이는 사람들에게는 약도 없다. 그런데 그런 증세를 보이는 사람들이 날로 늘어나고 있다. 아무리 전쟁에서 승리한 장군이라 해도 빗발치는 포탄을 뚫고 깃발을 꽂는 말단 병사의 고마움을 몰라선 안 된다. 그런데 이를 모를뿐더러, 오히려 그의 공까지 빼앗아 자기 것으로 둔갑시켜버리는 사람 곁에는 결국 누구도 남지 않을 것이다.

07

스킨십은
백 마디 말보다
더 큰 효과를 가져온다

• 안아주기 효과 •

    1995년 미국 매사추세츠 메모리얼 병원에서는 카이리와 브리엘이라는 쌍둥이 자매가 태어났다. 이들은 예정일보다 12주나 일찍 세상에 나오는 바람에 몸무게가 1킬로그램밖에 되지 않았다. 게다가 동생 브리엘에게는 심장에 결함이 있어 의사들은 오래 살기 힘들 것이라고 판단했다. 인큐베이터 안에서 수차례 죽음의 고비를 넘긴 브리엘을 살리기 위해 의료진이 갖은 노력을 다했으나 생명의 끈이 끊어지기 일보 직전까지 갔다. 그때 브리엘을 돌보던 한 간호사가 언니 카이리를 브리엘과 함께 있게 해주자고 제안했고, 담당 의사와 부모도 동의했다. 그런데 언니를 동생 옆에 눕히자 놀라운 광경이 펼쳐졌다. 눈도 못 뜬 언니가 꼬물꼬물 몸을 움직이더니 동생을 껴안는 것이었다. 그러자 위험 수위에 도달했던 브리엘의 혈액 내 산소포화도가 정상으로 돌아오면서 건강이 호전되기 시작했다. 결국 브리엘은 정

상으로 회복되었으며 지금도 건강하게 잘 살고 있다.[22]

레이먼드 조가 쓴 《관계의 힘》이라는 책에 소개된 이 일화는 SNS를 통해 전 세계로 퍼져 많은 사람에게 행복감을 선사했다.

얼마 전 한 TV 프로그램에서 '캥거루 케어'라는 내용이 방송되었다. 캥거루는 알다시피 새끼를 낳으면 배에 있는 주머니에 넣고 키우는 동물이다. 그런데 아이가 이처럼 인큐베이터에서 집중 관리를 받아야 하는 상태로 태어난다면, 캥거루처럼 엄마가 직접 안고 엄마 품에서 돌봐주는 방법이 더 효과적이라는 내용이었다. 1993년 콜롬비아에서 인큐베이터 부족으로 어쩔 수 없이 시행된 방법이었는데, 이제는 그 효과가 입증되어 미국과 유럽 등 선진국에서도 많이 사용되고 있다고 한다. 사람이 태어나서 최초로 경험하게 되는 애정 어린 포옹은 바로 엄마와의 포옹이다. 엄마와 아기가 맨살을 오래 밀착시키면 아기의 건강뿐 아니라 정서의 안정과 발달에도 도움이 된다.

프로이트정신분석연구소의 연구 결과에 따르면, 엄마가 애정을 담아 몸으로 안아줄 때 몸과 정신이 하나로 응집되고, 여기에서 존재·삶·몸·자신에 대한 느낌, 즉 '정상적이라는 느낌'이 시작된다고 한다. 아기의 존재감은 신뢰가 가득 담긴 안아주기로 생겨난다는 뜻이다. 엄마의 불안이나 냉담, 격노, 우울 때문에 안아주기 환경을 경험하지 못한 아이는 살아 있다는 느낌을 갖지 못한다. 신체의 기형만큼 치명적인 것이다. 한마디로 엄마의 따뜻한 사랑과 애정이 담긴 스킨십이 없다면 아이는 치명적인 심리적 기형을 일으키게 될 가능성이 높다는 얘기다.[23]

영국의 소아과 의사이자 대상관계 심리학 이론을 확립한 위니컷은 심리적 안정은 물론 건강한 자아를 가질 수 있다면서 '안아주기 효과 Holding Effect'를 강조했다.

마음을 여는 간단한 방법

적절한 스킨십은 백 마디 말보다 더 큰 효과를 줄 수 있다. 스킨십은 '마음을 열겠다'라는 일종의 신호라고 한다. 특별히 포옹은 그 사람을 받아들인다는 의사표현 방법이다. 포옹을 하면 일명 '애정 호르몬'이라는 옥시토신 분비가 촉진되어 뇌가 알파파를 생성해 마음을 편안하게 하며 스트레스를 없애준다고 한다. 특히 인간관계를 더 강화해준다는 연구 결과도 나왔다.

우리나라는 가장 가까워야 할 부모와 자식 사이에서도 포옹 같은 스킨십이 많이 부족하다. 그런데 일전에 나는 이 포옹의 힘을 직접 경험했다.

내가 이사로 있는 한국 퍼실리테이터 협회 송년회 자리였다. 한참 행사가 진행되는데 진행을 맡은 윤경로 초대 회장이 한 가지 제안을 했다. 돌아가면서 모두 포옹을 하고 한마디씩 덕담을 건네자는 것이었다. 참가자들은 다들 처음에는 어색해하며 쭈뼛거렸다. 그런데 한 사람 두 사람 포옹을 하기 시작하자 그전까지 존재했던 벽 같은 것이 사르르 녹는 걸 느끼게 되었다. 포옹을 하며 서로의 등을 토닥거리고, 덕담을 건넬 때도 두 손을 꼭 잡고 있었다. 진행자가 시간이 없으므로 빨리 마무리해달라고 부탁했으나 사람들은 서로 포옹하며 인사하는 일을 그칠 기미가 없었다. 행사가 끝났을 때, 우리는 서로 매우 친숙한 사이가 되었음을 느끼게 되었다. 그리고 그 한 발짝 가까워진 덕분에 지금도 매우 가까운 관계를 유지하고 있다. 물론 지금도 만날 때마다 자연스레 포옹으로 서로의 존재감을 확인하며 인사를 나눈다.

오래전 직장 초년병 시절 미국으로 출장을 갔을 때의 일이다. 1990년대 중반이라 스마트폰도 없었고 당연히 SNS도 존재하지 않던 시절이었다. 출장지가 이민 간 친구가 살고 있는 곳과 멀지 않았기에 도착하자마자 그에게 이메일을 보냈다. 출장 첫째 날 일과가 끝났는데 누가 숙소 문을 두드렸다. 그 친구였다. 내가 보고 싶어서 퇴근 후 시카고에서 밀워키까지 차를 몰고 한걸음에 달려온 것이다. 자동차 시동도 끄지 않고 뛰어 올라온 그는 나를 보자마자 와락 껴안았다. 10여 년 만의 만남이었다. 짧은 포옹이었지만 나는 그에게서 그동안의 외로움, 그리움, 그리고 힘들었을 객지생활의 어려움을 느낄 수 있었다. 우리는 포옹을 통해 벅찬 감격과 위로의 메시지를 주고받았다. 마치 영화 〈E.T.〉에서 외계인과 엘리엇이 손가락으로 서로를 공감하듯이!

손을 내밀어요

성공회대 신영복 교수는 "성공에 의해서는 대개 그 지위가 커지고 실패에 의해서는 자주 그 사람이 커진다는 역설을 믿고 싶습니다"라고 했다. 누구나 넘어질 수 있다. 그러나 누구나 다 일어서는 것은 아니다. 스스로 일어서는 사람도 있지만, 많은 경우 '내미는 손'이 있으면 더 쉽게 일어설 수 있다. 그리고 이를 경험하면 언젠가 자신도 누군가에게 다가가 손을 내밀고 포옹을 해주게 된다.[24]

제이슨 헌터라는 사람이 2001년 시작했고 한 호주 청년이 2006년 9월경 유튜브에 올리면서 세계적으로 알려진 캠페인이 있다. 바로 '프리허그free hug' 캠페인이다. 거리로 나가 사람들을 안아주면서 좀 더 따뜻한 사회를 만들자는 염원을 표현한 이 캠페인은 사회를 변화시켰을 뿐 아니라 사회 전반에 안아주기 효과를 확산시켰다. 포옹을 하면 실제로 건강과 면역력에도 영향을 끼치고 다이어트와 아토피 환자들에게도 도움이 된다고 한다. 그러나 무엇보다 큰 치유 효과는 지친 마음을 안아주는 것이라 할 수 있다.

살면서 넘어지지 않는 사람은 없다. 넘어지는 것이 실패는 아니다. 넘어졌을 때 일어나지 않는 것이 진정한 실패다. 죽을 만큼 힘든 일을 경험하지 않는 사람이 몇이나 될까. 죽음을 생각해보지 않는 사람이 몇이나 될까. 평범해 보이는 사람들도 모두 그런 아픔과 어려움 몇 개씩은 가슴에 품고 살아간다.[25]

당장 경쟁에서 졌다고 살 가치가 없는 것은 아니다. 교우관계가 좋지 않거나 사기를 당할 수도 있다. 그러나 똥을 밟는다고 인생이 끝나는 것은 아니다. 운동화를 바꿔 신을 필요도 없다. 그저 신발을 씻으면 그만이다.[26]

"If you fall, I'll be there."
- floor -

참 재미있는 표현 아닌가. 페이스북을 통해 지인에게 받은 이 글귀는 웃기기도 하면서 한편으로는 위로가 됐다. 넘어지더라도 내가 혼자가 아니라니 말이다. 비록 마룻바닥일지언정.

자신이 아무것도 아닌 것 같고 어떤 것도 할 수 없을 것 같은 날에는 이야기를 들어주고 토닥토닥 다독여줄 누군가를 만나보는 게 어떨까. 어쩌면 지금 그 사람에게도 당신의 포옹이 필요할지 모른다.

08
한 번 보고 두 번 보니 자꾸만 보고 싶네

· 단순 노출 효과 ·

옛날에 아주 못생긴 총각이 살고 있었다. 하루는 같은 마을의 절세미녀에게 다가가 갑작스럽게 자신을 소개했다.

"나 김춘보요, 김춘보."

갑작스러운 외간 남자의 출현에 놀라기도 했지만 그 흉물스러운 외모에 더욱 놀란 여인은 집 안으로 숨어버렸다. 그런데 총각은 틈만 나면 이 여인 앞에 나타나 자기 이름만 말하고는 도망을 가곤 했다. 한참을 그렇게 했더니 여인은 총각의 외모에 익숙해져서 더는 놀라지 않게 되었다. 어느 날부터 청년이 나타나지 않자 오히려 여인이 더 궁금해했다. 자꾸 보니 친숙해지고 호감도가 상승한 것이다. 이렇게 이야기가 한참 진행되고 결국엔 혼례를 올리고 행복하게 살았다.

이 이야기는 아주 어릴 적 〈전설의 고향〉이라는 프로그램에서 본 것이다. 그 배역을 맡았던 배우는 누가 봐도 못생긴 얼굴이었다. 그래서 당시 우리 친구들 사이에선 못생긴 친구를 '김춘보'라고 부르기도 했다. 그러나 이 배우가 TV에 얼굴을 자주 비치면서 반복해서 접하게 되자 못생겼다는 생각이 사라지고 그저 한 사람의 배우라고만 생각되었다. 30여 년이 지났는데도 극중 주인공의 이름이 머릿속에 남아 있는 것을 보면 그 배우가 내겐 어지간히 인상 깊었던 모양이다.

이렇게 어떤 대상을 자주 볼수록, 즉 반복적으로 노출될수록 친밀감과 호감이 높아지고 그 대상이 좋아지는 현상을 '단순 노출 효과 Mere Exposure Effect'라고 한다. 뒤집어 말하면 'Out of sight, out of mind', 즉 '몸이 멀어지면 마음도 멀어진다'고도 할 수 있다.

또 다른 예로는 파리의 상징인 에펠탑을 들 수 있다. 이 탑은 하마터면 잠시 소개되었다가 영영 사라질 뻔했다. 1889년 프랑스 혁명 100주년을 기념하는 만국박람회의 상징물로 에펠탑 건설계획이 발표되었다. 이윽고 설계도가 공개되었는데 파리 시민의 반대가 극심했다. 흉물스러운 철제 구조물이어서 아름다운 파리 분위기와 맞지 않는다는 이유였다. 결국 여러 차례의 합의를 거쳐 20년 뒤에 철거한다는 조건으로 겨우 공사를 진행할 수 있게 되었다.

에펠탑이 세워지고 점차 시간이 흐르자 파리 시민의 반응이 조금씩 달라지기 시작했다. 처음에는 별 관심을 끌지 못했지만, 파리 전역에서 쉽게 볼 수 있는 구조물이었기에 사람들 눈에 익어갔고 호감도도 높아졌다. 점점 파리의 명물로서 전 세계인의 사랑을 받는 존재가 되었다. '단순 노출 효과' 때문이다. 그래서 이런 심리적 효과를 '에펠탑 효과'라 부르기도 한다.[27]

일이든 사람이든 단순 노출 전략을 쓰라

마음에 드는 이성이 있다면 이 단순 노출 효과를 이용해보는 것도 좋겠다. 그 이성의 주위를 자꾸 맴돌아 자신에 대한 호감도를 높이는 것이다. 예컨대 헬스클럽에서 운동을 하다가 마음에 드는 이성을 만났다고 하자. 상대가 주로 운동하는 시간에 계속 나가 옆에서 운동을 하며 일단 얼굴도장을 찍는 것이 중요하다. 그러고 나서 상대방도 나를 인식하게 될 즈음, 한동안 얼굴을 비치지 않는다. 그러다가 어느 날 다시 나가서 말을 걸면 상대방은 십중팔구 호의를 표시하며 응대해준다. 겉으론 의식하지 않아도 무의식적으로 '요즘 왜 안 보이지?' 하고 궁금해하게 되어 있다. 그래서 대화를 시작할 때는 이미 알던 사람처럼 편안함을 느끼게 된다. 학교나 회사에서도 마찬가지다. 고과 시즌이 되면 고과자의 눈에 자주 띄도록 주위를 맴도는 전략을 써라. 프로야구 경기에 출전하고 싶은 후보 선수가 감독이나 코치 앞에서 주야장천 스윙 연습을 한다고 해보자. 대타가 필요한 결정적인 순간에 누가 출전 기회를 잡을지는 자명한 일이다.

아이가 운동을 싫어하는가? 그렇다면 아이 주위에 운동기구를 많이 놔두면 된다. 처음엔 거부감을 가질지 모르지만 어느새 익숙해지면 관심을 갖게 마련이다. 책 읽기를 싫어하면 주위에 책을 많이 배치해 독서를 유도할 수 있다. 부모가 가수면 자녀도 가수가 되고, 부모가 의사면 자녀도 의사가 되는 경우가 많은 것도 이런 연유에서다.

광고에서도 새로운 브랜드와 기업의 이미지를 높이고 상품 인지도를 상승시키는 방법으로 많이 사용되고 있다. 예를 들면, 게보린이라는 두통약 광고는 매우 단순하고 심지어는 촌스럽기까지 했다. 하지만 그 광고를 거의 매일 접했던 소비자들은 머리가 아프면 다른 약을 생각할 겨를도 없이 '맞다, 게보린!'을 떠올린다. 자주 접하는 동안 머릿속에 각인된 것이다. 각인 단계가 지나면 점차 친밀감과 호감도도 높아진다. 축구 경기가 진행 중인 경기장에는 광고판이 빙 둘러싸여 있는데, 경기 규모에 따라 다르지만 그곳 광고비는 가히 천문학적인 금액이다. 그런데도 기업들이 그 광고판을 따내기 위해 기를 쓰는 데는 다 이유가 있다. 아무리 스스로 똑똑한 체를 해도 사람들은 많이 본 제품을 더 많이 사고, 지난번 사용했던 제품을 다시 사게 마련이다.

단순 노출 효과에 따르면 내용과 관계없이 그저 단순 반복적인 노출만으로도 호감도가 급상승한다. 그래서 비합리적인 판단을 하게 만들기도 한다. 경영 실적이나 미래 전망 등 모든 것이 비슷한 두 기업 중 하나의 주식을 사려는 사람이 있다고 하자. 그중 한 기업이 아버지가 다니셨던 회사이거나, 가장 친한 친구가 다니는 회사 혹은 좋아하는 프로야구 팀의 모기업이라면 자신도 모르게 그 기업의 주식을 사게 된다. 단순 노출 효과로 인한 친숙함 때문이다. 제품을 구매할 때 진짜 합리적인 소비자가 되려면 이 점을 꼭 짚어봐야 한다. 자신이 단순 노출 효과에 넘어간 것인지 가격, 품질 등을 꼼꼼히 살펴보고 내린 결론인지를 생각해볼 필요가 있다는 얘기다.

기업을 비롯한 여러 조직에서도 단순 노출 효과를 널리 활용하고 있다. 모든 구성원과 공유하길 원하는 중요한 내용을 사내 방송을 통해 지속적으로 보여주고, 모든 직원이 볼 수 있는 엘리베이터나 사무실 벽에 부착하기도 하고, CEO가 기회 있을 때마다 반복해서 강조하기도 한다. 잭 웰치 전 회상이 "회사의 비전을 700번 이야기했더니 비로소 성과로 연결되더라"고 고백한 적이 있다. 그 이유가 GE 직원들이 특별히 머리가 나빠서는 아닐 것이다. 교보생명의 신창재 회장은 직원들 앞에서 수시로 춤도 추고 우스꽝스러운 옷을 입고 자신의 경영철학을 강조하고 다닌다. 그 역시 할 일이 없어서 그런 것은 아닐 것이다.[28]

눈물 아까워 마라

이 단순 노출 효과는 갈수록 삭막해지는 인간관계를 회복시키는 데도 매우 필요하다. 사회생활 초년병 시절, 입사해서 3년간 같이 지낸 선배가 회사를 옮기게 되었다. 마지막으로 고별 인사를 하는데 나도 모르게 눈물이 왈칵 쏟아지는 것이었다. 처음에는 다 큰 남자가 눈물을 보인다며 약을 올리던 사람들도 결국 모두 함께 울고 말았다. 수년간 매일같이, 심지어 가족보다 더 오래 함께해온 시간이 그만큼 소중했던 것이다. 얼마 전 내가 회사를 옮기게 된 사실을 알리는 자리에서도 수년간 동고동락해온 팀원들이 눈물을 흘리면서 아쉬워했다. 정이 들 만큼 든 관계인지라 오히려 당연하고 자연스러운 일이다.

자주 보면 정이 든다. '자식보다 이웃사촌'이란 말도 있다. 멀리 떨어져서 명절날 빼고는 코빼기도 안 비치는 자식보다는 아플 때 병원에라도 데려다 주는 이웃이 더 가족같이 느껴진다. 그만큼 서로에게 노출되는 빈도가 높을수록 더 소중한 관계라는 얘기다.

회사의 내 자리에는 화분이 몇 개 있다. 이 식물들도 제때 물을 주고 자주 돌봐야 잘 자란다. 가만히 두고 돌보지 않으면 푸르른 이파리와 예쁜 꽃은 기대하기 어렵다. 바쁜 일 때문에 며칠 깜박 잊었다간 벌써 색깔부터 달라진다. 기억에서 멀어지는 순간 생명력을 잃어간다. 사람 사이도 마찬가지다. 자주 만나고 서로 관심을 보여주는 일이 필요하다. 그래야 외로움과 고독감으로 몸서리쳐지는 삶에서 기댈 곳이 생긴다. 사람 인人 자에서도 볼 수 있듯이 우리는 서로에게 기대는 존재다. 자주 보고 서로 기대는 것이 인간관계의 기본이다.

09

나랑 비슷하니까
왠지 자꾸 끌리네

• 카멜레온 효과 •

공원을 한가로이 산책하는 노부부의 얼굴이 놀라울 정도로 닮았다고 느낀 적이 있을 것이다. 이는 실제 은혼식을 치른 부부들을 대상으로 한 뉴욕 대학교의 실험에서도 증명된 사실이라고 한다. 그들의 사진을 각각 오려서 다른 사람들의 사진과 섞어놓아도 실제 부부를 찾아낼 확률이 높다는 것이다. 신기하게도 오랜 세월을 함께하면 성격뿐 아니라 외모도 서로 닮아간다.

'카멜레온 효과 Chameleon Effect'라 하는데 다른 사람의 자세, 태도, 어조, 표정, 그 외에 다양한 행동 등을 자연스럽게 따라 하며 닮아가는 현상을 가리킨다. 이 용어는 프랑스 심리학자 세르주 시코니가 처음 사용했는데, 자신의 외모나 행동을 닮은 사람에게 믿음과 신뢰가 가는 현상을 말하기도 한다.

주변에 보면 유난히 공감을 잘 하는 사람들이 있다. "정말 어쩌면 좋으니. 어떻게 그럴 수가 있어? 내가 다 눈물이 난다, 얘. 내가 가서 확 뒤집어놓고 올까?"

A는 상대방의 하소연을 듣는 동안 격하게 공감하며 자기 일처럼 폴짝 뛰며 기뻐하기도 하고, 눈물을 주룩주룩 흘리며 슬퍼하기도 한다. 슬픈 영화나 드라마를 보면서 자신이 주인공이 된 듯 눈물 콧물 다 쏟으며 빠져들고, 친구가 실연당하고 와서 하소연을 늘어놓을 때면 열심히 들어준다. 당장 찾아가서 복수라도 해주려는 듯 흥분하며 함께 가슴 아파한다. 그래서인지 A의 주위에는 사람들이 넘쳐난다. 고민을 털어놓거나 상담을 요청하는 친구들이 특히 많다. A는 자기 시간도 빠듯하지만 사람들의 하소연을 들어주는 일을 결코 소홀히 하는 법이 없다. 다른 사람을 혼내거나 가르치려 드는 일 없이 그저 고개를 끄덕이며 맞장구를 쳐줄 뿐이다. 잘 생각해보면 주위에서 A 같은 사람을 쉽게 발견할 수 있을 것이다. 아니면 당신이 바로 그 사람일 수도 있을 테고 말이다.

대화를 나눌 때 상대방이 내 이야기에 집중하지 않거나 건성으로 듣는 듯하면 기분이 상한다. 친해지고 싶은 마음도 생기지 않거니와 다시 만나기 싫어질 수도 있다. 그러나 내 이야기에 귀를 기울여주고 박자를 맞춰주며 공감해주는 사람을 만나면 신이 나서 나도 모르게 이야기보따리를 하염없이 풀어놓게 된다. 이렇게 공감을 잘 해주는 사람에게는 쉽게 동질감을 느끼게 되는데, 이런 사람 앞에서 마음을 열고 자신을 드러내게 되는 심리도 카멜레온 효과로 설명할 수 있다.

남의 이야기에 공감을 잘 하는 사람들은 실적 면에서도 탁월하다.

실적이 뛰어난 한 은행 PB에게 영업 비밀을 물었더니 이렇게 말했다. "별다른 거 없어요. 그냥 고객님들이 아들 자랑을 하거나 며느리 욕을 할 때 잘 들어드린 것밖에는요."

상대의 말을 경청하면서 그 입장에 공감하고 맞장구쳐준 것뿐이라는 얘기였다. 단지 그것만으로도 자연스레 감정이 이입되면서 공감대가 형성되고 친밀감이 형성되어 신뢰가 쌓인 것이다.

따라 하기의 여러 효과

요즘 어느 때보다 소통의 중요성이 강조되고 있다. 소통이란 내 생각과 견해를 남에게 이해시키는 것을 의미하지 않는다. 소통의 바탕은 같은 입장이 되어주는 것이다. 밑도 끝도 없는 투정에도 귀를 기울이고 가끔은 고개를 끄덕여주는 사람, 그가 바로 소통의 대가이고 마음의 벽을 허무는 사람이다.

상대방의 이야기를 잘 들어준다는 것은 그저 듣기hearing만 하는 것이 아니라 깊은 관심과 공감을 보여주며 깊이 있게 듣는listening 것을 의미한다. 여기에는 적절한 추임새와 공감의 제스처도 포함된다. 안숙선 선생 같은 '명창'에게도 잘 들어주고 적극적으로 반응해주며 추임새를 넣어주는 공연장의 '귀 명창'들이 필요하고, 조용필 같은 가왕에게도 객석 가운데서 계속 호응하며 분위기를 만들어주는 '오빠 부대'가 필요하다.

미국의 정신과 전문의이며 베스트셀러《행복의 조건》의 저자인 조지 베일런트는 하버드 대학교의 남자 졸업생들을 대상으로 졸업한 지 40년이 지난 후의 삶에 대해 광범위한 연구를 했다. 연구 대상자 중 40년 후 건강한 그룹에 속한 사람들은 주위에 '영양가 있는' 사람을 적어도 한 사람씩은 두고 있었다고 한다. 배우자나 친구, 동료 등 자기 생각과 감정을 터놓고 이야기할 수 있는 대상이 늘 곁에 있었다는 뜻이다.[29]

운전을 잘 못하는 사람은 운전 중에 브레이크를 자주 밟는다. 이런 차 뒤에서 운전을 하다 보면 짜증이 밀려온다. 소통에 서툰 사람도 상대방이 이야기하는 도중에 브레이크를 자주 건다. 상대의 이야기 중 틀린 것을 바로잡아주고 싶어 견디질 못한다. 자신이 알고 있는 사례가 더 훌륭하다는 것을 표현하지 않고는 못 넘어간다. 그러나 소통의 본질은 '설득persuasion'이 아니라 '공감sympathy'이다. 따라서 얼마나 많은 사람을 설득하느냐가 아니라 얼마나 많은 사람이 공감하게 하느냐가 중요하다. 이 점은 개인이든 조직이든 마찬가지다. 그러므로 우리에게는 언어 이상의 의사소통 수단이 필요하다.[30]

남의 이야기에 공감하며 잘 들어주는 사람들의 공통적인 특징을 살펴보면 상대방의 많은 것을 따라 한다는 것을 발견하게 된다. 상대방이 즐겁게 웃으며 말할 때는 같이 웃고, 상대방이 심각해지면 자신도 심각해지고, 상대방이 고통스러워하면 같이 얼굴을 찡그린다. 그럴수록 상대방은 더 호감을 느끼게 된다. 사람은 누구나 자신과 닮은 사람에게 더 신뢰를 느끼고 자신을 더 잘 이해해주는 것으로 느껴 마음을 열게 되기 때문이다.

상대방 따라 하기는 인간관계의 기본이다. 친해지고 싶은데 어떻게 친해져야 할지 모르겠거든 따라 하기를 실천해보라. 효과 만점이다. 친구 사이에서는 물론이고 직장에서도 그렇다.

과거에 근무하던 회사에서 태국 사람을 상사로 모신 적이 있다. 지금 생각해도 성격이 참 괴팍한 남자였다. 선망의 대상인 대한민국 최고의 주상복합 아파트도 불편하다고 투덜대고, 한국 음식은 진절머리를 내며 아예 먹으려고도 하지 않았다. 성격도 깐깐해서 별거 아닌 일들을 가지고 아랫사람들을 엄청나게 힘들게 했다. 나도 처음에는 좀처럼 적응이 되질 않았다. 그러다가 따라 하기 전략을 써서 효과를 톡톡히 봤다. 당시 우리는 주로 이메일을 통해 커뮤니케이션을 했는데, 그의 메일을 꼼꼼히 분석한 결과 재미있는 사실을 발견했다. 그가 자주 사용하는 문장, 단어, 표현에 일정한 패턴이 있었던 것이다. 그래서 나도 가능하면 그가 자주 사용하는 표현들을 쓰려고 노력했다. 그랬더니 비슷한 보고를 해도 유독 내게는 부드럽게 대해준 것이다. 동료들이 다들 비결이 뭐냐고 물어봤을 정도다. 나는 지금도 당시 출력해서 분석했던 그의 이메일 자료를 보관하고 있다.

상대방과 비슷하게 생각하고, 이야기하고, 반응하다 보면 어느 순간 사이가 무척 가까워졌음을 발견하게 될 것이다. 물론 지나치게 따라 하면 역효과를 낼 수도 있으니 상대방이 눈치채지 못하게 해야 한다.

또, GE에서 재무 담당 매니저로 일할 때 있었던 일도 비슷했다. 글로벌 CFO가 다음 해 경영계획 승인을 위해 한국을 방문했다. 워낙 깐깐하다고 소문이 난 인물이라 다들 극도로 긴장했다. 그런데 우연히 그가 미국 시러큐스 대학교를 나온 농구광이라는 사실을 알게 됐다. 보고 시간이 되었을 때, 보고에 앞서 때마침 진행된 NCAA 농구 경기에서 시러큐스 대학교가 예일 대학교에 승리를 거둔 것에 대해 말을 꺼냈다. 그랬더니 그가 부연설명까지 해가며 한참을 흥분해서 말하는 것이 아닌가. 그리고 이어진 경영계획 보고는 아주 화기애애한 분위기에서 일사천리로 진행되었다.

이처럼 중요한 협상을 하는 자리에서도 바로 본론으로 들어가지 않고 상대방이 좋아할 만한 주제로 운을 떼운다든가, 상대방의 현재 상황에 맞는 이슈로 대화를 시작하면 큰 효과를 볼 수 있다. 골프를 무척 좋아하는 상대방이라면 골프 장비를 바꿀 계획인데 어떤 게 좋은지 추천해달라고 해보라. 상대방이 패션 감각이 있어 보이는 비교적 젊은 층이라면 근래 선풍적인 인기를 끌고 있는 패션 브랜드에 대해 물어보라. 그다음부터는 사뭇 부드러운 분위기에서 협상이 진행될 것이다. 누구나 자신과 관심사가 비슷한 사람에게는 호감을 갖기 때문이다.

현재 자신과 친한 사람 열 명의 특징을 떠올려보라. 아마 빠질 수 없는 공통점은 나를 잘 이해해주고 공감의 몸짓을 잘 해준다는 점일 것이다. 그 특징들에서 자신의 모습을 발견할 수 있다. 인디언 속담에 '상대방을 이해하기 위해서는 그 사람의 신발을 신어보라'는 말이 있다. 나보다 상대의 입장을 먼저 생각하고, '나'보다는 '우리'라는 말을 더 많이 사용해보라. 그러면 주위에 나랑 닮은 사람, 나와 비슷한 사람, 나와 코드가 맞는 사람이 점점 많아질 것이다. 그것이 바로 세상 사는 재미 아니겠는가. 카멜레온이 되어 살아보는 것도 나쁘지 않을 듯하다.

10
그건 쿨한 게 아니야, 쿨한 척하는 거지

• 고슴도치 딜레마 •

연예인들이 직접 병영생활을 하는 모습을 보여주는 〈진짜 사나이〉가 큰 인기를 끌고 있다. 한 번은 내가 복무했던 '이기자 부대' 편이 나왔다. 훈련이 너무나 세고 힘들어서 출연자들의 고생이 이만저만 아니었다. 프로그램을 보고 났더니 이제 갓 초등학교에 입학한 아들 녀석 군대 보낼 일이 벌써부터 걱정이 됐다.

내가 그 부대를 전역한 사실을 아는 지인들이 실제로도 그렇게 힘들었는지 묻곤 한다. 사실 TV에서 보여주는 것보다 몇 배는 더 힘들었다. 예비역들은 다 아는 사실이지만 군대에서 힘든 것은 훈련이 아니라 일거수일투족, 눈동자 굴리는 것과 잠꼬대까지 통제를 받는 내무반 생활이기 때문이다. 아무리 힘든 훈련도 여럿이 함께 받으면 감당할 수 있다. 그러나 훈련 이외에 점호나 식사, 자유 시간, 심지어 취침 시간 등에 비인간적인, 비인격적인 행태들이 벌어지는데 이게 정말 참기 힘들다. 그때는 왜 또 그렇게 구타가 심하고 집합이 많았는지. 육체적인 고통 외에 겁에 질려 살아야 하는 정신적인 고통까지 겹쳤던 때여서 다시 떠올리기도 싫을 정도다. 자신이 먼지처럼 한없이 작은 존재가 되고 마는, 이 큰 조직의 일개 부속에 지나지 않는다는 자괴감과 한없는 외로움 때문에 눈물로 베갯잇을 적시며 쫄병 시절을 보냈다.

그 힘든 시절을 견디게 해준 것은 '같이' 어려움을 겪고 서로 토닥여준 동기들이었다. 그야말로 '같이'의 '가치'가 가장 잘 드러나는 곳이 군대였다. 몸이 아플 때는 대신 보초를 서주고, 무릎이 아파 애를 먹던 행군 때는 군장을 나눠 져주던 그 끈끈한 정은 지금도 잊지 못한다.[31]

요즘 젊은 직원들을 보고 있으면 밥을 먹지 않아도 배가 부르다. 그들의 젊음과 가능성이 부럽기 그지없다. 다들 일도 잘하고 능력도 있다. 남자건 여자건 밝고 예쁘다. 그러나 그들에게 치명적으로 부족한 것이 있다. 마음을 잘 열지 않는다는 것이다. 아니, 인간관계 맺는 법을 잘 모르는 것 같다. 입시지옥과 취업지옥의 강을 건너는 동안 안에서 문을 걸어 잠그고 최소한의 거리만 유지하는 데 익숙해진 것 같다. 상대방에게 일정 거리 이상을 내어주면 스스로 견디질 못한다.

이들은 선후배는 물론이고 동기들끼리도 상호 어느 정도의 '선線'을 유지해주는 쿨cool한 관계에 익숙해져 있다. 공통의 관심사가 있으면 누구와도 쉽게 친해지지만 아주 가까운 사이가 되기는 매우 어렵다. 게다가 SNS를 통해 한 번도 본 적 없는 온라인상의 친구 관계에 익숙해져 있어 땀 냄새, 살 냄새 물씬 풍기는 부대낌을 소중히 여길 줄 모른다. 겉으로는 멀쩡하지만 퇴근하고 나면 '건어물녀*'와 '초식남**'들이 되어 스스로를 소외시키는 이들이 상당히 많다.

아마도 훗날, 자신들의 행태를 후배들이 고스란히 따라 하는 것이 눈에 들어올 때쯤이면 이 쿨한 관계보다 더 중요한 것이 있음을 그들도 알게 될 것이다. 직장은 실제로 가족보다 더 많은 시간을 함께 보내는 제2의 가족이라는 생각이 들 때쯤 말이다. 그때가 되면 젊은 날 자신들의 행동을 돌아보며 아쉬워할 것이다. 그런 깨달음의 시간이 너무 늦게 오지 않기만을 바랄 뿐이다.

관계의 편식

몹시 추운 어느 겨울날 아침, 고슴도치 두 마리가 서로의 체온으로 몸을 데우려고 가까이 다가간다. 그러나 서로 다가갈수록 상대방의 가시에 찔려 상처를 입는다. 그렇다고 떨어지자니 추위 때문에 고통스럽다. 그야말로 딜레마. 쇼펜하우어의 우화에 나오는 이 상황을 '고슴도치 딜레마 Hedgehog Dilemma'라 부른다. 우리도 이런 딜레마에 빠

---

* 〈호타루의 빛〉이라는 일본 만화에서 유래한 말로 유능한 커리어우먼이지만 퇴근 후나 휴일엔 집에서 잠만 자거나 오징어 안주로 맥주나 마시는, 사회생활에 지쳐 연애와 결혼에 무관심한 여성을 일컫는다.

** 일본의 칼럼니스트 후카사와 마키가 지어낸 말로 온순하고 제 일엔 열심이지만 연애와는 담쌓은 채 혼자 생활하는 남성을 일컫는다.

진 것은 아닌지 모르겠다.

신인류 고슴도치들은 '서로 알아가고 신경 써주면서 시간과 돈과 정신을 낭비하느니 차라리 혼자 편하게 지내는 것이 낫지'라고 생각한다. 그래서 오늘도 온라인상에서 '한 번도 만나본 적 없는 친구'들과의 적당한 거리에 만족하며 살아간다. 얼굴도 모르는 사람들과 매일 메신저와 댓글을 통해 소통하는 동안 가시는 더욱 뾰족해지고 날카로워진다. 앞으로는 자신과 비슷한 생각을 가진 사람, 자신과 코드가 맞는 사람하고만 소통하는 '관계의 편식'이 일반화될 것이다. 이것이 당장은 세상 살아가는 데 별 불편함을 주지 않을 것이다. 갈수록 쿨한 사람, 쿨한 관계들로 넘쳐날 것이다. 하지만 인생은 단거리 경주가 아니다.

과거의 아픈 경험 때문에 지레 겁을 먹고 새로 관계 맺기를 두려워하는 사람이 많다. 아픈 이별을 겪은 사람은 새로 찾아오는 사랑에 쉽게 마음을 열지 못한다. 믿고 의지하던 사람에게 사기를 당해본 사람은 다시 사람을 믿기가 어렵다. 조금씩 가까워지기 시작하면 그때부터 그 사람의 장점은 물론이고 단점, 삶에서 쌓아온 처세술과 극복하지 못한 상처, 그리고 내게 접근하는 비즈니스적인 목적과 전략까지 보이게 된다. 그 과정에서 갈등과 실망을 겪느니 아예 일정한 거리를 두고 서로 걸리적거리지 않는 쿨한 사이가 되는 것이 편하다.

쿨하다는 말이 굉장한 찬사로 사용되지만 사실 이 말은 미국에 끌려온 노예들의 절망감에서 나왔다. 탈출구가 없는 노예들의 자포자기하는 심정이 감상적으로 포장된 것이다. 1930년대 이후에는 재즈

클럽을 통해 나른한 무심함이라는 의미를 담은 'Cool Jazz'로 이어졌다. 이것이 힙합과 랩 문화의 반항적 정신으로 계승되어 점차 쿨하다는 것이 공격적이고 힘 있는 의미를 띠게 된다. 스타일뿐 아니라 정신적인 면에서도 변화되어 반항기 넘치던 흑인 문화를 넘어 세련된 청년 문화로 자리 잡은 것이다.[32]

그러던 것이 최근에는 상업적 마케팅에서 값비싸고 세련된 스타일을 설명하는 용어로 쓰였다. 이에 따라 그렇지 못한 사람들을 무시함으로써 스스로 우월감을 느끼는 상황으로까지 바뀌었다. 이제는 누구나 쿨하다는 말을 들으면 좋아하고, 칭찬으로 받아들인다. 누구나 쿨한 스타일을 추구하게 되면서 인간관계에서도 서로 쿨한 사이, 즉 걸리적거리지 않고, 적당히 거리를 두며, 필요할 때만 편하게 뭉치는 관계를 추구하기에 이르렀다.

가시를 이기는 모정

상대방과 일정한 거리를 두면 서로 간섭할 일도, 부딪힐 일도 없기 때문에 남에게 부담도 주지 않고 상처도 입히지 않는다고 생각한다. 그리고 이런 자신을 보고 쿨한 관계로 둘러싸여 있다고 스스로 만족스러워한다. 그렇게 자신이 원할 때 원하는 만큼만 관계를 형성할 수 있는 적당한 거리를 찾아 유지하는 데 익숙해져 간다.

그러나 쿨한 관계로만 세상을 살아갈 수는 없다. 조직 내에서 사람 사이의 관계를 이 정도로만 이해하는 사람은 리더로 성장하지도 못

할뿐더러 그 조직에서 오래 버티기도 힘들다. 위로 올라갈수록, 중요한 일을 맡을수록 '사람'의 비중이 커지기 때문이다. 뾰족하게 돋아난 저마다의 가시를 극복하고 서로 살을 부대끼며 온기를 느끼는 관계가 없이 조직에서 성장하기는 불가능하다. 성공가도를 달릴 때만 이런 관계가 중요한 것도 아니다. 그렇지 못할 때 역시 다가와 어깨를 토닥여주는 관계가 없다면 전쟁이나 다름없는 직장생활에서 외로움에 치를 떨게 될 것이다.

우리는 본능적으로 온기와 살 냄새를 그리워하게 되어 있는 존재다. 그래서 '인간人間'이란 '인간관계人間關係'의 준말이라 하지 않던가. 아무리 세상이 디지털화된다 해도 인간관계는 아날로그적이어야 한다. 상대방의 접근을 막는 날카로운 가시들도 인간의 본성을 자극하면 춘삼월 눈 녹듯 녹게 마련이다.[33]

가시 때문에 서로를 껴안을 수 없는 고슴도치들은 그렇다면 평생 한 번도 안겨보지 못한 채 살아갈까? 그렇지 않다. 고슴도치 엄마는 자식의 가시에 찔리더라도 안아준다. 이를 가능하게 해주는 것이 바로 모정이다.

인간은 누구에게나 정이 있다. 조금의 마중물만 있으면 이 정이라는 것이 조금씩 조금씩 스며 나온다. 그리고 이것이 가시를 무릅쓰고 서로를 향해 손을 뻗고 쓰다듬고 안아주게 한다. 그러면서 우리는 기적을 경험하게 된다. 서로 상처를 주고 거리를 느끼게 했던 가시가 사르르 녹는 기적 말이다. 우리는 쿨한 고슴도치가 아니라 심장에 뜨거운 피가 흐르는 사람이다.

11
좋은 사람을 만나고 싶다면 좋은 사람이 되라

· 상호성의 법칙 ·

부친상을 당한 친구가 있어서 조문을 갔다. 그런데 한 친구가 지방 출장 중인데도 밤늦게 차를 몰고 달려왔다. 출장 일정이 끝난 게 아니어서 밤새 차를 몰고 다시 가야 한다고 했다. 두 친구의 사이가 그렇게까지 친한 건 아니어서 의아해하고 있는데, 나랑 비슷한 생각을 했던지 누군가가 물었다.

"지방 출장 중인데 그렇게까지 무리해서 올 필요가 있나? 조의금은 다른 사람한테 부탁하거나 온라인으로 입금해도 되고, 나중에 전화나 한 통 하면 되잖아."

그러자 그 친구가 이렇게 대답했다.

"이 녀석이 우리 아버지 돌아가셨을 때도 야근하고 늦게 조문을 왔었거든."

다른 사람에게 받은 호의는 꼭 갚아야 한다는 생각은 거의 모든 문화권에서 공통으로 발견되는 현상이다. 식사 초대를 받으면 꽃 한 다발이라도 사 들고 가는 서양이나, 부침개를 했다고 이웃집에 나눠주면 금방 과일 한 바구니 들고 오는 우리나라나 비슷한 정서다. 보은報恩, 또는 Give & Take 문화인데, 이는 상대방에게 무엇인가를 받으면 나도 무엇인가를 주게 된다는 '상호성의 법칙'이라 할 수 있다.

우리나라가 아프리카의 여러 나라 중 유독 에티오피아에 학교 건설, 장학금 지급 등 많은 원조를 하고 있는 이유를 아는가? 바로 한국전쟁 때 에티오피아 내부에도 많은 문제가 있었음에도 무려 6,000명이나 되는 군대를 파병했었기 때문이다. 더욱이 최정예부대인 황실 근위병들이었다. 2002년 월드컵에서도 대한민국 국민은 한국전쟁 때 1만 5,000명의 병력을 보냈던 터키를 열렬히 응원했다. 월드컵 3, 4위전을 치른 두 나라 선수들이 경기의 결과에 상관없이 함께 어깨동무를 하고 공동으로 응원단에게 인사하던 장면이 아직도 생생히 기억난다. 이런 일이 있고 나서 터키를 방문해본 사람들은 알겠지만, 가는 곳마다 우리를 '형제의 나라'에서 온 사람이라 칭하며 친절하게 맞아준다.

마음을 얻으려면 마음을 주어라

이렇게 자신이 받은 것을 꼭 갚고 싶어 하는 마음은 예나 지금이나 변함이 없다.

중국 전국시대戰國時代 초기의 이야기다. 위魏나라의 장군 오기嗚起가 문후文侯의 명을 받아 진秦나라를 공격할 때의 일이다. 오기는 총사령관이었음에도 말을 타지 않고 일반 병사들과 함께 등에 개인 짐을 짊어지고 행군을 했고, 똑같은 식사를 하고 침대 없이 바닥에서 잠을 잤다. 이런 오기를 병사들은 마음속 깊이 존경하며 목숨을 걸고 따랐다.

어느 날 부하 병사 중 한 명이 등에 악성 종기가 나 고통으로 괴로워했다. 그러자 오기가 친히 입으로 빨아내 치료해주었다. 이 소식을 전해 들은 그 병사의 모친은 고마워하기는커녕 대성통곡을 했다. 남편이 전쟁터에서 종기가 났을 때 바로 그 오기 장군이 같은 방법으로 치료해줘서 목숨을 걸고 싸우다가 전사했는데, 이제 아들도 오기 장군을 위해 가장 앞에서 용감하게 싸우다가 전사할 것이기 때문이라는 것이었다. 예나 지금이나 사람의 마음을 얻기 위해서는 먼저 마음을 주어야 하는 법이다.[34]

이 법칙은 상대방에게 무엇인가를 제공하면 다시 돌아오는 것이라고도 말할 수 있는데, 일상생활에서도 흔히 볼 수 있다. 식당에 갔을 때를 생각해보자. 식당 종업원을 부를 때 '아줌마'나 '여기요'라고 하기보다는 '어머니', '이모님'이라고 불러보자. 젊은 직원 같으면 명찰에 붙어 있는 이름을 보고 'OOO 씨'라고 부르자. 그러면 서비스가 좋아지고 하다못해 밑반찬 하나라도 더 내온다. 중요한 손님을 모시고 간 자리라면 몰래 1만 원짜리 한 장을 팁으로 주는 것도 좋다. 음료수도 서비스로 주고 식사하는 내내 화기애애하게 서비스를 제공한다. 미국의 경우에도 손님들에게 껌이나 사탕 한 개를 얹어 계산서를 내밀면 팁이 늘어난다고 한다.

한 친구가 회사를 옮기려고 고민 중이라고 털어놨다. 지금 회사에서는 같은 업무를 오래 해서 싫증이 나기도 하고, 자신에게도 변화가 필요한데 마침 다른 회사에서 좋은 조건으로 오퍼가 왔다는 것이다.
"그럼 옮기면 되지 무슨 걱정이야?"
"그게 아니라, 우리 부장님이 나한테 그동안 엄청나게 잘해주셨는데 배신하는 것 같아서 도저히 입이 떨어지지 않아."
사회생활에서 상호성의 법칙을 보여줄 수 있는 전형적인 예다.
이 상호성의 법칙, 즉 Give & Take 정신을 사회적인 측면으로 확장한 예도 있다. 존 F. 케네디는 "많은 것을 받은 사람에게는 그만큼 요구되는 것도 많다"며 노블리스 오블리제를 강조했다. 모두가 평등하게 사는 것이 불가능한 이 세상에서 조금 더 많이 받아서 우아하고 풍족하게 사는 사람은 그렇지 못한 사람들을 위해 해야 할 일이 많다는 것이다. 성공한 사람들에게서 종종 이런 모습이 보이기도 한다. 자신에게 기회를 주고 성공할 수 있게 해준 세상과 사회에 환원하는 것이 옳다는 생각에 평생 모은 재산을 기부하는 등의 경우다.

늘 받기만 하고 주는 데는 인색한 사람도 있다. 이런 사람은 어떤 자리에서도 환영받지 못한다. 상대방의 호의를 거절하거나 호의를 받은 다음에 적절하게 보답하기를 소홀히 하는 것은 인간 문화의 기초 질서인 상호성의 법칙에 정면으로 도전하는 행위다.

인사를 받고 싶은가? 먼저 인사를 하라. 선물을 받고 싶은가? 먼저 선물을 하라. 칭찬을 받고 싶은가? 먼저 칭찬을 하라. 좋은 사람을 만나고 싶은가? 그럼 먼저 자신이 누구나 좋아할 만한 사람이 되어라. 받고 싶은 대로 본인이 먼저 하라. 이것은 아주 오래전부터 이어져온 인간 사회의 문화이자 지혜다.

12

당신이 꿈꾸는
이상형은 누구인가

• 신데렐라 콤플렉스 / 평강공주 콤플렉스 / 바보 온달 콤플렉스 •

남성보다 여성들에게 특히 인기가 있었던 영화 〈프리티 우먼〉, 드라마 〈파리의 연인〉, 〈꽃보다 남자〉, 〈시크릿 가든〉 등의 공통점이 무엇인지 아는가? 바로 현대판 신데렐라가 등장한다는 것이다. 돈 많고 멋진 백마 탄 왕자가 나를 구원해주기 위해 나타난다는 것은 상상만으로도 즐겁다. 그러나 이런 소재가 영화나 드라마에 많이 등장한다는 사실은 그만큼 현실성이 떨어진다는 걸 보여준다. '백마 탄 왕자'는 곽곽하고 힘든 현실을 살아가는 사람들에게 카타르시스를 선사하지만, 의존적이고 수동적인 여성상을 양산하는 것으로 여겨져 많은 비판의 대상이 되고 있다. 그렇지만 앞으로도 계속해서 매력적인 소재로 쓰일 것이다.

지긋지긋한 이 삶에서 나를 건져줄 백마 탄 왕자님은 시대를 막론하고 여성들의 공통된 이상형이었다. 자신이 처한 상황과 능력으로는 아무리 노력해도 이룰 수 없는 꿈같은 삶을 멋진 왕자와의 만남을 통해 이룰 수 있다고 고대하는 심리, 즉 남성에게 의존하고 보호받기를 원하는 여성의 심리를 일컬어 '신데렐라 콤플렉스'라고 한다. 이런 심리는 정도의 차이가 있을 뿐이지 남성들에게도 마찬가지로 존재한다. 즉 사람이라면 누구나 자신보다 처지가 나은 사람이 왕자처럼 혹은 공주처럼 나타나 이 지긋지긋한 현실 세계에서 탈출시켜주기를 바라는 마음이 있다는 것이다.[35]

백마 탄 왕자 같은 상대를 꿈꾸는 것 자체가 문제가 되는 것은 아니다. 그와의 교감과 사랑보다는 단지 힘든 처지에서 벗어나게 해줄 신분 상승의 도구로만 여긴다는 게 문제다. 나는 아주 어릴 적 〈신데렐라〉뿐 아니라 〈키다리 아저씨〉, 〈소공녀〉 등의 명작을 읽으면서 내내 불만이 있었다. '왜 자기 운명을 남에게 맡기려 할까. 왜 자신을 핍박하는 계모와 언니들에게 한번 맞서 싸워보지도 않을까' 하는 점이었다. 그렇게 부당한 대우를 받으면서도 답답하리만치 순응하기만 했던 신데렐라는 우연히 만난 요정이 호박을 마차로 바꿔주고 왕자가 아름다운 유리구두를 신겨주지 않았거나, 그 왕자를 만나지 못했었다면 여전히 그렇게 살고 있을 것 아닌가. 왕자의 관심을 한몸에 받을 만큼의 미모도 뛰어나고 착하고 성실한 성품이었다면 자신의 노력으로 얼마든지 성공할 수 있었을 텐데 말이다. 그런 면에서 갖은 역경에도 자신의 어려움을 극복하려고 애쓰는 〈들장미 소녀 캔디〉에게 더 마음을 빼앗겼고, 테리우스의 등장에 환호하기도 했다.

이상형과 복권

신데렐라 콤플렉스라는 말을 처음 만들어낸 콜레트 다울링은 이에 대해 "억압된 태도와 불안이 뒤얽혀 여성의 창의성과 의욕을 한껏 발휘하지 못하게 하는, 일종의 미개발 상태로 묶어두려는 심리 상태"라고 설명했다. 이런 콤플렉스에 시달리는 사람들은 열등감과 두려움에 사로잡혀 혼자 힘으로는 세상과 맞서 싸울 엄두를 내지 못한다. 늘 자신이 없고 회의감에 눌려 산다. 이 현실에서 탈출하게 해줄 누군가와의 만남에만 기대를 건다. 그 대상이 때로는 사람이 아니라 '복권'이 되기도 한다. 가부장적인 질서가 강했던 우리 사회에서는 여성이 독립적으로 능력을 펼치고 사회에 진출할 기회가 드물었다. 오랜 시간 동안 한국 여성에게는 그저 좋은 곳으로 시집가는 것, 즉 좋은 남자를 만나는 것이 인생의 가장 큰 목표였다.

물론 이런 심리는 남성들에게도 있다. 신분을 상승시켜주고 꿈을 이루게 해줄 배우자를 찾는 남성들의 심리를 '바보 온달 콤플렉스'라고 한다. 바로 평강공주를 찾아다니는 것이다. 공주의 신분임에도 바보 온달을 찾아와 결혼한 후 남편에게 학문과 무술을 가르쳐 훌륭한 장수로 성장시킨 최고의 현모양처 아닌가.

신데렐라와 바보 온달을 비교해보면 서로 비슷한 면이 보인다. 배우자를 통해 현재의 어려운 국면을 타개하고 신분 상승을 꾀한다는 면에서 그렇다. 그런데 신데렐라와 평강공주를 비교하면 어떨까. 당신이 남성이라면 신데렐라와 평강공주 중 어떤 여성을 택할 것인가. 누군가가 내게 이런 질문을 한다면 나는 이렇게 답하겠다. "신데렐라

건 평강공주건 상관없다. 평생 사랑하고 아껴주고 친구처럼 해로할 상대를 선택할 것이다."

내가 만난 사람이 백마 탄 왕자나 평강공주이기보다는 가슴이 따뜻한 사람이기를 바라는 마음, 그리고 나와 함께 이 세상을 성실하고 착하고 친구처럼 멋지게 살아갈 지혜로운 사람이기를 바라는 마음을 갖는 것이 어떨까.

누구나 저마다의 이상형을 품고 살고 있다. 이상형을 만나고 싶어 하는 사람들에게 꼭 해주고 싶은 말이 있다. 이상형을 만나고 싶다면 당신이 먼저 상대방의 이상형이 되어주라는 것이다. 상대방도 이상형을 찾고 있기 때문이다. 그리고 희한하게도 유유상종類類相從, 즉 비슷한 사람끼리 만나는 경우가 많기 때문이다. 당신의 이상형은 이미 당신이 알고 있는 사람 중에 있을 확률이 높다. 《탈무드》에서는 "진정 서로 사랑하는 부부라면 칼날만 한 좁은 침대에서도 함께 누워 잘 수 있지만, 서로 증오하고 있는 부부라면 폭이 10미터인 침대도 좁게 느껴진다"고 했다. 세상에서 가장 행복한 사람은 현명한 배우자를 만난 사람이다. 그리고 나는 독사들에게 이 지면을 들어 한마디 자랑을 하고 싶다. '그런 점에서 나는 진정 행복한 사람이다!'[36]

생각을 바꾸는
지적인 생각법

13

죽을 때의 모습은
선택할 수 있다

· 아도니스 콤플렉스 / 번아웃 증후군 ·

 어느 날 사우나에 들어갔는데 샤워기 앞에서 한 청년이 앞에 화장품을 잔뜩 늘어놓고 얼굴에 무엇인가를 찍어 바르고 있었다. 사우나를 마치고 30분쯤 후에 나오면서 보니 그 친구는 여전히 뭔가를 얼굴에 문지르고 있었다. 밖에 나와서도 옷을 입은 다음에 얼굴에 뭔가를 또 발랐다. 궁금한 것은 못 참는지라 도대체 뭘 그렇게 바르는지 물어봤다. 그랬더니 모두 얼굴 피부를 위한 화장품이라고 했다. 자신은 대학생인데 그렇게 매일 피부를 가꾼다는 것이다. 그래서 그런지 그 청년은 외모도 매우 잘생긴데다 피부도 빛이 나는 것 같았다.
 부서 워크숍을 가서도 비슷한 일을 겪었다. 나와 하룻밤 방을 함께 쓰게 된 막내 대리가 손가방 하나를 꺼내더니 무려 10개는 됨직한 화장품을 꺼내놓는 것이었다. 사내 아나운서로도 활동하는 친구라 그런 모양이었다. 군대 시절부터 애용하던 밀크로션 하나만 달랑 들고 간 나는 괜히 부끄러워 꺼내놓지 못하고 필요할 때만 가방에서 꺼내서 썼다.

요즘은 자신을 가꾸는 남성이 많이 늘었다. 여성처럼 진한 화장이 기본이 된 연예인들은 차치하고라도 기본적인 메이크업을 하고 다니는 남성을 거리에서 흔히 볼 수 있다. 자신을 더 아름답게 꾸미고 싶은 것은 여성뿐 아니라 남성에게도 존재하는 욕구다.

영화 〈아메리칸 뷰티American Beauty〉에서는 '번아웃 증후군Burnout Syndrome'에 걸려 모든 것에 싫증을 느끼던 케빈 스페이시가 어느 날부터 딸의 친구를 흠모하게 된다. 그때부터 그는 딸 친구에게 잘 보이기 위해 운동을 하면서 열심히 몸을 만든다. 나도 딸아이의 친구들이 찾아오면 뱃살 축 처진 아빠의 모습을 보이기는 싫어서 배를 집어넣고 아랫배에 잔뜩 힘을 주고 버틴다. 남들 보기에도 좋은 외형을 지니고 싶은 것은 남녀노소를 불문하고 누구에게나 있는 본능이다. 자신이 좋아하거나 잘 보이기를 원하는 대상 앞에서는 더욱 그렇다.

미청년 아도니스

그리스 로마 신화에는 아도니스라는 미청년이 등장한다. 얼굴만 잘생긴 것이 아니라 몸매조차 탄력적이고 아름다웠던 청년 아도니스는 미의 여신 아프로디테의 열렬한 사랑을 받았지만 불의의 사고로 일찍 숨을 거둔다. 현대 사회에서 남성들이 외모 때문에 갖는 강박관념이나 우울한 증세를 '아도니스 콤플렉스Adonis Complex'라고 한다. 지나치게 외모에 집착하거나 자신보다 잘생긴 사람을 보면 부러움과 질투에 휩싸이게 되는 증상이다.

2000년대 초반 미국에서 베스트셀러였던 해리슨 포프의 《아도니스 콤플렉스》라는 책에서는 미국의 남성들은 근육질 몸매를 만들어야 한다는 강박관념에 사로잡혀 있어 수많은 젊은이가 근육 강화제를 복용하며, 심지어 초등학생들까지도 신체에 불만을 가져 우울증에 빠지는 경우가 있다고 밝혔다. 요즘 남자 아이돌 가수나 배우들은 공통으로 예쁘장한 얼굴에 식스팩까지 갖추고 있다. 이처럼 여성 못지않게 남성도 외모를 가꾸는 것이 흔해서인지 '아도니스 콤플렉스'에 시달리는 남자들이 부쩍 늘었다. 특히 외모나 이성 문제에 민감한, 사춘기를 겪고 있는 10대 청소년들의 경우에는 그 정도가 더 심각하다.

아무리 외모를 가꾸는 것도 능력이라 인정하는 시대라지만 외적인 면에만 집중하는 경향이 심해지고 있다. 가장 중요한 관심사가 외모라면 세상 돌아가는 것도 그런 관점에서 바라보게 된다. 관심사가 무엇이냐에 따라 세상이 다르게 보이기 때문이다. 마크 트웨인도 "만일 네가 가지고 있는 유일한 도구가 망치라면 너는 모든 문제를 못으로 보려고 할 것이다"라고 하지 않았는가.[1]

외모도 뛰어나고 겉으로는 모든 것이 완벽해 보이는데, 옆에 있으면 왠지 불편한 사람이 있다. 김밥은 매끈하게 썰어진 몸뚱이보다 계란이며 단무지가 삐죽삐죽 나와 있는 맨 끝 자투리가 더 맛있는 법이다. 사람이 지나치게 완벽하고 매끈해 보이면 인간미가 덜하다. 어딘가 좀 허술한 면도 있고 엉성한 구석도 있어야 더 인간적이고 매력적으로 느껴진다. 그러나 무엇보다 속이 꼭 차 있어야 한다.[2]

너도나도 모두 잘난 사람들만 있으니 도무지 정신이 없다. 1등이 있으면 꼴등도 있기 마련인데 모두가 1등만 되려고 하니 세상이 전쟁터가 되고 만다. 일부러 '쪼다'가 될 필요는 없지만 신영복 교수가 《감옥으로부터의 사색》에서 쓴 다음의 글귀는 큰 위안이 된다.

"'1등'이 치러야 하는 긴장감, '모범'이 요구하는 타율성에 비해 '중간'은 풍요하고, '꼴찌'는 편안하며 '쪼다'는 즐겁다."[3]

나만의 매력을 발견하자

사람에게는 누구나 자기만의 '매력魅力'이 있다. 매력이란 '도깨비 매魅'에 '힘 력力', 즉 사람의 마음을 호리어 끄는 힘을 말한다. 잘생겼건 못생겼건 누구에게나 사람의 마음을 끄는 향기와 색깔이 있다. 누구나 가지고 있는 이 매력을 느끼기에 우리는 너무 바쁘게 살고 있는 것은 아닌지 모르겠다.

이 매력은 이성 간에만 느낄 수 있는 것이 아니다. 동성 간에도 매력이 철철 넘치는 사람을 많이 볼 수 있다. 이런 사람은 자꾸 만나고 싶고 자주 연결되고 싶다. 그가 나오는 모임에는 적극 참석하고 싶어진다. 심지어는 그의 친구와도 친구가 되고 싶어진다. 이런 사람의 SNS에는 진중한 친구들로 넘쳐난다. 그 사람의 외모가 어떤지는 별로 중요하지 않다.

나에게 매력을 느끼는 사람들이 있다는 것을 알면 기분이 좋아진다. 누군가로부터 강렬한 시선을 받으면 심장 박동이 증가하고, 마치 사랑에 빠지기 시작할 때와 비슷한 신체적 반응이 일어난다.

이왕이면 다른 사람 눈에 아름답게 보이는 것이 좋고, 앞에서 밝혔듯이 그것도 일종의 능력이다. 그러나 그것이 전부인 양 행세하는 세태를 꼬집고 싶다. 내면이 꽉 차지 않은 사람일수록 겉모습에 치중하는 경향을 보인다. 사실 인간의 가장 아름다운 것은 내면에 존재한다. 나무는 겨울에도 자라지만 나이테를 속에다 새긴다. 아무리 외모지상주의 사회에 살고 있어도 내면의 아름다움이 더 중요하다는 사실은 변하지 않는다.

적합한 외모관리는 자신을 위해서나 남을 위해서나 필요하다. 그러나 그것이 도를 지나쳐 외모 때문에 스트레스를 받고 사회생활에 지장을 줄 만큼은 아니어야 한다. 일단 콤플렉스를 느끼기 시작하면 생활의 모든 부분에 자신감이 떨어지고 부정적인 영향을 미치게 된다. 굳이 나와 다른 남을 보며 스트레스받을 필요는 없다.

있는 그대로의 나 자신을 먼저 인정하고 단점보다는 장점을, 나만이 가지고 있는 매력을 발견하기 위해 노력해야 한다. 아도니스처럼 미청년이 될 수는 없지만, 누구에게나 고유한 매력이 있다. 자신만의 매력에 먼저 빠져보면 어느 순간 자신감이 생기는 것을 느낄 수 있을 것이다. 그래야 아름다운 미래를 만들어갈 수 있다. 이 세상에 태어나는 모습은 내가 선택할 수 없었지만 죽을 때의 모습은 선택할 수 있다. 내면의 아름다움이 진정한 아름다움이다. 내면을 가꾸려면 스스로를 소중히 여겨야 한다. 자신이 사랑하지 않으면 남도 사랑해주지 않는다. 진부한 소리로 들리겠지만, 내면이 아름다운 사람이 진정 아름다운 사람이다. 그 사람이 꾸려가는 삶이 아름다운 삶이다. 그런 사람들이 세상을 아름답게 한다. 이제 자신만의 매력에 풍덩 빠져봄이 어떨까.

14
신문에 날까 두려운 일이라면 하지 마라

· NYT 법칙 ·

　2014년 3월 9일 독일 분데스리가 프로축구 경기에서는 보기 드물게 훈훈한 장면이 연출되었다. 뉘른베르크와 베르더 브레멘의 경기의 후반 29분경이었다. 브레멘의 훈트라는 선수가 페널티 지역으로 쇄도했고, 뉘른베르크 수비수 피놀라가 훈트를 막기 위해 달려들었다. 그 상황에서 훈트가 넘어졌고 주심은 피놀라에게 페널티킥 반칙을 선언했다. 사실 훈트의 몸을 건드리지 않았던 피놀라는 억울함에 머리를 감싸 쥐었다. 이때 훈트가 주심에게 다가와 자신은 반칙을 당하지 않았다고 말했고 주심은 판정을 번복하며 다시 골킥을 선언했다. 반칙을 당하지 않았어도 시뮬레이션 액션까지 써가며 페널티킥을 얻어내려는 선수들이 대부분인 축구 경기를 생각하면 놀라운 일이었다. 생각지도 못했던 뉘른베르크 선수들은 훈트에게 악수를 청하고 그에게 엄지손가락을 내밀었다. 승부보다 스포츠맨십을 택한 훈트에게 경기장의 관중은 물론 전 세계의 축구팬들이 박수를 보냈다. 우르과이의 수아레스 선수가 존경받지 못하는 이유는 실력은 월드클래스에 속할지라도 인종 차별과 온갖 시뮬레이션 액션 등에 능하기 때문이다.

이처럼 스포츠 경기에서는 양심적인 선수가 승부보다 명예를 빛낸 경우가 많다.

2011년 1월 최경주가 단독 선두에 나서 관심을 끌었던 미 PGA투어 버라이즌 헤리티지대회에서 짐 퓨릭과 브라이언 데이비스가 18번 홀에서 연장전을 벌였다. 퓨릭이 두 번째 샷을 그린에 올려놓은 상황에서 데이비스의 두 번째 샷이 늪으로 된 헤저드에 빠졌다. 데이비스가 헤저드에서 칩샷(세 번째 샷)을 하려고 백스윙하는데 볼 옆에 '나뒹굴던 갈대(루스 임페디먼트)'를 건드리고 말았다. 골프규칙에 따르면 볼이 헤저드에 있을 경우 샷을 하기 전 그 안에 있는 루스 임페디먼트를 접촉하거나 움직일 경우 2벌타를 당하게 되어 있다. 볼을 그린에 올렸지만 자신의 클럽 헤드가 갈대를 건드린 것을 안 데이비스는 곧바로 경기위원을 부른 뒤 스스로 2벌타를 부과했다. 물론 우승컵은 2퍼트 파로 마무리한 퓨릭에게 돌아갔다. 경기가 끝나고 데이비스는 미 PGA 투어 경기위원장으로부터 "데이비스는 명예를 중요하게 생각해 품격 높고 적절한 조치를 취했다"고 찬사를 받았다. 당시 데이비스는 아직 우승 경력이 없는 선수였다. 골프가 매너와 규칙을 엄격히 따지는 경기로 알려져 있지만 아마추어 골퍼의 95퍼센트가 라운드 중 부정행위를 한 경험이 있다고 한다. 이런 현실을 감안할 때 분

명 박수를 받을만한 양심적인 일이었다.⁴

최소한의 규범과 양심이 있다

다들 그러니까 우리 역시 아무 의식 없이 규칙을 어기거나 부정을 행하는 일이 많다. 그래서 'NYT 법칙New York Times Rule'이 더욱 절실하게 다가온다. NYT 법칙이란 내가 하고자 하는 일이 다음 날 아침 〈뉴욕타임스〉 1면 기사로 올라도 떳떳한지 자문하여, 답이 'No'라면 그 행동을 하지 말고 'Yes'라면 해도 된다는 윤리 원칙이다. 거의 매일 뉴스 1면을 도배하고 있어 얼굴을 찌푸리게 하는 소위 '사회 지도층' 인사들이야말로 이 점을 되새겨야 할 것 같다. 어떤 행동을 하기 전에 스스로에게 '이 행동이 내일 신문에 실려도 괜찮은가'라고 질문을 던져봤더라면 상당 부분 피할 수 있었을 것이다. 지금은 신문만이 아니라 인터넷 메인 기사나 SNS에 돌아다녀도 괜찮은지를 생각해보면 된다.

내가 근무하던 GE에도 이와 거의 비슷한 제도가 있었다. 바로 '뉴스페이퍼 테스트'다. 예를 들어 비즈니스를 하며 여러 사람을 만나다 보면 자연스레 선물을 주고받는 경우가 종종 생긴다. 특히 다국적기업에 다니며 세계 여러 문화권의 사람들과 만나다 보면 어떤 것이 호의이고 어떤 것이 뇌물인지 헷갈릴 때가 있다. 상대방의 가벼운 호의를 거절한다면 그 또한 실례가 될 수 있기 때문이다. 그럴 때 '뉴스페이퍼 테스트'가 기준이 된다. 그 일이 신문에 나도 떳떳한지 생각해보

라는 얘기다.[5]

정직과 신뢰가 갖춰지지 않은 사람은 리더가 되어서는 안 된다. 그런 사람이 리더가 되면 중요한 위치에 있을 때 사고를 치고 개인의 명예가 한순간에 땅바닥에 떨어짐은 물론이고 조직의 명성에도 먹칠을 하게 된다. 그리고 각종 규제와 페널티를 통해 조직에 천문학적인 손해를 끼칠 수도 있다.

나는 요즘도 부하직원이 이해관계가 있는 거래처 사람으로부터 식사를 하자고 연락이 왔다며 고민하면 이렇게 대답한다.

"가서 식사하고 와. 대신 자네 밥값은 자네가 내면 되지."

워낙 윤리와 도덕이 땅에 떨어진 사회를 살다 보니 신문의 힘을 빌려서라도 기준을 세우려고 노력한다. 그러나 설사 기사화되더라도 문제가 되지는 않지만 그래도 인간으로서 지켜야 할 일들이 있다.

노나라 사람으로 사자성어 '미생지신尾生之信'의 주인공인 미생은 약속을 잘 지키는 것으로 유명한 인물이었다. 상대가 누구든 일단 약속을 하면 목숨을 잃는 한이 있더라도 꼭 지키는 사람이었다. 그는 다리 밑에서 만나자고 한 어떤 여인과의 약속을 지키기 위해 홍수에도 피하지 않고 기다리다가 불어난 물에 휩쓸려 결국 익사하고 만다. 이 일화는 변화에 둔감하고 융통성이 없는 이야기로도 인용된다. 그렇지만 미생이 생각한 것처럼 약속은 꼭 지켜져야 한다. 약속을 자주 어기는 사람하고는 절대로 비즈니스를 하면 안 된다.[6]

김수환 추기경이나 법정 스님, 한경직 목사 그리고 마더 테레사의 공통점은 그분들이 사망할 당시 그들에게는 가진 것이 아무것도 없었다는 점이다. 큰 영향력을 미치는 위치에 있었지만 스스로 정직하게 살며 모든 것을 남을 위해 사용했다.

모두가 이런 성인이 될 수는 없지만 인간이라면 누구나 지켜야 할 최소한의 규범과 양심이 있다. 모두가 함께 사는 사회에는 서로 간의 약속이 있다. 이 약속은 반드시 지켜져야 한다. 이 약속을 지키면서 살아가는 사람은 '믿을 수 있는 사람'이다. 믿을 수 있는 사람의 한마디는, 부정을 일삼고 정직하지 못한 사람이 서명한 계약서보다 더 신뢰할 수 있다.

신문에 나서 부끄러울 만한 일이면 하지 말고, 설사 그렇지 않더라도 스스로의 양심에 거리끼는 일은 삼가야 한다.

15

아픈 기억일수록
빨리 마침표를 찍어라

· 자이가르닉 효과 ·

　10년 전 모 은행 지점장을 끝으로 현역에서 은퇴한 R은 벚꽃이 피는 시절만 되면 잠을 이루지 못한다. 퇴직금 전부를 쏟아 붓고 대출까지 받아 야심 차게 오픈했던 제과점이 1년 만에 망해 큰 빚까지 졌기 때문이다. 그때가 바로 벚꽃이 눈처럼 흩날리던 시기였다. 작년 말 결혼한 외아들은 스스로 대출을 받아 변두리에 조그만 집을 마련했다. 남들처럼 변변한 집 한 채 준비해주지 못한 것이 아비로서 못내 가슴 아프다. R 자신도 단칸방으로 신혼살림을 시작했지만 요즘은 시대가 바뀌지 않았는가 말이다. 또, 착실히 은퇴준비를 해서 비교적 편안한 노후를 보내고 있는 옆집을 보면 아내에게도 무척 미안해진다. 그 미안함 때문에 이렇게 봄만 되면 트라우마에 시달린다.

　대기업에서 과장으로 근무하는 O는 SNS를 통해 초등학교 첫사랑인 P를 만났다. 이미 각자 결혼해서 아이도 둘씩 있지만 첫사랑과 마주 앉아 커피를 마시니 여전히 긴장되고 설렌다. 더 놀라운 것은 짝사랑하고 있으면서 한 번도 표현하지 못하고 늘 마음속에 추억으로만 간직해왔는데, 상대방도 자신을 좋아했다는 것이다. O는 아쉬운 마음도 들어 물어보았다.

"우리가 그때 서로의 마음을 알았더라면 어땠을까?"

그러자 심리학을 전공한 P가 웃으며 대답했다.

"서로 좋아했던 사실을 몰랐던 것이 더 다행이야. 그때 우리가 서로 연결되지 않았기 때문에 오랜 시간 좋은 감정으로 서로 기억되는 것이지. 이루어지지 않았기에 더 아름다운 것이라고나 할까?"

첫사랑이 오래 기억되는 이유

왜 우리는 실패의 기억을 쉽게 잊지 못한 채 트라우마에 빠지고 이루지 못한 사랑을 계속 그리워하는 걸까.

1927년, 러시아 출신 심리학자 블루마 자이가르닉은 오스트리아 빈의 한 카페에 실험실 동료들과 함께 식사하러 들르곤 했다. 보통 일행은 열다섯에서 스무 명이나 되었는데 웨이터는 늘 종이도 없이 주문을 받았다. 메모도 없이 주문받은 그 많은 음식을 하나도 틀리지 않고 정확하게 내어주는 웨이터를 보고 자이가르닉은 그 놀라운 기억력에 감명을 받았다. 그래서 계산을 마치고 그 웨이터를 불렀다. 먼저 웨이터의 기억력을 칭찬한 다음 자신들이 주문했던 메뉴를 다시

한 번 말해줄 수 있느냐고 물었다. 그러자 웨이터는 당황하며 이미 계산이 끝났는데 그걸 왜 기억하느냐고 되물었다.

여기서 아이디어가 떠오른 자이가르닉은 이런 현상이 일반적인 것인지 알아보기 위해 실험을 하나 고안했다. 학생 164명을 A와 B 두 그룹으로 나누고 그들에게 각각 몇 분 만에 끝낼 수 있는 간단한 과제를 내주었다. A그룹은 과제를 마칠 때까지 아무런 방해를 하지 않고, B그룹은 도중에 미완성인 채로 멈추게 하고 다음 과제로 넘어가게 했다. 모든 과제가 끝난 후 자신이 방금 무엇을 했는지 기억하도록 했을 때 B그룹의 학생들이 A그룹보다 두 배 정도 더 많이 기억했다. 더구나 그들이 기억해낸 과제 중 68퍼센트는 중간에 멈춘 과제였고, 완수한 과제는 고작 32퍼센트밖에 기억해내지 못했다.[7]

이 실험을 통해 자이가르닉은 끝마치지 못한 일은 사람에게 심리적인 긴장감을 가지게 하고 줄곧 미련을 두게 하기 때문에 끝마친 일보다 더 오랫동안 기억하게 되는 것이라고 추정했다. 그래서 이런 심리 현상을 '자이가르닉 효과 Zeigarnik Effect'라고 부른다. 즉 사람들이 어떤 일을 할 때 중간에 그만두면 나머지를 계속하려는 동기가 작용하여 다른 때보다 기억을 더 잘하게 된다는 것이다. 그러나 일단 일을 마치면 관련된 기억들이 쉽게 사라진다. 학창 시절 시험 전날 힘들게 공부해서 달달 외웠던 내용이 시험이 끝나자마자 기억조차 나지 않던 경험은 누구라도 해봤을 것이다.

자이가르닉 효과는 일상에서도 많이 접할 수 있다. 이런 심리를 교묘하게 이용하는 마케팅 기법 때문인데, 가장 흔한 예가 TV 드라마다. 한 회가 끝날 때 극중 에피소드가 깔끔하게 마무리되는 것이 아니라 가장 중요한 순간, 즉 클라이맥스에서 멈춰버린다. 그러고는 '다음 편에 계속'이라는 자막이 나온다. 한창 재미있는 순간에 중단시킴으로써 시청자들이 방송 내용을 더 잘 기억하고 다음 방송을 기다리게 하려는 의도다.[8]

하지만 자이가르닉 효과는 부정적인 영향을 주는 경우가 많다. 주식투자로 재미를 본 기억보다 손해를 본 기억이 더 오래가는 이유가 바로 이것 때문이다. 빨리 잊어야 하지만 실패의 기억은 도무지 잊히지 않는다.

트라우마를 떨쳐내려면

리시우펑이라는 싱가포르의 한 연구원은 이 자이가르닉 효과를 끝내는 방법을 찾기 위해 재미있는 실험을 했다. 80명의 실험 대상자를 선정하여 각각 가장 아픈 기억들을 적어보라고 했다. 그런 후에 한 그룹에는 그 글을 제출하도록 했고, 다른 그룹에는 봉투에 넣어 봉인하라고 했다. 그러고 나서 확인해본 결과 봉투에 넣어 봉인하라고 한 그룹이 아픈 기억을 조금 더 긍정적인 시선으로 바라보고 있음을 확인할 수 있었다.

리시우펑은 봉인하는 행동이 심리적 차원에서 과거의 문제에 마침표를 찍고 새 출발을 선언하는 역할을 했기 때문이라고 설명한다. 아픔을 간직한 사람들을 치유하는 프로그램을 진행할 때 자신의 아픈 기억을 모두 적게 하고 그것을 불태우게 하는 과정이 있는데, 이것도 비슷한 맥락이다. 그 아픈 기억들이 다 불타버렸으니 이제 모두 잊고 새롭게 출발하자는 의미인 것이다.[9]

　강의를 많이 하는 나도 이런 방법을 자주 사용한다. 회사 내에서 직원 연수를 진행하다 보면 모두 바쁜 중에 참석하기 때문에 연수에 잘 집중하지 못하는 직원들이 있다. 그래서 구성원들끼리 자기소개가 끝나면 '자신이 연수에 참여하는 데 가장 방해가 되었던 요소'를 백지에 큰 글씨로 적게 한다. 그리고 그 종이를 사정없이 구겨서 공처럼 동그랗게 뭉치도록 한다. 나는 이때 쓰레기통을 들고 다니면서 그들이 손에 들고 있는 뭉쳐진 종이를 쓰레기통에 사정없이 던져버리도록 한다. 그리고 나서 "참석하는 데 방해가 됐던 요소들을 이 쓰레기통에 사정없이 처박아버렸으니 이제 시작해도 되겠죠?"라고 한 후에 강의를 시작한다. 이 방법은 아이스 브레이킹ice-breaking도 겸할 수 있어 무척 효과적이다.

　누구에게나 아픔이 있다. 누구에게나 잊지 못하는 트라우마가 있다. 그것들은 끝나지도 않고 계속해서 건강한 삶을 방해한다. 심하면 정신적인 병까지 유발한다. 그러나 아픈 기억들에는 빨리 마침표를 찍어야 한다. 마구 구겨서 쓰레기통에 던져버리거나 훨훨 태워버려야 한다. 과거의 기억들이 삶에 부정적인 영향을 미치도록 내버려둬서는 안 된다.

16

어제의 내가
내일의 나를 만든다

• 스키마 이론 / 학습된 무기력 •

언젠가 교육방송에서 3~4세 아이들을 대상으로 재미있는 실험을 한 적이 있다. TV 정규방송이 끝난 상태로 지직거리는 소리만 나는 화면을 틀어놓았더니 그때까지 시끄럽게 떠들던 아이들이 놀랍게도 모두 조용해지고 그 화면을 들여다보는 것이었다. 유아 전문가에 따르면 그 소리가 엄마 뱃속에서 듣던 소리와 비슷하기 때문이라고 한다. 아이들이 진공청소기 소리를 좋아하는 것도 비슷한 이유라고 한다. 과거의 경험이 현재의 행동을 지배하는 것이다.

코끼리는 원래 그다지 온순한 동물이 아니다. 아프리카에서도 코끼리와 마주치면 가까이 가지 말고 도망가는 것이 상책이라고 한다. 우리가 가까이서 보고 만질 수 있는 코끼리는 길들여진 코끼리다. 코끼리를 길들일 때는 아주 어릴 때 튼튼한 말뚝에 묶어놓는다. 몸부림을 치던 코끼리는 몇 주 동안 안간힘을 써도 소용이 없으면 자신의 힘으로는 어쩔 수 없는 것이라 생각하고 포기하고 만다. 나중에 성장해서 힘이 생겨도 자신이 말뚝에서 탈출하는 것은 불가능하다고 생각한다. 그래서 말뚝을 꽂아두는 시늉만 해도 코끼리는 탈출 시도조차 하지 않는 온순한 코끼리가 된다. 이런 현상을 '학습된 무기력Learned Helplessness'이라고 한다. 이와 마찬가지로 과거의 경험이 현재 상황을 만드는 것이다.[10]

과거의 기억과 경험 등의 선험 지식이 새로운 내용을 습득하는 데 영향을 미친다는 이론이 '스키마 이론Schema Theory'이다. 예를 들어 어린아이들에게 무의식적으로 고양이를 여러 번 보여준 다음 동물을 그리라는 과제를 주면 십중팔구 고양이를 그리게 된다.

우리가 일상생활에서 현재 경험하는 것들이 내면화될 때는 있는 그대로 습득되는 것이 아니라 과거의 유사한 기억들, 가치관, 문화, 언어 등과 연관되어 습득된다. 우리는 영어를 10년 넘게 죽으라 공부해도 제대로 된 회화를 구사하기 어렵지만, 대학에 가서야 영어 공부를 시작한 유럽 사람들은 우리보다 훨씬 잘한다. 문자도 비슷하고 문화적, 정서적으로도 유사하여 훨씬 쉽게 받아들여지는 것이다. 우리가 한자권 언어인 중국어와 일본어를 배우면 서양 사람들보다 진도가 빠른 것도 마찬가지 현상이다. 1981년에 언어학자 존슨Johnson은 새로운 언어를 배울 때 어휘나 문법보다 내용에 대한 선험적 지식이 그 언어를 이해하는 데 더 큰 도움이 된다는 연구 결과를 발표하기도 했다.[11]

지식에도 부익부 빈익빈 현상이 존재한다. 지식이 많은 사람이 다른 지식도 빨리 습득한다. 머릿속에 존재하는 선험 지식이 이해를 돕기 때문이다. 보통사람은 평생 한 번 합격하기도 어려운 국가고시에 종류별로 모두 합격한 사람도 있다. 두뇌도 좋고 노력도 많이 했겠지만 일단 한번 해놓은 공부가 새로운 내용과 상승작용을 일으켜 훨씬 쉽고 효과적으로 공부를 할 수 있기 때문이다. 한 가지 운동을 잘하면 다른 운동도 금방 습득하게 된다. 몸을 사용하는 원리를 알고 있기 때문이다.

과거의 경험이 현재를 제한할 때

요즘은 인문학에 대한 중요성이 강조되고 있다. 우리 전통 인문학의 특징은 요즘처럼 자기계발을 독려하는 '입신立身'을 위한 공부가 아니라 주로 '수신修身', 즉 내면의 성숙을 위한 공부라는 점이다. 서양처럼 '관학官學'이 주도한 것이 아니라 벼슬을 멀리한 사림士林 또는 관직에서 밀려나 초야에 묻혀 살았거나 유배된 선비들의 정신이 바탕을 이루기 때문이다. 이처럼 문화가 형성되는 것도 사회적 경험과 밀접한 관련이 있다.[12]

한 번은 비즈니스상 필요한 분을 소개받아 함께 식사를 하게 되었다. 처음 보는 상대방은 예능인 강호동 비슷한 외모로 풍채가 좋았다. 그래서 나는 식사 장소를 명동의 유명한 고깃집으로 정했다. 화기애애한 분위기에서 식사를 하려 했으나 바로 낭패를 봤다. 풍채 좋은 그가 사실 채식주의자였던 것이다. 어마어마한 먹성을 보이는 강호동처럼 생겼으니 보통 고기 2~3인분은 뚝딱 해치울 거라 생각했는데 그것은 어디까지나 내 선입견이었다. 최소한 상대방에게 확인이라도 했으면 그런 실수를 막을 수도 있었을 것이다. 이처럼 우리는 이미 가지고 있는 경험, 지식에 의해 선입견을 갖게 되기도 한다.

공자는 아직 성숙하지 않은 상태에서 형성된 스키마가 자신을 사로잡지 못하도록 노력을 기울였다. 《논어》의 〈위정爲政〉편을 보면 "마흔에 미혹됨이 없게 되었고不惑, 쉰에 이르러 천명을 알게 되었다知天命"라는 구절이 있다. 사실 공자도 알고 보면 지천명의 나이가 되어서야 이름이 알려진 인물이다. 50이 넘어서야 겨우 비중이 별로 없던 노나라에 등용된 것이다. 아무도 알아주지 않는 40대를 "성숙하지 못한 스키마에 지배당하지 않고 무엇에도 미혹되지 않겠다"는 다짐으로 이겨내고, 50세가 넘어 등용되자 "이제야 천명을 알았노라"고 하는 그의 독백에서 현인의 면모를 발견할 수 있다.[13]

독특한 경험 때문에 인생이 바뀌는 경우도 적지 않다. 한 예로, 슈바이처 박사는 유년 시절에 겪은 하나의 사건 때문에 특별한 삶을 살게 되었다고 한다. 14세 무렵 동네 친구와 시비가 붙어 상대방을 쓰러뜨린 후 마구 때린 일이 있는데 그때 상대 아이가 이렇게 울부짖었다고 한다.

"내가 만약 너처럼 매일 잘 먹을 수 있었다면 이렇게 얻어맞지는 않았을 거야!"

이 한마디는 어린 슈바이처에게 큰 충격을 주었다. 이 경험 이후 그는 자신보다 약하고 어려운 사람을 무시하지 말고 그들을 도와

야겠다는 생각을 하게 되었다. 그리고 20대 후반에 모든 것을 버리고 아프리카로 떠났다. 강렬한 하나의 기억이 그의 인생을 바꾼 것이다.[14]

인간관계의 오답노트

한번 잘못 형성된 스키마가 있다고 할 때 우리는 평생 그 지배를 받으며 살아야 할까? 전혀 그렇지 않다. 얼마든지 부정적인 스키마를 극복하고 새로운 스키마를 형성하면서 살아갈 수 있다. 이를 위해서는 본인의 의지가 가장 중요하다. 평생 발목 잡으려는 부정적인 스키마를 명확히 인지하고 이를 떼어내기 위해 노력해야 한다.

학창 시절에 오답 노트를 써본 경험이 있을 것이다. 많은 학생이 이전에 틀린 문제를 또 틀린다고 말한다. 바로 그 부분이 자신의 취약점이기 때문이다. 같은 패턴의 문제를 두세 번쯤 틀리고 나면 자기한테 부족한 점이 무엇인지를 확실히 알게 되고, 그 부분을 공부함으로써 같은 문제를 또 틀리는 우를 범하지 않게 된다. 과거의 스키마를 긍정적인 것으로 변화시키려는 노력이다.[15]

이는 인간관계에서도 필요하다. 사람들과의 사이에서 좋지 못했던 일들을 오답노트처럼 기록하고 복기하여 같은 실수를 반복하지 않도록 노력해야 한다. 나도 이를 실천하고 있는데 나는 이 노트에 '관계 오답노트'라는 이름을 붙였다.

'저 사람은 왜 저렇지?', '세상은 도대체 왜 이 모양이지?'라고 생각하기 전에 자신이 어떤 스키마에 의한 세계관과 사고방식을 가지고 살아가는지를 먼저 돌아봐야 한다. 긍정적인 스키마는 계속 발전시키고 부정적인 스키마와는 작별을 고해야 한다. 그리고 자신도 늘 변할 수 있는 불완전한 존재임을 겸허히 받아들이고 세상을 바라봐야 한다. 내가 변하면 세상도 함께 변한다는 것을 경험하게 될 것이다.

17
점쟁이와 혈액형에 인생을 맡길 건가

· 바넘 효과 / 포러 효과 / 자기 선택적 편향 ·

"난 안 볼래. 내가 보면 꼭 지거든."

월드컵처럼 중요한 스포츠 경기가 있는 날 이렇게 말하면서 중계를 보지 않는 사람들이 있다. 자기가 응원하는 팀이 꼭 지기 때문에 경기를 못 보겠다는 것이다. 나도 비슷한 경험이 있다. 야구를 매우 좋아하는데, 정작 야구장에는 몇 번 가지 못했다. 그런데 갈 때마다 응원하는 팀이 졌다. 그래서 누가 야구장에 가자고 해도 "내가 직접 경기장에 가면 그 팀이 진다"면서 못 간다고 하곤 했다.

골프를 칠 때 운 좋게 버디를 하거나 생애 최초 싱글을 하면, 그때 사용하던 공과 같은 브랜드를 계속 사용하고 싶어진다. 중요한 발표에서 칭찬을 받았다면 다음번 발표 때도 그때 착용했던 넥타이를 매야 안심이 된다. 이런 류의 징크스는 누구에게나 있을 것이다. 프로야구 선수들이나 증권 투자를 하는 펀드 매니저들도 모두 제각각의 징크스를 가지고 있다. 사실 징크스란 대부분 심리적인 것이다.

인류 역사 이래 과학과 기술이 가장 발달한 지금도 점을 쳐서 운을 알고자 하는 사람이 많다. 직접 점쟁이에게 가서 점을 치지는 않더라도 오늘의 운세, 별자리, 혈액형 등을 보고 자신의 상황에 적용해보는 데 익숙해 있기도 하다. 불확실성이 커지고 경쟁이 치열해질수록 이런 경향은 더 두드러진다.

점집의 주요 고객은 중년 여성들인데, 이들이 심심해서 점을 보는 것은 아니다. 남편이나 자식 등 걱정거리가 있어서 점집을 찾는 것이다. 이를 누구보다 잘 아는 게 점쟁이들이다. 자신들의 밥줄이니 왜 안 그렇겠는가.

50대 여성이 점을 치러 왔다고 해보자. 점쟁이는 이렇게 슬쩍 미끼를 던진다. "남편과 자식 때문에 걱정이 많군. 남들한테 털어놓지 못하는 건강 문제도 있고…." 그러면 상대방은 '어떻게 내 처지를 이렇게 잘 알지?' 하면서 용하다고 생각한다. 남편이 퇴직을 앞두고 있거나 바람을 피우거나, 또는 그런 문제가 아니더라도 중년 남성의 건강 문제는 어느 집이나 기본적인 걱정거리다. 자식의 경우도 마찬가지다. 진학, 취업, 결혼 등의 일로 고민할 시기이므로 여러모로 자식 걱정도 적지 않다. 게다가 걸음걸이만 봐도 무릎이나 허리가 좋지 않은 것을 넘겨짚을 수 있고, 얼굴빛과 붓기로는 혈압이나 신장에 문제가 있으리라는 점도 단박에 알아낼 수 있다.

이런 경향성은 연령대별로 가뿐하게 정리된다. 20대 후반의 여성이 오면 십중팔구 결혼이나 취업 고민 때문일 것이고, 40대 남성이 오면 사업이나 직장 때문일 것이다. 경우의 수가 축적되어 있으니 점쟁이들은 고객(?)의 연령대에 해당하는 여러 개의 경우를 쭉 나열해 본다. 사람들은 그중 하나만 맞혀도 용하다며 깜짝 놀란다. 미꾸라지처럼 잘 피해 가기도 한다. 예를 들어 점쟁이가 "어렸을 때 집 마당에 대추나무가 있었지?"라고 했다 하자. 실제 대추나무가 있었으면 용하다고 할 것이고, "어? 우리 집 아파트여서 대추나무 없었는데요?"라고 하면 "있었으면 큰일 날 뻔했어"라고 대답하면 되는 것이다. 부정적인 점괘를 말했을 때 실제 결과가 부정적으로 나오면 용한 것이 되고, 그렇지 않으면 미리 점을 보고 부적을 써줘서 그렇다고 하면 된다. 그 알량한 서비스의 대가로 점쟁이들은 당신한테 두둑한 복채를 받아낸다.

별자리, 띠, 혹은 혈액형에 따라 매일 바뀌는 '오늘의 운세'를 잘 살펴보면 더 재미있다. 띠별 오늘의 운세를 보자면 이런 식이다.

○월 ○일 소띠

85년생: 현실에 만족하지 못하면 자신만 힘들다

73년생: 철저한 계획하에 일을 진행하라

61년생: 만나는 사람 중에 귀인이 있다

49년생: 애매한 태도는 삼가라

이미 눈치챘겠지만 '소띠'만이 아니라 다른 띠의 누구라도 포함되는 내용이다. 그리고 꼭 그 날짜에만 해당할 것 같지도 않다. 여러 가지를 나열해놓았기에 자신의 상황과 비슷하게 맞아떨어지는 것이 있게 마련이다. 그런데 그걸 신기해하고 매일 들여다보게 된다. 믿지는 않지만 재미삼아 보는 사람도 많다. 그러나 재미로 끝나면 좋은데, 문제는 이런 것에 의지해서 투자를 하거나 배우자를 선택하는 등 아주 중요한 결정을 하는 사람들이다. '오늘 귀인을 만날 수'라는 말을 믿고 아무나 덜컥 믿었다가는 낭패를 보기 십상이다. 그만큼 자신의 현재 상황이 불확실해서 조금이라도 의지할 만한 것을 필요로 한다는 증거다. 그러나 중요한 것은, 모든 결정에 대한 책임은 본인이 져야 한다는 것이다.

혈액형 탓은 그만둬라

누구에게나 들어맞는 막연하고 보편적인 상황이나 성격을 자기만의 특성으로 생각하고 받아들이는 현상을 '바넘 효과Barnum Effect'라고 한다. 이 용어는 19세기 말 서커스를 통해 큰 성공을 거둔 바넘P.T. Barnum이란 사람의 이름에서 유래되었다. 그는 서커스가 진행되는 동안 관객 중 무작위로 한 명을 뽑아서 직업이나 성격 등을 알아맞히는 것으로 유명했다. 예를 들어, 관객에게 "당신은 원래 활발하고 외향적이지만, 때때로 혼자 있는 것을 좋아하고 사색을 즐기며 외로움도 가끔 타는 내성적인 성격도 있습니다"라고 말한다. 지목을 당한 관객은 그 이야기가 자신에게 잘 들어맞는다고 놀라워하고, 이를 지켜보던 관객들 역시 신기해한다. 그러나 여기에 해당하지 않는 사람이 몇이나 되겠는가. 이는 비슷한 실험을 한 심리학자 버트럼 포러Bertram Forer의 이름을 따 '포러 효과Forer Effect'라고 부르기도 한다.[16]

이러한 효과의 가장 일반적인 경우는 혈액형이 아닐까 싶다. 한 번은 사내 강사를 양성하는 과정을 진행 중이었다. 일 처리를 야무지게 하기로 유명한 한 여성 팀원의 순서였다. 워낙 일을 잘한다고 소문이 나서 기대를 하고 스카우트해온 팀원이었다. 그런데 막상 강사로서 시연을 시켜보니 목소리가 너무 작고 자신감이 떨어지는 것이었다. 기대가 컸던 만큼 실망도 컸다.

그녀는 평가 시간에 이렇게 말했다. "저는 A형이라 원래 목소리가 작고 낯을 많이 가려서 남들 앞에 서는 것이 두려워요…."

나는 이런 말을 하는 사람들에게는 항상 강한 어조로 말해준다. 목소리가 작아서 자신이 없는 것이 아니라 자신감이 없어서 목소리가 작은 것이라고. 이 사람이 자신을 B형이라 생각했으면 아마 상황은 많이 달라졌을 것이다. 실제로 한 남성 팀원은 누구보다 적극적이고 외향적인데 혈액형이 A형이라고 했다. 모두 놀랍다는 눈길을 보냈는데, 그의 말을 듣고 고개가 끄덕여졌다. 어렸을 때는 자신이 O형인 줄 알았는데 다 커서 확인해보니 A형이었다는 것이다. 이미 'O형은 이러이러하다'라는 기질에 익숙해진 후에 말이다.

페루 인디언들은 혈액형이 대부분 O형이다. 그렇지만 그들의 성격과 기질, 운명이 모두 같지는 않다. 실제로 조사를 해보면 A, B, AB형의 전형적인 성격을 가진 사람도 많이 나올 것이다. 우리 운명은 혈액형이나 별자리 따위로 결정되는 것이 아니라 환경, 경험 등에 따라

가다듬어지고 형성되는 것이다. 그러므로 노력에 따라 얼마든지 극복하거나 변화시킬 수 있다. 극도로 내성적이고 낯을 가려 남 앞에서는 아무 말도 못 하던 내가 지금은 많은 사람 앞에서 말하는 직업을 갖게 된 것도 한 사례가 될 수 있다.[17]

꼭 내가 수능 시험을 보려고 하면 제도가 바뀌고, 꼭 내가 지원하려고 하는 회사는 경쟁률이 사상 최고를 자랑하고, 꼭 내가 집을 사려고 하면 집값이 올라가고, 꼭 내가 저축을 하려 하면 예금 이자가 떨어지는가? 그렇다고 점쟁이를 찾아가 한탄하지는 말자. 누구나 다 그러니까 말이다.

자기가 어디를 가기만 하면 붐비기 시작한다고 불평하는 사람들이 있다. 이를 '자기 선택적 편향'이라 한다. 은행, 우체국, 마트 등에는 특별히 붐비는 시간대가 있다. 당신이 그 시간대에 거길 간 것일 뿐, 불행이 당신을 따라다니는 것은 아니다.[18]

과학과 기술이 아무리 발전해도 이렇게 운에 집착하는 사람들이 있기에 운칠기삼이라는 말은 쉽게 사라지지 않을 것 같다. 어딘가 의존하고 싶고 기대고 싶은 것은 사람의 본성 중 하나이기도 하다. 그래선지 경마장과 인터넷 도박, 로또 등에 인생을 거는 이들도 늘어나고 있다.

이는 세상과 환경이 점점 더 불확실해져 가고, 경쟁이 더 치열해지며, 사람들의 마음도 그만큼 더 불안해지고 있다는 증거다. 그럴수록 '이 세상에서 나를 가장 잘 아는 사람은 나'라는 의식이 필요하다. '내 운명은 내가 개척한다'라는 광고 카피처럼, 더 적극적이고 더 긍정적으로 삶을 정면돌파 해야 한다.

운명이 아니라 태도의 문제

　수많은 전쟁의 소용돌이 가운데 있었던 로마에는 출정할 때 점을 보는 전통이 있었다. 로마군 지휘관은 풀라리라는 점술가들을 통해 점을 치게 했는데, 풀라리들은 닭이 모이를 쪼아 먹는 모양을 보고 전쟁의 승패를 예측했다. 닭이 모이를 잘 먹으면 길조로 해석해 승리를 확신한 가운데 전투를 시작하고, 잘 먹지 않으면 흉조로 해석해 전투를 삼갔다. 그러나 알고 보면 풀라리들이 닭들에게 로마군의 미래를 맡긴 것이 아니었다. 지휘관들의 사주를 받은 그들은 점을 치기 며칠 전부터 닭들을 굶겼다. 점을 치는 날 닭을 풀어놓으면 허기진 닭들은 당연히 모이를 잘 쪼아 먹을 수밖에 없었다. 이렇게 해서 목숨을 걸어야 하는 전쟁을 앞두고 신이 로마에 승리를 약속했다며 병사들을 안심시켰던 것이다.[19]

　사실 운이란 것은 생각하기 나름이다. '나는 굉장히 운이 좋은 사람이야'라고 생각해보자. 이는 딱히 돈이 드는 일도 아니다.

　나뭇잎을 하나씩 떼어가며 '사랑한다, 안 한다'를 중얼거리다가 '안 한다'로 끝났다고 해보자. 그러면 잔뜩 풀어 죽어서 대시도 못 해보고 이상형을 눈앞에서 보내버릴 텐가? 아마 독자 대부분은 다른 줄기를 꺾어 와 '사랑한다'가 나올 때까지 계속할 것이다. 자판기에서 음료를 결정하듯 우리가 우리 운명을 결정할 수는 없다. 그러나 그 운명에 대한 태도는 결정할 수 있다. '나는 왜 이렇게 재수가 없을까', '나는 왜 이리 하는 일마다 안 풀릴까'라고 한탄하고 있을 시간도 없다. 재벌이든 노숙자든 누구에게나 공평하게 주어진 유일한 자원은 시간이다. 대기업 회장이라 해서 폐지 줍는 할머니보다 하루에 단 1초라도 더 많은 시간을 갖지는 못한다. 점과 징크스는 재미로 넘겨버리고 스스로 운명을 개척해야 한다. 그럴 시간에 책을 한 권 더 보고 벽돌 한 장을 더 쌓아야 한다. 점쟁이와 혈액형에 미래를 맡길 수는 없지 않은가.

18
행운은 준비된 자에게만 미소 짓는다

• 세렌디피티의 법칙 •

오래전 인기리에 방영된 〈이경규가 간다-숨은 양심을 찾아서〉라는 TV 프로그램이 있었다. 이 프로그램은 인적이 드문 심야나 새벽에 횡단보도 앞 정지선을 잘 지키는 사람을 찾아내 냉장고를 선물한다는 단순한 구성이었다. 첫 회 방송 때 상당한 시간이 지났음에도 정지선을 지키는 사람을 발견하지 못했다. 그저 막연한 궁금증으로 화면을 바라보던 시청자들은 '우리나라 사람들이 이렇게 양심이 없었나' 하고 실망하기 시작했다. 그러던 어느 순간, 경차를 타고 새벽 일터로 나가던 장애인 부부가 정지선에 멈춰 섰고, 이들이 첫 양심냉장고를 받게 되었다. 그야말로 대박이었다. 국민들에게 큰 감동을 준 이 한 장면으로 대한민국이 출렁거렸다. 그해 연말 상이란 상은 모두 이 프로그램을 기획한 김영희 PD 차지가 되었다. 누구도 예상치 못한 행운이었다. 이런 현상을 '세렌디피티 법칙Serendipity Rule'이라 부른다.

우연한 발견이나 뜻밖의 행운을 뜻하는 말이다.

이 법칙은 〈세렌디피티〉라는 영화를 통해 유명해졌는데, 영국의 작가 호레이스 월폴이 〈세런디프의 세 왕자들〉이라는 동화에서 영감을 얻어 만들어낸 말이다. 인도의 세 왕자가 보물을 찾아 여행을 떠났는데 자신들이 원하던 것을 얻지 못했다. 그렇지만 뜻밖의 사건을 겪으면서 인생을 살아가는 데 필요한 지혜와 용기를 자신들의 마음속에서 찾아낸다는 이야기다. 동화와 영화는 목적을 향해 나아가는 과정에서 값진 깨달음을 얻는 것으로 마무리된다.

방송에는 특히 이런 경우가 많다. 가수 싸이의 경우만 보더라도 매우 드라마틱하다. 그는 개그 프로그램에 어울릴 듯한 외모와 복장 그리고 우스꽝스러운 춤 때문에 한국에서도 B급으로 취급받던 가수였다. 그랬던 그의 〈강남스타일〉이 빌보드 메인 차트에서 2주간 2위, 영국 UK차트 1위 등 전 세계를 휩쓸었으며 유튜브 조회 수가 20억을 넘어섰다. 싸이가 활동하던 동안은 반기문 총장이나 김연아 선수조차 제치고 세계에서 가장 인지도 높은 한국인이 되었다. 그가 이렇게 대박을 낼지는 아무도 예상하지 못했다. 세계적으로 유명세를 타고 나서야 그가 불렀던 〈챔피언〉, 〈낙원〉 등의 가사가 얼마나 사람들에게 희망을 주는 내용을 담았는지 알려지게 되었다. 외국인들도 그의 기존 음악을 듣고는 높은 완성도에 깜짝 놀랐다고 한다. 이런 음악이 한국에서 제대로 인정받지 못했다는 사실을 믿을 수 없다는 인터뷰 기사도 많이 실렸다. 사람들은 그를 행운아라 불렀다.

방송가엔 이런 말이 있다고 한다. "대박은 계획하고 만들어지는 것이 아니라 운 좋게 얻어걸려야 한다." 즉, 운칠기삼運七技三이 아니라 '운칠복삼運七福三'이란 얘기다.

그러나 요즘은 '운도 실력이다'라는 말이 더 설득력 있게 받아들여지고 있다. 모두가 반대한 프로그램이었지만 그 안의 가능성을 보고 뚝심 있게 밀어붙인 김영희 PD, 남들이 보지 않아도 늘 양심적으로 교통법규를 지키던 장애인 부부, 자신의 독특한 장점을 살려 계속 실력을 쌓아온 싸이 등을 보면 정말 그런 것 같다.

준비된 우연

우연히 뜻밖의 행운을 가져다주는 마법과 같은 단어 세렌디피티. 하지만 단순히 행운과 우연을 가리키는 것만은 아니다. 세상에 마법은 없다. 그것은 준비된 우연이다. 결국 자신이 원하는 것을 얻기 위해 노력하는 바로 그 과정을 통해 성취되는 것이다. 우연한 행운, 즉 세렌디피티를 설명할 수 있는 사례는 매우 많다.

어느 날 플레밍은 배양 실험을 하고 있었다. 그런데 실수로 잡균인 푸른곰팡이를 혼입하게 되었다. 이 우연한 실수가 오히려 감염증으로부터 수많은 사람을 구해낸 항생물질을 발견하는 계기가 되었다. 일본 최초로 노벨 화학상을 받은 다나카 고이치도 비슷한 예다. 정밀기계 회사의 평범한 연구원이었던 그는 연구 도중 글리세린과 고체 분말을 섞는 실수를 했다. 그 물질을 그냥 버리기가 아까워 실험을 계속했는데, 자신도 알지 못했던 세계적인 발견으로 이어졌고 17년 후에 노벨상을 받는 뜻밖의 행운으로 이어졌다. 노벨의 다이너마이트도, 에디슨의 등사기도, 뢴트겐의 X선도, 제너의 우두접종과 파스퇴르의 광견병 예방접종도 마찬가지다.[20]

이처럼 우연한 실수를 통해 인류에 큰 기여를 하게 된 사례는 매우 많다. 우리는 이를 우연한 사건이었다고 쉽게 말하지만, 과연 그럴까? 생각지 못한 결과를 얻긴 했어도 단순한 우연이라고는 할 수 없다. 그들의 피나는 노력과 열정이 없었다면 얻어낼 수 없었을 결과들이기 때문이다.

나는 이를 발명이나 비즈니스를 넘어 인간관계에도 접목하고 싶다. 우리 삶에는 전혀 예상치 못한 우연한 만남이지만, 인생을 바꿀 만한 행복한 만남이 분명히 존재한다. 그 예가 다음과 같은 내용의 동영상이다. 앞을 보지 못하는 한 걸인이 거리에서 동냥을 하고 있다. 옆에는 종이 박스가 있고, 거기에는 "나는 장님입니다. 도와주세요.(I'm blind. Pls, help.)"라고 쓰여 있다. 지나가는 사람들은 대부분 무심하고, 간간이 동전을 던져줄 뿐이다. 그런데 한 여인이 다가오더니 그 종이 박스를 뒤집어 뭐라고 쓴 다음 걸인 옆에 두고 자리를 떴다. 그때부터 갑자기 동냥 액수가 엄청나게 늘기 시작했다. 박스에는 이렇게 쓰여 있었다. "아름다운 날입니다. 그런데 난 그걸 볼 수가 없네요.(It's a beautiful day, and I can't see it.)" 여인과의 만남을 통해 걸인은 새로운 삶을 선물 받은 셈이다.

어쩌면 우리는 살면서 이런 기적 같은 만남이 있기를 기대하는지도 모르겠다. 그런데 미안한 말이지만, 이런 일은 좀처럼 일어나지 않는다. 면접을 보러 가는데 우연히 도와준 노인이 그 회사의 회장이었다거나 봉변을 당할 뻔한 여학생을 구해줬는데 알고 보니 그 나라의 공주였다거나 최고의 여배우가 자신의 보디가드와 사랑에 빠진다거나 하는 일은 현실 세계에서는 일어나지 않는다. 이런 것을 노리고 의도적으로 접근해봤자 행운의 여신은 좀처럼 찾아오지 않는다.

그런데 최근 한 대기업이 직원 채용에서 파격적인 실험을 하고 있어 관심이 높다. 1,200명 모집에 10만 명 가까운 지원자가 몰릴 정도로 누구나 들어가고 싶어 하는 글로벌 기업인데, 이 회사 인사 담당 직원들이 직접 발로 뛰며 신입 직원을 찾아다닌다. 이들이 입사를 제안하는 대상은 새벽 첫차를 타는 학생, 도서관에 가장 늦게까지 남아 있는 학생, 선로에 떨어진 취객을 구한 학생, 학교 도서관에서 근로봉사를 하는 복학생, 각종 아르바이트를 하며 치열하게 미래를 준비하는 학생들이라고 한다. 이른바 '길거리 캐스팅'이라고도 하는데, 이런 후보들을 모아놓고 수개월간 인성을 집중 관찰하고 평가해서 최종 채용 여부를 확정한다.[21]

이런 채용 방식은 국내는 물론 세계 어디에서도 유례를 찾아볼 수 없다. 스펙 위주의 인재 찾기가 아니라 실제 자신에게 주어진 상황에 안주하거나 비관하지 않고 열정과 근성으로 미래를 개척하는 인재들을 찾아내려는 시도다. 이러한 실험이 흐지부지되지 않고 일정한 채용 패턴이 되었으면 좋겠다. 그래서 누구보다 열정을 가지고 열심히 살아가는 젊은이들에게 새로운 꿈을 안겨주는 '준비된 우연' 사례가 많아졌으면 좋겠다.

네트워킹의 깊이

'세렌디피티'로 설명될 수 있는 행복한 만남은 순수한 마음으로 사람들을 좋아하고 기꺼이 남을 돕는 사람에게 일어난다. 의무적으로 하려고 하는 '비즈니스적' 네트워킹에 목숨 걸지 말고, 숨겨둔 목적 없이 순수한 우정으로 맺어진 친구를 늘려야 한다. 힘들 때 소주 한 병 사 들고 찾아갈 수 있는 친구들, 함께 여행을 떠나고 싶은 사람들, 향긋한 커피가 생각날 때 함께 마시고 싶은 친구들, 우울하고 외로울 때 문자 한 통으로도 바로 찾아와줄 친구들이 있어야 한다. 그런 면에서 사회적 인간관계의 척도로 알려진 '네트워킹'은 그 넓이보다 깊이가 중요하다. 요즘에는 자신이 가지고 있는 명함의 개수가 자산이라고 하던데, 얼굴도 잘 기억나지 않는 그런 관계가 어떻게 자산이 되겠는가. 그런 얄팍하고 계산적인 인간관계를 자산이라고 표현하는 것 자체가 불순한 게 아닐지.

태고부터 사과나무에서 사과는 수도 없이 떨어졌다. 그러나 오직 뉴턴의 눈에만 만류인력의 법칙이 보였다. 그 이유가 무엇이었겠는가. 세렌디피티의 법칙은 입 벌리고 누워 있을 때 입안에 열매가 탁 떨어지는 행운이 아니다. 비즈니스건 인간관계건 노력 끝에 찾아오는 행운이다. 파우스트는 '우연은 준비된 자에게만 미소 짓는다'라는 명언을 남겼다. 노력 없이 행운만 바라는 것은 말 그대로 일장춘몽一場春夢일 뿐이다.

19

지나고 후회해봐야
소용없다

• 터널 시야 현상 •

출근길에 있었던 일이다. 보통 출근길 지하철은 시끌벅적한 퇴근길과 달리 조용한 편이다. 승객들은 조용히 책을 보거나 부족한 수면을 보충한다. 요즘에는 대부분 조용히 스마트폰을 들여다본다. 그런데 학생 두 명이 시끄럽게 떠드는 것이었다. 그러자 한 아저씨가 모두 조용한데 시끄럽게 하면 되느냐고 호통을 쳤다. 그 학생들은 눈을 흘기면서 다른 칸으로 옮겼다. 그때 그 아저씨한테 전화가 왔다. 그는 이어폰을 끼더니 쩌렁쩌렁한 목소리로 통화를 시작했다. 이어폰을 끼고 있어서 그런지 자기 목소리가 얼마나 큰지 모르는 것 같았다. 아까 학생들보다 더 시끄러웠다. 그러자 옆에 있던 아주머니가 한마디 했다. 다른 사람보고 시끄럽다고 하더니 더 크게 떠들면 어떡하냐고. 그러자 아저씨는 버럭 화를 낸다. 남들에게 폐 끼칠까봐 조용조용히 통화했는데 왜 그러느냐는 것이다. 아저씨는 다른 사람들이 자기한테 왜 눈을 흘기고 있는지 도무지 모르는 것 같았다.

지하철에서 이어폰을 끼고 시끄럽게 통화하는 사람들을 어렵지 않게 볼 수 있다. 정신 나간 사람처럼 혼자 허공을 보고 떠들면서 웃기도 하고 화를 내기도 한다. 그 순간에는 전화기 건너의 상대방만 신경 쓰일 뿐 옆에 있는 사람들은 안중에도 없는 것이다. 게다가 화가 난다고 해서 다른 사람은 신경도 쓰지 않고 버럭 소리를 지르기도 하는데, 멀쩡한 사람도 이렇게 되는 현상을 어떻게 설명할 수 있을까.

한 가지 문제나 원인에 집착하게 되면 객관적이고 종합적인 판단을 하기가 어렵다. 마찬가지로 열이 받으면 뵈는 게 없어지고 생리적으로 흥분되어 주의력과 정보 처리 능력이 현저히 저하된다. 이를 '터널 시야 현상 Tunnel Vision Effect'이라고 한다. 흥분하여 눈앞의 상황에만 집중하느라 주위 상황을 이해하거나 제대로 파악하는 능력이 떨어지는 것을 말한다.

원래 이 말은 심리학적인 용어가 아니라 시각 현상을 표현한 것이었다. 자동차를 운전하여 어두운 터널을 빠른 속도로 통과할 때 터널 입구만 밝고 동그랗게 보이고 주변은 온통 깜깜해지는 것 말이다. 전투기 조종사나 곡예 비행사가 비행기를 수직으로 급상승시킬 때 앞쪽 가운데 부분을 제외한 다른 주변부가 시야에서 사라지는 현상을 말하기도 한다. 이런 현상이 일어나면 주변 상황을 제대로 감지하지 못하게 되므로 사고의 위험이 급격히 커진다. 이런 일은 일상에서도 흔히 볼 수 있다. 급격하게 흥분하면 그 문제에만 매달리게 되어 주변에서 돌아가는 상황은 눈에 들어오지 않고 다른 사람의 충고도 들

리지 않게 된다.[22]

질주의 후폭풍

한 유명인이 방송에서 자신의 불우했던 과거를 늘어놓았다. 야심 차게 삼겹살집을 오픈했더니 구제역 파동이 일어나고, 한우고기집을 열었더니 광우병 파동이 일어나고, 치킨집을 열었더니 조류독감이 발생했고, 편의점을 열었더니 동네 입구에 대형 마트가 생기더라는 것이다. 그는 새로운 일을 해야겠다고 마음먹으면 다른 생각은 들지 않고 손님들이 몰려와 대박이 나는 장면만 떠올랐다고 한다. 그래서 하루 빨리 가게를 오픈해야겠다는 생각만 했다는 것이다. 이는 전형적인 터널 시야 현상이다.

새로운 사업을 구상할 때 '잘될 거야'라는 생각만 하면 낭패를 당할 수 있다. 이럴 때 주위에서 '혹시 잘 안 되면?'이라고 잠시 제동을 걸어주는 사람이 필요하다. 부정적인 생각을 하라는 것이 아니라 무엇을 하더라도 그에 맞는 치열한 리스크 관리가 필요하다는 얘기다. 새로 문을 여는 가게 10곳 중 절반 이상이 1년 이내에, 90퍼센트 이상이 3년 이내에 문을 닫는다는 통계가 있다. 그런데 이런 부류의 사람들은 자신이 손을 대기만 하면 성공할 것이라는 확신에 차 있다. 그래서 옆에서 아무리 제동을 걸어봐야 소용이 없다.

도박에 빠져 좀처럼 헤어나지 못하는 사람도 비슷한 심리 상태를 보인다. 계속 잃어서 집도 차도 다 날린 상태지만 이번만은 한 탕 제대로 걸릴 것이라는 생각밖에는 들지 않는다고들 말한다. 남들이 보기에는 사기꾼이 분명한 남자에게 홀딱 빠져 모든 것을 빼앗기고 결국엔 버림받았다는 여성들 뉴스도 심심치 않게 나온다. 나중에 생각해보니 분명 이상한 점이 많았는데 사랑에 빠진 당시에는 아무것도 보이지 않더라는 것이다. 이런 일을 겪게 되면 남는 것은 후회뿐이다. '바보같이 내가 왜 그랬을까' 자책하면서 머리를 쥐어뜯어 봐야 이미 너무 늦었다.

이와 비슷한 경우를 선거에서도 볼 수 있다. 지난 대통령 선거를 포함해서 정치적인 이슈가 있을 때마다 SNS를 관찰하면 분명히 드러난다. 어느 한 쪽을 주장하는 사람들은 도무지 다른 말을 들으려 하지 않고, 다른 생각을 수용하려고도 하지 않는다. 오로지 내 생각에 동조하는 사람과만 바로 어깨동무를 하고, 조금이라도 다른 생각을 피력하는 사람은 생각도 없고 지조도 없고 양심도 없는 한심한 사람으로 몰아가 버린다. 그렇게 과격한 표현이나 반응을 불편해하는 대다수는 목소리를 죽이고 상황을 들여다보고 있을 뿐이기에 눈에 보이는 것만으로는 판세가 넘어간 듯이 여겨진다. 하지만 그런 과격한 표현은 아직 자기 입장을 정하지 못한 중도층을 반대편으로 가게 하는 역효과를 일으킨다. 사실 그렇게 의견을 내놓는 사람보다 조용히 관망하다가 투표할 때 자기 생각을 표현하는 사람이 훨씬 더 많다는 것을 알아야 한다.

나는 SNS상에서 어느 한 쪽을 과격하게 지지하는 사람은, 설령 지지하는 사람이 나와 같다 해도 과감하게 '친구삭제'를 한다. 눈앞만 볼 뿐 주위를 둘러보지 못하는 사람일 것이기 때문이다.

넓고, 멀리 보자

　사실 터널 시야 현상도 위험하지만 그보다 더 위험한 것은 터널을 벗어난 직후에 생기는 '눈부심 효과'다. 다시 말해 자신이 저지른 일을 수습하기가 더 힘들다는 것이다. 도박의 경우처럼 때로는 터널 속으로 다시 들어가는 경우도 생긴다.

　일부러 터널 시야 현상을 노리는 경우도 있기는 하다. 경마에서 경주마가 옆을 보지 않고 달려나갈 길만 보도록 시야를 가리는 경우가 그렇다. 시야의 분산을 막기 위해 눈 옆을 가리는 사격 종목의 경우도 마찬가지다. 아이돌 가수가 되어 무대에 서는 일만 생각하고 연습생 신분으로 수년간 묵묵히 인내하는 아이들도 비슷하다고 하겠다. 그러나 이 효과는 일반적으로 긍정적인 경우보다 부정적인 결과를 초래할 때가 많다.

　터널 시야 현상을 극복하는 방법은 한 가지밖에 없다. 일단 그 상황을 벗어나 넓어진 시야에 적응하도록 시간을 벌고 스스로를 진정시키는 것이다. 일단 화가 나면 그 감정에 사로잡혀 올바른 판단을 하기 어렵지만, 시간이 지나고 흥분이 가라앉으면 이성적인 판단을 할 수 있게 된다. 막 화가 치밀어 오를 때는 잠시 다른 생각을 하거나 크게 심호흡을 하면서 속으로 하나, 둘, 셋을 세는 등 숨을 돌리는 일이 필요하다. 그리고 웬만큼 시간이 흐른 다음에 다시 돌이켜보면, 자신을 못 견디게 하고 화가 나게 했던 그 일이 별것도 아니었던 것으로 생각되는 경우가 많다.

 누구나 흥분하고 화를 낼 수 있지만, 꾹 참고 스스로를 통제해야 한다. 그 결과를 본인이 책임져야 하기 때문이다.

20
누군가가 당신의 양심을 지켜보고 있다

· 거울 효과 ·

황소가 끄는 달구지에 짐이 가득하다. 아버지께서도 지게에 한 짐을 지고 나란히 걸어가신다.

"아버지, 무거우실 텐데 달구지에 마저 실으세요."

아버지께서 말씀하셨다.

"황소는 온종일 일을 하고 무거운 짐까지 지고 가는데 짐을 자기한테만 전부 지우면 어떻게 생각하겠느냐. 주인인 나도 짐을 지고 가야 황소가 그 모습을 보고 잘 따르지 않겠느냐."

과거 내가 모시던 상사의 아버지에 관한 일화다. 20년이나 지났지만 지금도 기억에 또렷하다. 이 이야기를 들려주신 그분은 직장생활 내내 흐트러진 모습을 한 번도 보이지 않으셨다. 이런 분만 있다면 각종 비리는 걱정하지 않아도 될 텐데. 도덕 불감증이 만연한 이때 경종을 울리는 이야기가 아닐 수 없다.

한 연구에서 할로윈 축제 기간에 이색적인 실험을 했다. 363명의 아이를 대상으로 한 것인데 18곳의 실험 대상 가정집을 선정하고, 이곳에 방문한 아이들에게 사탕 그릇에서 한 사람당 하나씩만 가져갈 수 있다고 안내했다. 그러고는 숨어서 지켜봤다. 사탕 그릇 옆에 아무것도 놓지 않은 경우와 거울을 비스듬히 세워놓은 경우 2가지로 상황을 구분했다. 아이들의 행동은 거울이 있느냐 없느냐에 따라 그 결과가 확연히 달랐다. 거울이 없는 경우는 사탕을 추가로 가져간 비율이 37.7퍼센트였지만 거울이 있는 경우는 8.9퍼센트의 아이들만이 사탕을 더 가져갔다. 거울이 있는 경우와 없는 경우가 4배 이상의 차이를 보인 것이다.

왜 이런 일이 벌어졌을까? 거울을 통해 자신의 나쁜 행동이 객관화되었기 때문이다. 거울 속의 자신이 보고 있으므로 나쁜 행동을 자각할 수 있었던 것이다. 심리학에서는 이를 '거울 효과Mirror Effect', 혹은 '양심 거울 효과'라고 부른다. 누군가 보고 있다면 부정적인 행동이 줄어들게 되는 것이다. 어른도 마찬가지다. 사람들이 없는 곳에서는 휴지도 버리고 교통법규를 어기기도 한다. 그러나 주위에 다른 사람이 있으면 행동이 사뭇 달라진다. 지하철에서 절대 자리를 양보하는 일이 없는 사람이 애인과 함께 있을 때면 노인이 나타나자마자 벌떡 일어나는 것도 거울 효과라 할 수 있다.

나의 양심을 비추는 거울

　식당을 운영하는 A는 아침마다 골치가 아프다. 아침에 식당 문을 열려고 나오면 밤새 누군가가 버려둔 쓰레기로 식당 앞이 늘 지저분해져 있기 때문이다. 처음에는 얼마 안 되더니 갈수록 양이 늘어나는 것이었다. 쓰레기를 버리면 신고하겠다고 써붙여도 효과는 잠깐뿐이었다. CCTV를 설치하려니 비용이 들어서 망설여졌다. 게다가 범인이 분명 이웃일 텐데 누군지 알게 되면 어떻게 하나 하는 생각도 들었다. 그래서 한 가지 방법을 생각해냈는데, 효과 만점이었다. 바로 그 자리에 고물상에서 얻어온 커다란 거울을 설치한 것이다. '당신은 지금 당신의 모습을 보고 있습니다'라는 문구와 함께. 일상생활에서 이 거울 효과를 가장 많이 볼 수 있는 사례가 쓰레기 무단투기 방지나 분리수거를 위해 설치해놓은 거울이 아닐까 싶다.

　거울 효과는 원래의 의미 말고 몇 가지 다른 의미로도 쓰인다. 먼저, '호감을 느끼는 사람의 행동을 무의식적으로 따라 하는 심리'로도 설명된다. 데이트를 할 때 한쪽의 어떤 몸짓을 상대가 자신도 모르게 따라 하는 것이 쉬운 예다. 서태지와 아이들 신드롬이 일었을 때는 수많은 학생이 서태지 헤어스타일, 모자, 바지, 운동화, 안경 그리고 심지어는 목소리까지 따라 했었다. 내가 어렸을 적에는 야구 실력을 키운다고 박철순의 투구폼이나 김성한의 오리궁둥이 타격폼을 따라 하기도 했다. 인기 드라마의 주인공이 입고 나온 옷이나 액세서리 등이 금세 품절되는 것도 하나의 예다.

　또한 거울 효과는 '다른 사람의 모습이 마치 거울처럼 나 자신의 모습을 나타내는 것으로 인식되는 것'을 의미하기도 한다. 상대방의 있는 그대로의 모습이 아니라 나의 심리 상태가 상대방에게 투사되어 나타나는 현상이다. 가령 내가 기분이 좋고 긍정적이면 상대방의 기분도 좋아 보이고, 내가 울적하면 상대도 그렇게 보이는 현상이다. 그러므로 다른 사람이 어떤지 평가를 하기 전에 내 상태가 어떠한지 먼저 돌아봄이 필요하다.

거울은 사람들의 양심을 지키게 하는 것 말고도 다양하게 사용될 수 있다. 다이어트를 하는 여성은 냉장고에 몸이 옆으로 퍼져 보이게 하는 거울을 붙여놓으면 도움이 된다. 음식을 먹으려는 욕구가 생겨 냉장고 문을 열려 하다가도 자신의 뚱뚱한 몸을 눈으로 보고 돌아설 수 있게 해준다. 혹은 아주 날씬한 여성의 비키니 사진을 붙여놓아도 된다. '나도 다이어트에 성공해서 꼭 저런 비키니를 입고 말 거야'라는 결심이 흔들리지 않도록 해준다. 요즘에는 모든 식품에 칼로리를 표기하도록 의무화되었다. 예전엔 무심코 먹던 것이었는데 이젠 칼로리를 수치화해서 눈에 잘 띄게 적어놓으니 이것이 거울이 되기도 한다. 콜센터 직원들의 책상에는 어김없이 조그마한 거울이 놓여 있다. 걸려오는 전화를 받는 동안 상냥하게 응대하기 위해 자신의 표정을 수시로 관찰하려는 것이다.

거울을 보고 웃으면 거울 속 나도 웃고 거울을 보고 찡그리면 거울 속 나도 찡그린다. 거울을 보면 나를 볼 수 있다. 살면서 우리에게 거울이 되는 것이 있다. 바로 친구들이다. 당신이 지금 가장 좋아하고 자주 만나는 사람 10명을 합쳐놓은 모습이 당신의 모습과 매우 흡사하다고 한다. 나와 관계를 맺는 모든 사람은 내가 누구인지 알려주는 거울인 것이다. 바꿔 말하면, 지금 내 모습은 내가 지금까지 살면서 만나온 사람들이 남겨놓은 흔적이다.

당신도 상대방에게 거울이 된다. 지금 당신과 마주하고 있는 상대방의 표정을 살펴보라. 웃고 있으면 당신이 그 웃음을 준 것이고, 화를 내거나 슬퍼하고 있다면 그 역시 당신에게서 나왔을 확률이 높다.

자신이 누구를 가장 좋아하는지 알고 싶으면 함께 여행을 가고 싶은 사람을 떠올려보라. 자신이 어떤 생각을 하는지 알고 싶다면 가장 최근에 읽은 책 10권을 살펴보라. 자신이 지금 잘 살고 있는지 알고 싶으면 거울을 들여다보라.

늘 방울과 칼을 차고 다니면서 방울 소리로는 스스로를 깨우고 칼과 같은 마음으로 자신을 단속하며 스스로를 경계한 남명 조식 선생은 지금도 우리에게 거울이 될 만한 스승이다. 매력적인 노래로 유혹하는 세이렌들에게 넘어가지 않기 위해 자기 몸을 돛대에 묶게 한 오디세우스의 모습은 우리 현실에서도 필요하다.[23]

21
믿음이
인생을 결정한다

• 플라시보 효과 / 노시보 효과 •

암에 걸린 한 남자가 있었다. 불과 몇 달밖에 살지 못할 것이라는 시한부 선고를 받고 실의에 빠져 있었다. 그런데 자신의 병을 고칠 수 있는 획기적인 약이 개발되어 임상 실험 중이란 소식을 듣고 실험에 참여했다. 약물치료를 받기 시작하자 몸 상태가 점차 좋아지더니, 시한부 선고가 무색하게 완쾌되어 퇴원했다. 그러나 실험 결과 그 약은 치료 효과가 없는 것으로 판명이 나서 시중에 유통되지 못했다. 그럼 그 남자의 경우는 어떻게 설명할 수 있을까? 실제 약의 효과는 없었지만 자신의 병이 나을 수 있다는 믿음 때문에 기적이 일어난 것이다. 이처럼 긍정적인 자기 믿음을 나타내는 현상을 '플라시보 효과 Placebo Effect'라 한다.

군 복무 중에 경험한 일이다. 하루는 일과가 끝나고 군의관과 대화를 나누고 있는데 대대장 관사에서 군의관을 급하게 호출했다. 대대장 부인이 많이 아프다는 것이었다. 관사에 다녀온 군의관은 별로 대수롭지 않게 여겼다. 조금 어지럽고 힘이 없다고 하던데 동공도 정상이라 포도당 주사를 놓아주고 왔다는 것이다. 자주 있는 일이라고 했다. 그러고는 내게 포도당 수액보다 PX에서 파는 초콜릿바 하나가 더 영양가가 많다고 귀띔해주었다. 다음 날 대대에 일이 있어 들렀는데, 평소처럼 쌩쌩하게 돌아다니는 대대장 부인을 볼 수 있었다. 군의관 말로는 시골 할머니들은 힘이 빠졌을 때 영양제라고 하고 수액 링거를 맞게 해드리면 다음 날 힘이 펄펄 나서 돌아다니신다는 것이었다. 단순히 수액일 뿐인데 내 몸에 영양제가 들어온다는 생각 때문에 자신도 모르게 힘이 나는 것이다.

　의료계에서는 이런 현상이 자주 발생하기 때문에 플라시보 효과를 '가짜약 효과'라고도 한다. 병을 오래 앓고 있거나 심리 상태에 영향을 받기 쉬운 질환일 경우에는 이 효과가 더 쉽게 나타난다고 한다.

귀신 쫓는 엄나무 막대기

　몇 해 전 여름 허리 디스크 수술을 하여 병원에 입원했을 때였다. 병실을 함께 쓰던 할아버지는 충북 괴산에서 올라오셨는데 경운기를 타다가 전복사고를 당하신 분이었다. 처음 만났을 때는 나보다 더 위중한 상태였다. 조금씩 회복이 되면서 산책도 하셨는데 항상 손에 막대기 하나를 들고 다니며 계속 몸 여기저기를 두드리시는 것이었다. 그 막대기의 정체를 물으니, 엄나무인데 귀신을 쫓아서 병을 낫게 해준다고 대답하셨다. 그러면서 자신과 할머니의 손을 보여주시며 류머티즘으로 고생했는데 그 막대기로 몇 달 두드리니 씻은 듯이 나았다는 것이었다. 그러면서 디스크 때문에 통증이 심했던 내 다리도 그 나무로 두드려주시는 것이었다. 다듬지 않은 엄나무를 실제 본 사람은 알겠지만, 무서운 가시가 삐죽삐죽 나 있어서 진짜 귀신이라도 쫓을 것처럼 생겼다. 2주 후에 내가 먼저 퇴원하게 되었는데, 두 분은 엘리베이터까지 배웅을 나와 서운하다고 훌쩍이셨다. 얼마 안 있어 할아버지도 퇴원하셨고, 두 분은 그해 가을에 직접 수확한 농작물을 잘 포장해서 집으로 보내주셨다. 거기에는 흉악한 가시들을 잘 제거해서 적당한 크기로 잘라놓은 엄나무도 몇 자루 들어 있었다. 나는 지금도 가끔 아들 녀석과 야구를 할 때 그 엄나무를 사용하는데 그때마다 두 분의 순박하고 주름 많은, 그러면서도 한없이 인자하던 모습이 떠오른다. 엄나무에 대한 그분들의 맹목적인 믿음을 구태여 깨고 싶지는 않다.

플라시보 효과와 반대되는 개념인 '노시보 효과Nocebo Effect'도 있다. 부정적인 생각은 자신을 죽음과 파멸의 길로 몰고 갈 만큼 해로운 것이다.

나는 '모든 것이 믿는 대로 다 된다'고 하는 《시크릿》류의 주장을 좋아하지 않는다. 믿는 대로 다 되는 것은 현실 세계에서는 일어날 수 없는 마술 같은 일이기 때문이다. 그러나 우리가 살아갈 때 마음가짐이 중요한 것은 사실이다. 회사에서도 어떤 일을 맡겨보면, 습관적으로 투덜대는 직원도 있고 어떤 일이든 성심성의껏 열심히 하는 직원도 있다. 시간이 정해져 있으니 일의 결론이야 나오겠지만 어떤 직원의 결과가 더 우수할지는 더 따져볼 필요도 없다.

걱정의 96퍼센트는 불가항력적인 것

하지 않아도 되는 고민까지 안고 사는 사람들이 있다. 《느리게 사는 즐거움》의 저자 어니 J. 젤린스키는 걱정의 40퍼센트는 절대 일어나지 않고, 30퍼센트는 이미 일어났으며, 22퍼센트는 사소한 사건이고, 4퍼센트는 바꿀 수 없으며, 4퍼센트만이 직접 대처할 수 있는 진짜 사건이라고 말했다. 즉, 우리가 힘들게 걱정하고 고민해서 직접 영향을 받는 부분은 고작 4퍼센트에 불과하다는 것이다. 나머지 96퍼센트의 불안과 걱정거리는 어찌할 수 없거나 쓸데없는 마음고생이니 훌훌 털어버리라는 얘기다.[24]

사실 불안과 걱정을 안고 살아가는 것은 사회 전체적인 분위기와 무관하지 않다. 주위를 둘러보면 긍정적인 것보다 부정적인 것이 훨씬 많이 눈에 띈다. 《위대한 나의 발견 강점 혁명》의 저자 마커스 버킹엄은 "세상에는 강점을 나타내는 어휘보다 약점을 나타내는 어휘가 더 많다"고 주장했다. 세상이 약점을 발견하고 그것을 묘사하는 데 최적화되어 있다는 의미다. 이는 우리가 의도적으로 목적의식을 가지고 열심히 노력해야만 우리의 강점과 세상의 긍정적인 면을 제대로 인식할 수 있다는 뜻이기도 하다. 그래서 '자신의 훌륭한 면을 따르라'라는 맹자의 가르침이 중요한 것이다. 스스로를 잘 들여다보

지 않으면 자신도 모르는 사이 약점에 집중해버리고, 세상은 부정적인 메시지만 전달해주기 때문이다.[25]

힘든 상황에서도 독일 시인 하이네처럼 "하나님은 나를 용서하실 거야. 그게 그분 직업이거든"이라고 할 수 있는 여유가 필요하다. 그래야 긍정적인 생각도 하고 희망도 가질 수 있다. 마음에 여유가 없으면 자꾸 쫓기게 되고 결국 스스로를 냉동 트럭에 가두게 된다.[26]

사춘기 시절 누구나 한 번씩은 읽어보았을 《데미안》에서 헤르만 헤세는 말한다. "본래 우연이란 없는 것이다. 무엇인가를 간절히 소망했던 사람이 그것을 발견했다면 그것은 우연히 이루어진 것이 아니라 자기 자신이, 자기 자신의 소망과 필연이 가져온 것이다."

사실 긍정적인 생각과 부정적인 생각은 동전의 양면과 같은 것이다. 고대하던 소풍날에 비가 내린다면 '왜 우리 학교가 소풍을 가려고만 하면 비가 올까'라고 생각할 게 아니라 대지를 적셔주는 봄비에 감사하며 모내기를 준비할 농부들의 들뜬 마음을 헤아려보자. 살면서 겪는 일들 중 사실 우리 마음속에서 해결할 수 있는 것이 많다. 우리의 생각과 믿음이 우리의 운명을 결정한다고 할 수 있다. 몸은 심장이 멈출 때 죽지만, 인생은 꿈을 잃을 때 죽는 것이다.

22

쇠붙이가 되지 말고
면도날이 되라

• 티핑 포인트 / 활주로 이론 •

"아니, 개나리가 언제 이렇게 폈지?" 꽃샘추위가 막 지난 늦은 겨울날 무심코 운전하던 중에 길가에 핀 노란 개나리를 보고 깜짝 놀란다. 무더위를 견뎌내고 조금은 시원해진 공기에 풀어진 몸과 마음의 매무새를 다잡을 때도 마찬가지다. "벌써 단풍이 들었네. 어제까지도 몰랐는데…." 무심히 지나치다 어느 순간, 눈앞에 봄이 와 있고 가을이 깊었음을 알게 되어 깜짝 놀랄 때가 있다.

소리소문없이 확산되는 무엇인가로 인해 어느 순간 극적인 변화 상황이 연출되는 시점을 '티핑 포인트 Tipping Point'라 한다. 말콤 글래드웰은 자신의 저서 《티핑 포인트》에서 이렇게 설명한다. "잘 알려지지 않았던 책이 어느 날 갑자기 베스트셀러가 되는 일이 있다. 이처럼 신기한 한순간의 변화를 이해하는 가장 좋은 방법은 이를 마음 변화의 '사회적 전염'으로 간주하는 것이다. 아이디어와 상품과 메시지와 행동은 바이러스처럼 전파된다. 티핑 포인트의 세계는 이처럼 예기치 못한 일들이 한순간에 폭발하듯 번져가는 바로 그 지점을 일컫는다. 개나리와 단풍의 색감 변화로 계절의 변화를 알리듯이 말이다. 어제저녁까지도 파랗던 나뭇잎이 다음 날 아침이면 붉어지는 것이 바로 자연 세계의 티핑 포인트다."[27]

티핑 포인트는 본래 1970년대 미국 북동부에 살던 백인들이 도시로 밀려드는 흑인들을 피해 어느 순간 교외로 모조리 빠져나간 현상을 가리키던 도시인구 사회학의 용어였다. 사회학자들의 연구에 따르면, 특정 지역으로 이주해오는 아프리카계 흑인들의 숫자가 그 지역민의 20퍼센트를 넘으면, 많은 백인이 한순간에 그 지역을 이탈하게 된다는 것이다. 마치 거짓말처럼 말이다. 요즘 이 용어는 경제심리학 용어로 더 많이 사용된다. 어떤 아이디어나 상품이 소리소문없이 스며들어와 어느 순간 시장을 잠식해버리는 양태를 지칭한다. 즉 티핑 포인트는 시장에서 나타나는 감성 바이러스의 전염 현상이자 급속한 마음 변화의 현상이다.[28]

1℃만 더 기다리자

과거에는 이 티핑 포인트 덕분에 운 좋게 성공한 사례가 많았다. 그러나 지금은 치밀한 계획으로 한순간이 만들어진다. 전염되는 것이 아니라 일부러 전염 바이러스를 만들어낸다는 뜻이다.

99℃의 물과 100℃의 물은 질적으로 다르다. 99℃에서 100℃로

넘어가는 티핑 포인트를 통해 전과는 완전히 다른 물이 된다. 우리 삶에도 이런 티핑 포인트가 존재한다. 그러나 가만히 있어도 100℃가 될 리는 만무하다. 99℃까지 이르도록 모진 애를 써야 하며, 거기서도 끓는점에 도달하여 물이 펄펄 끓기를 기다리며 준비하고 인내하는 과정이 필요하다. 티핑 포인트를 통해 성공한 사람을 마냥 부러워할 것이 아니라 그 과정에서 들였을 노력을 보고 배워야 한다는 뜻이다.[29]

레오나르도 다빈치는 "쇠붙이가 되지 말고 면도날이 되라"는 말을 남겼다. 쇠붙이와 면도날은 성분이 같다. 둘 다 쇠다. 그러나 하나는 호박도 자를 수 있는 반면 다른 하나는 종이도 자를 수 없다. 쇠붙이보다는 면도날의 쓰임새가 더 요긴하다. 그렇다면 쇠붙이는 어떻게 해야 면도날이 될 수 있을까? 쉬지 않고 숫돌에 가는 수밖에 없다. 오랜 시간 꾸준하고 성실하게 갈고 닦아야 한다. 그래야 뾰족하고 날카로운 날을 지닐 수 있게 된다.[30]

티핑 포인트의 극적 효과를 설명하기 위해서는 '활주로 이론'이 도움이 된다. 무거운 비행기가 이륙할 수 있으려면 일정 속도 이상으로 일정 거리와 일정 시간을 질주해야 한다. 아무리 오랫동안 달려도 한계 속도 이상이 아니면 이륙에 필요한 양력을 얻을 수 없다. 아무리 빠른 속도라 해도 일정 거리 이상을 달리지 않는 경우도 마찬가지다. 성공 역시 어느 정도 이상의 집중력과 어느 정도 이상의 절대시간이 필요하다. 성공학을 연구하는 사람들에 따르면 성공한 사람과 실패한 사람의 차이는 그리 크지 않다고 한다. 실패한 경우의 95퍼센트는 처음부터 잘못되어서 실패한 것이 아니라 성공의 고지를 바로 눈앞에 두고 포기했기 때문이라고 한다. 조금만 더 참고 기다리면 100℃가 되어 끓기 시작할 텐데 마지막 순간을 참지 못하는 것이다. 지금 힘든 상황일지라도 조금만 더 참고 견디면 물도 끓고 창공도 날 수 있다.

《논어》에는 '위산일궤爲山一簣'라는 말이 나온다. 산을 다 쌓는 것은 한 삼태기의 흙에 달려 있다는 것이다. 한 걸음 한 걸음 옮겨서 결국 거대한 변화를 일궈낸다는 뜻이다.

열심히 하기만 하면 무조건 성공한다는 허황된 꿈을 말하는 것이 아니다. 간절히 바라면 그대로 이루어진다는 무책임한 허상을 강조하는 것도 아니다. 노력한다고 모든 사람이 성공하는 것은 아니다. 그러나 성공한 사람들은 예외 없이 오랜 시간 끊임없이 노력한 이들이다. 성공과 실패의 차이는 백지장 하나 차이다. 실패한 사람들 대부분은 고지를 바로 눈앞에 두고 포기한 이들이다. 성공을 위해서는 어느 정도 시간적 절대량과 집중적 노력이 필요하다. 주위의 성공 신화를 부러워만 할 것이 아니라 그들이 그 성공을 이루기 위해 어떤 과정을 거쳤고 어떤 노력을 기울였는지를 배워야 한다.

매일매일 노력하고 애를 써도 진전이 없어 지치고 힘들 때가 있다. 그러나 물을 넘치게 하는 것은 마지막 한 방울이다. 그럴 때일수록 시원스러운 활주로를 생각해보자. 조금 더 인내하면 시원하고 푸른 창공에서 광활한 대지를 가슴으로 품을 수 있음을 생각해보자. 포기하지 않는 사람만이 하늘을 훨훨 날 수 있다.

23
떨어질 때 떨어지더라도 높이 날아라

• 이카루스 패러독스 •

지중해 섬나라 왕인 미노스는 왕의 입지를 굳히기 위해 바다의 신 포세이돈에게 신들에게 바칠 재물을 부탁한다. 이에 포세이돈은 하얀 황소 한 마리를 준다. 그런데 이 황소의 용모가 너무나 수려했기 때문에 포세이돈과의 약속대로 신들에게 바치지 않고 몰래 숨긴다. 이 사실을 알고 분노한 포세이돈은 미노스 왕의 왕비가 이 황소를 사랑하게 해 몸은 사람이고 머리는 소 형상을 한 미노타우로스라는 괴물이 태어나게 한다. 이 괴물이 사람들을 닥치는 대로 잡아먹자 미노스 왕은 최고의 장인인 다이달로스를 시켜 미궁을 만들어 미노타우로스를 가둬버린다.

다이달로스는 후에 미노스 왕의 노여움을 받아 아들 이카루스와 함께 그 미궁에 갇히는데 날개 모양의 비행도구를 만들어 아들과 함께 탈옥을 꾀한다. 그러면서 아들에게 "너무 높게 날아 태양 가까이

가서 밀랍이 녹게 해서도 안 되고, 너무 낮게 날아 물에 깃털이 젖게 해서도 안 된다"고 당부했다. 부자는 감옥에서 탈출하는 데 성공한다. 그런데 이카루스는 아버지의 당부를 까맣게 잊고 자신의 비행 실력에 기고만장하여 하늘에 닿을 것처럼 날아오르다 결국 태양에 밀랍이 녹아내려 바다에 떨어져 죽고 만다. 이처럼 자신의 장점을 과신하다가 결국 그것 때문에 추락하고 마는 것을 '이카루스 패러독스 Icarus Paradox'라고 한다.[31]

이카루스와 관련된 이 이야기는 '자기 분수를 모르고 설쳐대는 사람들은 결국 실패하여 추락하고 만다'는 교훈을 준다고 알려져 왔다. 그래서 "거 봐. 아버지 경고도 무시하고 까불다가 결국 떨어졌잖아. 자기 분수를 알아야 하는 거야"라고 훈계할 때 써먹기 쉽다. 그러나 본래 그리스 신화에서 이카루스는 비록 실패는 했지만 신의 영역에 도전했던 영웅의 상징이다. 미국의 급진적인 흑인지도자 말콤 X를 '검은 이카루스'라고 표현한 것도 그의 저항정신과 도전정신을 높이 샀기 때문이다. 밀랍이 녹아내릴지언정 더 높이 날아보고자 했던 이카루스의 실패가 있었기에 '녹아내리지 않는 밀랍을 만들자'는 혁신과 도전을 할 수 있었다.

실패를 두려워 마라

이카루스 이야기에는 두 가지 교훈이 담겨 있다. 다이달로스는 너무 높게뿐 아니라 너무 낮게도 날지 말라고 경고했다. 높이 올라가는 것도 위험하지만 편안함만 추구하여 너무 수면에 가까이 날다가 날개가 젖어 물에 빠질 수도 있기 때문이다. 세계적인 경영 구루이며 베스트셀러 저자인 세스 고딘이 《이카루스 이야기》에서 그 점을 다룬다. 근대를 거치면서 산업주의자들은 너무 높이 나는 것의 위험만 강조하며 사람들의 충성과 복종을 유도했고, 보상과 안정이라는 틀 속에 가둬버렸는데, 오히려 '겸손을 저버린 채 가질 수 없는 것을 향해 달려간 이카루스의 기개'가 필요하다고 말한다.

실패가 두렵지 않은 사람이 누가 있겠는가? '실패는 성공의 어머니', '100번 실패한 것이 아니라 성공할 수 없는 100가지 방법을 배운 것이다' 등등 실패에서 배울 수 있음을 강조하는 말이 많다. 그렇다고 실패가 아프지 않은 것은 아니다. 그리고 현실 세계에서는 실패를 딛고 일어나서 성공하는 경우도 그리 많지는 않다. 그렇기에 더더욱 실패를 무릅쓴 도전정신이 값진 것이다. 그런 도전정신, 즉 혁신의 정신이 아니었으면 우리가 지금 누리는 문명의 혜택을 대부분 누릴 수 없었을 것이다.

미국 프로야구 메이저리그에서는 베리 본즈가 762개의 기록으로 최다 홈런 기록을 가지고 있지만, 사람들은 베이브 루스를 영원한 홈런왕으로 기억한다. 베리 본즈처럼 약물 스캔들도 없었고 투수로 입단했던 경력 때문이기도 하지만, 실패를 딛고 일어선 점을 더 높이 평가한 것이다. 그가 714개의 홈런을 치기 위해 당한 삼진은 홈런의 갑절에 가까운 1,330개가 넘는다. 삼진을 두려워했다면 베이브 루스는 홈런왕이 될 수 없었을 것이다.[32]

혁신革新이라는 단어는 '가죽 혁革' 자에 '새로울 신新' 자로 구성된다. 재미 삼아 뚝딱거리거나 해보고 안 되면 그만인 수준이 아니라 때로는 가죽을 벗길 정도의 아픔과 고통이 수반된다는 의미다. 그래서 더욱더 높이 날아보려는 사람들의 도전정신이 귀한 것이다. 인류의 운명을 바꿀 만한 혁신의 업적은 생각의 전환에서 시작한다. 프랜시스 베이컨의 말처럼, 지금까지 누구도 해낸 적이 없는 성취는 지금껏 누구도 시도한 적이 없는 방법을 통해서만 가능하다.

바다에 사는 물고기 가운데 유독 상어에게만 부레가 없다. 부레가 없으면 가라앉기 때문에 계속 움직여야 살 수 있다. 그래서 상어는 쉬지 않고 움직여야만 하는 운명을 타고난다. 하지만 그 결과 몇 년 뒤에는 바다 동물 중 최강자가 된다. 지금 당하고 있는 어려움은 나중에 우리를 위한 근육이 되고 밑거름이 된다. 바람이 강한 때야말로 연을 높이 날릴 수 있는 때다.

실패를 두려워하고 다르게 생각하는 습관이 없었다면 우리는 아직도 동굴에서 살면서 날이 밝으면 사냥을 나가거나 열매를 따러 다니고 있을지도 모른다. 우리를 이 시대의 문명으로 이끌어준 과거의 이카루스들과 마찬가지로, 내일의 인류를 위해 여전히 태양을 향해 날아오르는 이카루스들이 필요하다.

24

대가大家보다 더 빛나는 평범한 샐러리맨들

• 1만 시간의 법칙 •

독일 함부르크에 고등학생들로 구성된 록밴드 그룹이 있었다. 어리고 서툴렀지만 음악에 대한 열정만은 남달랐던 그들은 한 클럽에서 연주하는 일을 맡게 되었다. 그들은 1년 반 동안 하루 8시간씩 270일을 연주했다. 그러는 동안 모든 장르를 섭렵했고, 수많은 곡을 자신들만의 새로운 방식으로 연주해보았다. 함부르크를 떠날 때쯤에는 확실히 눈에 띌 정도로 실력을 갖추게 되었다. 그 후로도 이들은 성공하기까지 10년 가까운 세월을 오로지 노래하고 연주하는 데 바쳤다. 이 그룹이 바로 비틀스다.

2008년 말콤 글래드웰의 베스트셀러 《아웃라이어》에 소개된 내용이다. 글래드웰은 그들이 쏟아 부은 시간과 노력이 비틀스라는 천재 그룹을 만들어냈다면서 '1만 시간의 법칙'에 대한 예로 제시했다. 이 법칙은 플로리다 주립대 교수인 안데르스 에릭손 교수가 주장한 것으로 '천재가 아니더라도 1만 시간의 치밀한 노력이 있으면 탁월한 경지에 오를 수 있다'는 내용이다. 이 주장은 당시 세계적으로 선풍적인 관심을 끌었다.

이 법칙은 싫증을 잘 내고 중간에 포기를 잘하여 이도 저도 아닌 사람이 많은 현실 세계에 시사점을 준다. 하지만 한번 생각해보자. 실제로 10년간 한 분야에서 미치도록 열심히 하면 정말 아웃라이어, 즉 대가가 될 수 있을까? 누구라도 말이다. 만약 오랜 시간을 들여 한 우물을 팠는데 그 결과가 좋지 않으면 그 책임은 누가 질까? 법칙이라는 말을 붙일 수 있으려면 어느 정도 일반적인 현상으로 검증되어야 하지 않겠는가?

이 법칙이 정말 맞는다면 세계 어느 나라에서도 유례를 찾아보기 힘들 정도로 공부에 목 매는 우리나라 사람들은 모두 박사가 되어 있어야 한다. 학교와 학원을 오가면서 수십 년을 공부만 하니까 말이다. 유년기와 청소년기를 거치는 동안 다른 곳은 쳐다도 보지 않고 오로지 야구에만 몰두해온 선수들은 모두 추신수, 류현진 같은 선수가 되어 있어야 한다. 그뿐이랴. 김연아 선수보다 더 오랜 시간 훈련한 피겨스케이팅 선수도 많고, 박인비 선수보다 더 공을 많이 친 골퍼도 많다. 하지만 그들이 다 대가의 반열에 올랐는가? 그 법칙이 정말 맞는다면 세상은 아웃라이어 천지가 되어 있어야 한다.

묵묵히 참고 열심히 하면 언젠가 볕 들 날이 있으리라거나 계속 바라고 꿈꾸면 반드시 이루어질 것이라고 가르치는 것은 어떻게 보면 이 시대를 살아가는 젊은이들에게 큰 짐을 안기는 것이다. 그보다는 자신이 좋아할 수 있는 일과 분야를 찾으라는 메시지가 몇 배 더 중요하다.

'10년'보다 중요한 것은 '열정'

한 사내는 날이면 날마다 성당의 천장에 매달려 그림을 그렸다. 언뜻 보면 미친 짓으로 여겨질 만했다. 사실 그는 그 일에 완전히 미쳐 있었다. 같은 작업을 15년이나 반복한 후에 그는 인류 역사상 빼놓을 수 없는 대작을 남겼다. 바로 바티칸 시스티나 성당 천장에 〈천지창조〉를 그린 미켈란젤로 이야기다.[33]

이 사례가 1만 시간의 법칙으로 설명될 수 있을까? 미켈란젤로만이 아니라 앞서 얘기한 비틀스 같은 대가들은 단지 열심히 10년 이상 한 것이 아니라 자기 일을 정말로 좋아하고 열정을 뿜어냈다. 그러니 이들이 대가가 될 수 있었던 이유는 '10년'보다 '열정'에서 찾아야 한다.

정약용이 생전 최고의 애정을 가지고 가르친 제자 중 황상이라는 이가 있다. 그는 〈치원유고巵園遺稿〉에 실린 '회주 삼로에게 드림與襃州三老'이란 편지에서 스승에 대해 과골삼천踝骨三穿이란 표현을 사용한다. 두 무릎을 땅바닥에 딱 붙이고 공부에만 몰두하다 보니 바닥에 닿은 복사뼈에 세 번이나 구멍이 났다는 뜻이다. 스승 정약용이 그 정도로 공부하고 또 공부하였음을 이야기한 것이다. 추사 김정희가 먹을 갈아 벼루 여러 개의 밑창을 뚫었다는 말도 비슷한 맥락이다.

이는 달리 말하면 그 정도로 자신들의 분야에 애착을 느끼고 집중했다는 얘기이기도 하다. 시간을 잊고 실력을 연마하는 데 몰입하면서 얼마나 만족감을 느꼈을지 상상해보라.[34]

우리나라 가요계의 전설이자 가왕歌王으로 불리는 조용필. 고등학교 때 가출하여 클럽 밴드에서 기타리스트로 시작한 그는 판소리와 민요 창법을 익히면서 득음의 경지에 이르렀다고 한다. 삼천포 바닷가의 코끼리 바위에 숨어 피를 토하듯 연습하기도 했단다. 그가 그렇게 뼈를 깎는 과정을 달게 받아들인 이유는 단 한 가지, 그만큼 음악을 좋아해서다. 조용필에게는 노력도 있었고 재능도 있었다. 그러나 그가 성공할 수 있었던 것은 그만큼 자기 일에 열정을 갖고 흠뻑 빠질 수 있었기 때문이다.

얼마 전 말도 안 되는 주최 측의 농간으로 김연아 선수의 올림픽 2연패가 무산되어 온 국민이 안타까워한 일이 있었다. 하지만 오히려 그녀는 미소 띤 얼굴로 "준비한 프로그램을 실수 없이 연기한 것에 만족한다"며 주위 사람들을 진정시켰다. 그뿐 아니라 자신과 함께 출전한 어린 두 선수까지 살뜰히 챙기는 모습을 보여주었다. 또, 비록 올림픽에서 메달을 목에 걸진 못했지만 여섯 번이나 올림픽에 출전해 자신의 한계에 도전한 이규혁 선수 역시 마찬가지다. 그는 20여 년의 세월 동안 꿈을 향해 달려온 주인공이다. 이들에게서는 진정한 대가의 향기가 난다.

영웅이 아니면 어때

 이 책의 독자는 아마 대부분 직장인일 것이다. 한 직장에서 같은 업무를 10년간 지속하기는 힘들다. 3년만 해도 웬만한 분야는 꿰뚫을 정도가 된다. 문제는 자기 일을 어떤 자세로 하는가다. '10년 동안 열심히'가 아니라 1년을 하더라도 얼마나 열정을 가지고 재미와 보람을 느끼는지가 관건이다.

 한 분야에 집중하기 전에 자신이 좋아하는 것, 오랜 시간 많은 것을 희생하면서도 견뎌낼 수 있는 분야를 찾는 일이 먼저다. 그러나 우리 교육 환경에서는 그렇게 하기가 쉬운 일이 아니다. 미켈란젤로나 비틀스가 부러운 것은 미친 듯이 열중할 수 있고 재능도 있는, 모든 것을 쏟아 부을 수 있는 분야를 일찍 발견했다는 점이다. 그들은 일이 아무리 힘들어도 만족도는 항상 높았을 것이다. 별로 좋아하지도 않는데 무조건 열심히 하라는 외부로부터의 압력은 없었을 테니 말이다. 그들이 쏟아 부은 오랜 시간과 각고의 노력은 스스로 선택한 것이었다.

 오랜 시간 노력한다고 다 대가가 되는 것은 아니다. 죽기 살기로 달려드는 사람을 이기기는 어려운 일이다. 그런데 이들보다 더 이기기 힘든 사람은 스스로 즐기는 사람이다.

 성공한 사람들이 뉴스에 소개될 때마다 특출나게 잘하는 것이 별로 없는 나 같은 평범한 직장인은 풀이 죽고 기가 꺾인다. 그러나 우리가 다 비틀스가 될 수는 없음을 먼저 인정하자. 그리고 사실 그럴 필요도 없다. 비록 비틀스가 될 수는 없어도 꿈을 위해 열정적으로 일하는 자신을 칭찬하자. 오히려 자기 일을 묵묵히, 성실히 해내는 평범한 직장인이야말로 이 시대를 지탱해주는 진정한 영웅들이다.

이 땅의 샐러리맨 가운데 자기 일에 재미를 느끼고 불타오르는 열정으로 일하는 사람이 몇이나 될까. 아마 처음 직장생활을 할 때는 누구나 그랬겠지만 시간이 지나면서 점차 시들해졌을 것이다. 그러면서 점점 자라목이 되어간다. 그러나 이왕 하는 거 조금만 재미를 붙여보자. 자신의 작은 일들이 가정을 세우고 나라를 살리며 이 사회를 지탱한다는 생각을 가져보자. 이왕 피할 수 없다면 조금이라도 더 재미있게 해보자는 것이다. 그러면 더욱 열정을 낼 수 있다. 성취감을 느끼다 보면 승진도 하고 연봉도 올라가면서 스트레스 속에서도 나름대로 재미를 찾을 수 있을 것이다. 그렇게 열심히 하다 보면 기술과 요령, 안목이 쌓이고 더 좋은 결과를 만들어낼 수 있다. 좋은 결과는 더 많은 재미와 즐거움을 불러오고, 다시 더 많은 노력과 열정이 투자되어 선순환이 이루어질 것이다.[35]

25
누구나 골리앗을 무찌를 수 있다

• 다윗의 법칙 •

알렉산더, 베토벤, 나폴레옹, 셰익스피어, 루스벨트의 공통점은? 이들에겐 치명적인 약점이 있었음에도 이를 극복하고 세계 역사를 움직인 위인이 되었다는 것이다. 알렉산더 대왕은 곱사등이였고, 베토벤은 청력을 잃었으며, 나폴레옹과 셰익스피어는 절름발이였고, 미국 대통령을 네 번이나 지낸 루스벨트는 평생 휠체어를 타야 하는 소아마비였다. 이 밖에도 헬렌 켈러, 스티븐 호킹 등 자신의 치명적인 약점을 딛고 인간승리의 드라마를 쓴 위인들이 매우 많다.

성경에 나오는 이야기에서 가장 유명한 것 중 하나가 다윗과 골리앗에 관한 이야기일 것이다.

이스라엘을 치러 나온 블레셋의 기골이 장대한 장수 골리앗이 이스라엘을 욕보일 때 다윗이 나섰다. 이스라엘 중에는 골리앗에 맞설 마땅한 장수가 없었는데 수려하고 작은 소년 목동 다윗이 나서자 모두가 말렸다. 그러나 그의 결심이 확고하자 사울 왕은 자포자기하는 심정으로 자기의 군복과 놋투구를 주고 갑옷을 입게 했다. 그러나 칼을 군복 위에 찬 다윗은 익숙지 않아 자신이 들에서 양들을 지키면서 사자와 곰을 물리칠 때 사용하던 막대기와 매끄러운 돌 다섯을 들고 골리앗 앞으로 나아갔다.

누가 봐도 상대가 되지 않는 싸움이었다. 그런데 다윗은 골리앗의 강점을 뒤집어 해석하고 자신의 약점을 강점으로 승화시켰다. 골리앗은 몸집이 큰 대신 행동이 느리기 때문에 자신이 들에서 갈고 닦은 돌팔매를 피할 수 없을 것이라 확신했다. 골리앗과 맞섰을 때 다윗은 자신의 빠른 발을 이용해 재빨리 달리면서 손을 주머니에 넣어 돌을 집어서 던져 골리앗의 이마에 명중시켰다. 돌에 맞은 골리앗이 쓰러지자 다윗이 달려가 골리앗을 밟고 그의 칼을 빼어내어 그 칼로 그를 죽이고 머리를 베었다. 자기 용사의 죽음을 보고 혼비백산한 블레셋 사람들이 도망치기 시작하자 이스라엘과 유다 사람들이 쫓아가 그들을 진멸했다.

약점으로 이기다

싸움의 기본은 나의 강점으로 적의 약점을 치는 것이다. 그러나 나의 약점을 뒤집으면 강점이 되고, 적의 강점을 뒤집으면 약점이 된다. 이처럼 강자를 이기는 약자의 기술이 '다윗의 법칙'이다.

말콤 글래드웰은 그의 신작 《다윗과 골리앗》에서 영민하게 자신의 약점 혹은 핸디캡을 이용해 승리한 우리 시대 다윗들의 이야기들을 담아냈다. 가난, 장애, 불운, 압제 등 피하기 어려운 시련을 극복하고 성공을 이룬 사람들의 사례를 소개했다. 저자는 다양한 사례를 활용하여 통념과 달리 강자도 때론 약하고 약자도 보기보다 강할 수 있다는 것을 알려준다. 약자도 움켜쥘 수 있는 위대한 승리의 기술이 있으며, 이를 통해 인생의 어려움에 직면했을 때 새로운 시각으로 새롭게 바라보고 어려움을 극복할 수 있음을 강조한다.

존 맥스웰은 "성공의 비결은 좋은 패를 쥐는 것이 아니라 나쁜 패를 쥐고도 이를 잘 활용하는 것이다"라고 했다. 우리 주위에는 비록 나쁜 패를 쥐었지만 좌절하지 않고 자신만의 장점으로 승화시킨 사례가 무궁무진하다.[36]

2014년 2월 우리는 한국의 조그마한 여자 빙상 선수가 러시아의 소치에서 보내온 승전보에 밤잠을 설쳤다. 여자 스피드스케이팅 500미터에서 올림픽 2연패를 달성한 이상화 선수다. 그녀의 금메달이 가장 빛을 발한 것은 시상대에 섰을 때였다. 그녀의 키는 동메달을 딴 네덜란드 선수보다 머리 하나가 더 작았다. 누가 봐도 큰 키가 장점인 스피드스케이팅에서 그녀는 자신의 단점인 신장과 보폭을 커버하기 위해 힘의 원천인 허벅지 근육을 키웠다. 그리고 이를 통해 그녀의 상징이 된 폭발적인 스타트와 스피드를 갖춘 것이다.

큰 것이 강해 보인다. 그러나 크기가 성공 여부를 결정한다면 공룡은 오늘날까지 살아 있어야 한다. 이것은 생물학뿐 아니라 경제에서도 마찬가지다. 크기와 양, 힘이 성공을 보장하는 것 같지만 그 반대의 경우도 많다. 작지만 강한 예 중 하나가 이름만 들어도 누구나 다 아는, 자동차 업계에서 가장 수익성이 좋은 '포르쉐'다. 이 유명한 회사가 해당 업계에서 규모가 가장 작다는 사실을 알고 있는 사람은 많지 않다. 1990년대 초 망해가던 포르쉐는 온갖 합병 유혹과 위협을 뿌리치고 '작음'으로써 가능했던 각종 혁신 기법을 도입하여 오늘날 최고의 품질을 자랑하는 포르쉐를 만들었다. 규모가 크지 않아 일반 대중에는 잘 알려져 있지 않지만 세계의 시장점유율 1~3위를 차지하는 이 강소기업은 독일 국가 경제의 버팀목이 되고 있다.

진주는 조개의 상처다

신체 장애 못지 않게 우리나라에서는 성장하고 성공하는 데 약점으로 작용하는 요소가 많다. 내가 GE에서 근무할 때 겪었던 한 선배의 이야기다. 그는 공업고등학교를 졸업한 후 입사해서 일류 대학 출신들이 수두룩한 속에서 CIO까지 지냈다. 비록 해외 유학파보다 발음은 어눌했으나 그의 영어는 막힘이 없었고, 업무에 관한 지식도 해박했으며 논리도 명확했다.

한 번은 사석에서 그의 영어발음이 화제가 되자 웃으며 이렇게 해명했다.

"내 영어 발음이 안 좋은 것은 나도 잘 압니다. 그래도 난 저 인도 사람들보단 발음이 좋다고 생각해요. 그런데 중요한 것은 미국 사람들은 인도 사람들 말도 잘 알아듣는다는 거죠. 그래서 전 항상 자신

있게 말합니다. '내 영어를 못 알아듣는 것은 아직 당신들의 영어 실력이 부족해서 그렇다'라고요. 내 말을 알아듣지 못하면 자기들만 답답하죠."

또 지방 대학을 졸업한 후 삼성에서 영업 담당 임원으로 승진한 한 선배의 일화도 재미있다. 해외 유학파 일색인 그곳에서 그는 출신 학교가 늘 발목을 잡았지만 특유의 성실함으로 잘 극복해나갔다. 그런데 문제는 술자리였다. 그는 술이 너무 약해 영업 현장에서 항상 애를 먹었다. 그런 그가 쓴 방법은 다소 충격적이었다. 술잔이 돌아올 때마다 그는 마시지 못하고 대신 자신의 옷에다 끼얹어버렸다. 술에 취하면 모든 것이 허사가 되기 때문이었다. 그러고는 "저는 술을 못하지만 제 몸이 마시도록 하겠습니다"라고 하면서 분위기를 맞췄다고 한다. 그러니 점차 자신의 주량을 인정해주고 억지로 권하지는 않더라는 것이다. 이런 방법은 상대방에 따라 부작용을 일으킬 수도 있기에 따라 하는 것은 무리가 있지만, 어찌 됐건 술을 못하는 그가 세일즈맨으로서 살아남기 위해 택한 고육지책이었다. 특유의 익살과 큰 목소리를 내세워 협력회사 체육대회에 가서 응원단장까지 한 그는 늘 영업 실적 1위를 놓치지 않았다.

누구에게나 남들에게 알리고 싶지 않은 약점이 있고, 내게 없었으면 하는 핸디캡이 있게 마련이다. 그러나 그것을 등에 지고 자포자기하는 심정으로 터벅터벅 걷기만 하는 사람과, 자신의 장점으로 승화시키기 위해 노력하는 사람의 차이는 엄청나다.

한쪽 귀가 들리지 않고 한쪽 안면근육이 마비된 상태로 캐나다 총리를 지낸 크레티앵의 이야기는 큰 감동을 준다. 그는 자신의 신체적 결함 때문에 말을 잘하지 못했다. 수많은 연설을 해야 하는 정치가에게 그것은 치명적인 약점이었다. 그러나 그는 유세에서 이렇게 말했다.

"보시다시피 저는 말을 잘하지 못합니다. 대신 저는 거짓말을 하지 못합니다."

유권자들은 그의 솔직한 면에 오히려 환호했다.

누구에게나 약점은 있다. 그러나 당장의 어려움 때문에 포기하면 안 된다. 오늘 아침 우리가 깨어난 것은 아직도 할 일이 있어서다. 살아 있는 한 우리는 이 세상에 필요한 존재다. 우리가 이 세상에 가져다주어야 할 많은 것이 있다.

누구나 다윗이 될 가능성이 있다. 모두가 성공하는 것은 아니지만 '나도 충분히 골리앗을 무찌를 수 있다'고 생각하는 것은 매우 중요하다. 사실 다윗의 최고 행운은 골리앗을 만나면서 시작되었다. 조개 안으로 들어온 이물질 때문에 조개의 속살은 상처를 입는다. 하지만 그 상처를 이겨내는 과정에서 진주가 만들어진다. 자신의 약점을 극복해가는 것, 자신의 핸디캡을 이겨나가는 것, 그것이 인생이고 삶의 과정이다. '나도 얼마든지 할 수 있어!'라고 생각하는 것이 우리가 내디뎌야 할 성공의 첫걸음이다.[37]

26
비관론자는 어떤 전투에서도 승리하지 못한다

· 프레이밍 효과 ·

세계에서 유일하게 마라톤 경기를 치르지 않는 국가가 있다. 바로 이란이다.

약 2,500년 전, 세계에서 가장 부강했던 나라는 인도 서북쪽에서부터 이집트에 이르는 넓은 지역을 통치한 황금의 나라 페르시아다. 페르시아는 세계 최초로 유럽과 아시아, 아프리카를 연결하는 거대한 제국을 만들었다. 페르시아에 불만을 가졌던 그리스 식민지들이 반란을 일으켰는데, 여기에는 아테네도 포함되어 있었다. 마라톤 평원에서 1만여 명의 아테네군은 전력을 다해 전투에 임했고 결국 페르시아군을 무찔렀다. 아테네의 전령 페이디피데스는 승전보를 전하기 위해 마라톤 평원을 쉬지 않고 달렸다. 아테네에 도착한 그는 "우리가 승리했다"라는 말을 남기고 쓰러져 숨졌다. 그 후 아테네인들은 그가 달려온 길을 횃불을 들고 달리며 승리를 기념했는데, 이것이 스포츠로 이어져 마라톤 경기가 된 것이다. 그러나 페르시아의 후예인 이란은 아직도 그 옛날의 수모를 기억하고 싶지 않기 때문에 마라톤 경기를 하지 않는 것이다. 1974년 이란의 수도 테헤란에서 열린 아시안게임에서는 마라톤 종목을 제외할 정도였다. 이렇게 하나의 사건이나 현상을 보고도 자신이 처한 입장에 따라 서로 다르게 해석하는 경우가 많다. 이때 각자 처한 입장이 프레임이 된다.

각자의 선글라스

서울대 심리학과 최인철 교수는 프레임을 한마디로 '세상을 바라보는 마음의 창'이라 정의한다. 내가 어떤 창을 가지고 있느냐에 따라 그것을 통해 바라보는 세상이 달라지는데 이를 '프레이밍 효과 Framing Effect'라고 한다.

최 교수는 이 프레이밍 효과를 잘 설명하기 위해 그의 책 《프레임》에서 〈핑크대왕 퍼시 Percy the Pink〉라는 서양 동화를 소개한다. 핑크를 광적으로 좋아하는 퍼시는 자신의 모든 소유물은 물론 눈에 띄는 백성들의 모든 것을 핑크로 물들이게 했다. 대규모 군대를 동원하여 산과 들까지 핑크로 물들였지만 한 가지 어찌할 수 없는 것이 있었다. 하늘이다. 퍼시는 하늘을 핑크로 만들기 위해 전전긍긍했지만 방법이 없었다. 그때 한 신하가 묘책을 내놓았다. 핑크빛 선글라스를 쓰는 것이다. 그러니 일부러 핑크로 물들이지 않아도 하늘까지 핑크로 보이니 매일 핑크빛을 보면서 행복한 나날을 보냈다는 내용이다.[38]

우리 역시 핑크대왕 퍼시와 마찬가지로 각자의 '프레임'이라는 마음의 안경을 통해 세상을 본다. 가장 많이 언급되는 사례는 아마 '물이 반쯤 담긴 컵'일 것이다. 보는 사람에 따라서 '어! 아직도 물이 반이나 남았네'라고 감탄하기도 하고, '에이, 물이 반밖에 없잖아'라고 실망하기도 한다. 또 다른 대표적 사례는 이것이다. 모두가 맨발로 다니는 아프리카 오지에 가서 신발을 팔라는 임무를 받은 두 직원이 있다. 한 명은 '여긴 아무도 신발을 신고 다니지 않기 때문에 신발 사업은 불가능하다'라고 보고했고, 다른 한 명은 '여긴 아무도 신발을 신지 않기 때문에 시장이 무궁무진하다'라고 보고했다. 어떻게 보느냐에 따라 그 결과는 하늘과 땅 차이가 난다.

사람은 누구나 주관적이다. 자기 입장에서 세상을 바라본다. 우리는 흔히 "콜럼버스가 아메리카대륙을 발견했다"고 말한다. 그러나 그곳에는 아주 오래전부터 원주민들이 살고 있었다. 그래서 '발견'이라는 단어는 적절치 않다. 발견한 주체의 입장에서 그런 표현을 사용한 것뿐이다. 원주민들에게는 오히려 '침략'이라는 표현이 적절할 것이다.[39]

라스베이거스의 휘황찬란한 네온사인은 관광객 누구나 탄성을 지를 만큼 화려하고 아름답다. 한껏 멋을 낸 간판들과 현란한 불빛이 정신을 온통 빼앗아 간다. 그러나 정작 미국 사람들은 별로 좋아하지 않는다. 모든 네온사인의 글자가 본인 의사와 상관없이 정보로 인식되어 정보 처리상 과부하가 걸리기 때문이다. 반면 이들은 홍콩에 가서는 야경을 보고 황홀해한다. 한자를 모르는 그들에게는 정보가 아니라 장식 혹은 그림과 경치의 일부로 인식되기 때문이다. 우리나라 사람들이 서울 밤거리의 네온사인은 싫어하고 라스베이거스나 동경, 홍콩의 네온사인을 보고 열광하는 이유도 바로 이것이다. 세상을 어떻게 보는가는 현재 자신의 처지와 상황, 살아온 배경과 지식 등에 따라 달라진다. 외부 조건들이 개인의 지식적 배경에 의해 다르게 판단되는 것이다.

내가 틀릴 수도 있음을 인정하는 것

미국 샌프란시스코 남부에 로스 알토힐이라는 마을이 있는데, 존은 이 마을에서 15년간을 우편배달부로 일해왔다. 황무지 같은 흙길을 매일같이 지나다니며 우편물을 배달하는 일에 싫증이 난 그는 몇 년 동안 자신이 다니는 길에 꽃씨를 뿌렸다. 그러자 차츰 수많은 꽃이 피어나는 아름다운 꽃길이 되었고 지금은 관광 명소가 되었다. 매일 반복되는 일상이었지만, 한 사람의 틀을 벗어난 생각이 지구상에 또 하나의 아름다운 장소를 탄생시킨 것이다. 세상을 바라볼 때 이왕이면 이처럼 긍정적인 관점을 갖는 것이 어떨까.

매사를 긍정적·낙관적으로 보는 사람도 있고 부정적·비관적으로 보는 사람도 있다. 결론부터 말하자면 세상은 긍정적이고 낙관적으로 보는 사람들 덕분에 발전되어왔다는 것이다. 헬렌 켈러는 "비관론자가 천체의 비밀을 밝혀내거나 해도에 없는 지역을 항해하거나 인간 정신세계에 새로운 지평을 연 사례는 단 한 번도 없었다"라고 했다. 드와이트 아이젠하워가 "비관론자는 어떤 전투에서도 승리하지 못했다"고 한 것도 같은 맥락이다. '구조조정을 당한 것'이 아니라 '새로운 인생을 시작한 것'이고 '명예퇴직을 받아들인 것'이 아니라 '스스로 앞길을 개척한 것'이라고 생각하자는 것이다. 새벽에 거리를 청소하는 사람도 '새벽부터 이 무슨 생고생인가' 하기보다는 '나는 지금 지구를 아름답게 가꾸고 있어'라고 생각하자는 것이다. 지금은 취업이 어려워 좌절을 겪고 있지만, 나중에 회사에 들어갔을 때 그 기회를 소중히 여기고 남들보다 더 열심히 일할 수 있도록 인생수업을 하고 있다고 생각하자는 것이다.[40]

  우리는 하루에도 수많은 판단을 하면서 살아간다. 그러나 자신의 판단을 얼마나 신뢰할 수 있을까. 무엇을 근거로 자신의 선택이 옳다고 믿는가. 혹시 나와 다른 생각을 하고 다르게 세상을 보는 사람을 다 틀렸다고 생각하고 있진 않은가. 그리스 신화에는 프로크루스테스라는 희한한 도둑이 등장한다. 사람들을 붙잡아 와 자기 침대에 눕혀보고는 키가 큰 사람은 침대에 맞춰 잘라 죽이고, 키가 작은 사람은 늘여서 죽였다. 우리에게도 다른 사람들을 함부로 재단하는 프로크루스테스의 침대가 있지는 않은지 살펴볼 일이다.[41]

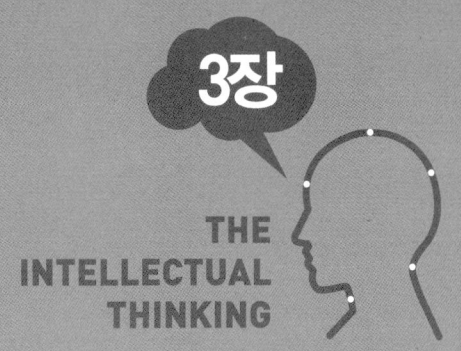

3장

삶을 바꾸는 지적인 생각법

27
거짓을 입에 담는 순간
실패한 인생이 된다

• 리플리 증후군 / 확증 편향 / 소유 편향 •

'돈도 없고 빽도 없는 한 여자가 있다. 학벌도 변변치 못하고 운도 없다. 부당한 일을 당해도 참거나 도망치는 것밖에 세상에 응전할 방법이 없다. 그녀는 힘들었던 과거를 청산하고 타고난 미모와 재능으로 사회적 부와 성공을 거머쥐고 싶어 한다. 그러나 현실의 벽이 너무 높아 아무것도 시작할 수 없다는 무력감에 빠져 있다. 그러다 우연히 단순한 거짓말을 하게 된다. 신기하게도 아무리 노력해도 열리지 않던 문들이 그 거짓말 하나로 활짝 열리기 시작한다. 그렇게 더 많은 거짓말을 할수록 그녀는 자신이 꿈꾸던 것에 가까워짐을 느낀다. 그래서 친구의 졸업장을 훔쳐 학력을 위조하기도 한다. 그러면서 그녀는 점점 자신이 해온 거짓말이 사실인 것처럼 믿게 된다.'

몇 해 전 TV에서 방영되었던 드라마 〈미스 리플리〉의 주인공에 관한 설명이다. '리플리'는 패트리샤 스미스의 소설 《재능 있는 리플리

씨The Talented Mr. Repley》의 주인공 이름이며 이 소설은 〈태양은 가득히〉, 〈리플리〉 등 영화로도 두 차례나 만들어져 인기를 끌었다. 영화에서는 주인공이 남자였다. 소설이건 영화이건 드라마이건 주인공 리플리는 신분 상승에 눈이 멀어 거짓말을 계속한다. 그러다가 자기 자신도 그것이 진실인 양 믿게 되고, 결국에는 자아마저 상실한 채 환상 속에 살다가 파멸을 맞이한다.

이런 유형의 인격장애를 일컬어 '리플리 증후군Ripley Syndrome' 혹은 '리플리병'이라고 한다. 이 리플리라는 가공 인물이 정신병리학의 연구 대상이 되기 시작한 것은 20세기 후반부터로, 리플리와 유사한 행동을 하는 경우가 자주 나타났기 때문이다. 아직 눈에 띄는 결론은 나오지 않은 상태다. 이 증후군은 개인적인 성취욕은 크지만 꿈을 실현할 수 있는 통로가 막혀 있거나 현실의 벽이 너무 높을 때 흔히 일어나므로 앞으로는 더 자주 목격될 것이다.

확대 재생산되는 경험담

자신이 타고 가던 차가 성수대교가 붕괴될 때 바로 앞에서 멈춰섰다거나 삼풍백화점이 자신이 나온 지 불과 몇 초 지나지 않아 붕괴됐다고 말하는 사람들이 내 주위에도 있다. 버스를 놓치지 않고 정시에 도착했으면 자신도 아마 추락한 항공기를 탔을 거라는 사람도 많다. 프로야구 원년 코리안 시리즈 최종전에서 당시 OB베어스 김유동의 만루 홈런 타구를 잡으려다 공에 맞아 부상을 당했다는 사람도 여럿 봤다. 이런 사람들을 전국적으로 모으면 아마 수천 명은 될 것이다. 이들은 성수대교가 붕괴할 때 근처를 지나고 있었거나, 평소 삼풍백화점에 자주 들렀거나, 사고 당일 비행기를 타려 했거나, 프로야구 원년 코리안 시리즈를 현장에서 직접 지켜봤던 사람들일 것이다. 자신들의 무용담을 실감 나게 전달하다 보니 점점 이야기가 늘어나고, 사람들이 흥미진진하게 들을수록 자신도 모르게 시나리오에 살을 붙인 것이다. 그러면서 점점 스스로도 그 이야기들을 믿게 되었으리라.

남자들에겐 이런 경험이 매우 흔하다. 여성들이 가장 싫어하는 군대 이야기를 예로 들어보자. 나만 해도 남들이 꺼리는 곳에서 남들보다 조금은 더 힘들게 군대생활을 했기에 하고 싶은 이야깃거리가 많다. 그래서 군대 이야기만 나오면 남들이 해보지 못했을 경험을 침 튀기며 늘어놓는다. 그러면서 느끼는 것은, 이야기에 점점 살이 붙는다는 것이다. 그렇게 수십 번, 수백 번 경험담을 늘어놓다 보면 하나둘씩 짜임새가 탄탄해진다. 나중에 혼자 곰곰이 생각해보면 실제 그런 일이 있었는지, 어디까지가 사실이고 어디부터가 첨가된 것인지 긴가민가하게 된다. 그러니 군대 이야기는 90퍼센트 이상이 허구라는 것이다. 우리가 알고, 믿고 있는 기억들이 사실이 아닐 수도 있다. 얼마든지 과대포장되거나 조작될 수 있다. 아니, 어쩌면 우리는 일부러 믿고 싶은 것만 믿는 건지도 모른다.

다른 정보들은 전혀 염두에 두지 않은 채 자신의 주장을 뒷받침하는 정보만 열심히 찾는 것을 '확증 편향 Confirmation Bias'이라고 한다. 이는 인지과학에서 자주 사용하는 용어로 사람들이 자기 신념에 부합하는 증거는 쉽게 발견하거나 일부러 찾지만, 그렇지 않은 증거는 의도적으로 무시하거나 깎아내리는 경향이 있음을 나타낸다. 주위에 널려 있는 다른 현실은 무시하고 자기 입장을 뒷받침하는 한 줌의 정보에 매달린다는 것이다. 자신의 이론이나 세계관, 정치관 등 확신하고 있는 정보들과 부합하는 내용에만 눈과 귀를 열게 된다. 선거가 극명한 예다. 자신을 둘러싼 사람들이나 언론, SNS 등을 종합해봤을 때 자신이 지지하는 후보가 당선될 것이라 확신했는데, 뚜껑을 열어보니 반대편 후보가 당선된 경험은 아마도 대부분이 해봤을 것이다. 믿고 싶은 것만 믿고, 보고 싶은 것만 봤기 때문이다.[1]

확증 편향에 빠지면 기존의 지식과 모순되는 새로운 증거나 정보들은 받아들이지 않고 걸러내버린다. 그래서 이를 '모든 생각의 오류들의 아버지'라고 부르기도 한다. 그러나 작가 올더스 헉슬리의 말처럼, 내 생각이나 지식과 다르다는 이유로 이미 존재하는 사실을 무시한다고 해서 그 존재가 사라지는 것은 아니다. 워런 버핏처럼 성공적인 투자자들은 확증 편향의 위험을 늘 염두에 둔다. 무엇보다 자신도 그런 경향을 가질 수 있음을 솔직하게 인정하고, 끊임없이 자기 생각을 돌아보며 혁신하려고 노력한다.[2]

확증 편향과 비슷한 개념으로 '내 것', '내 생각'에 대해 근거 없는 확신을 갖는 것을 '소유 편향'이라 한다. 실제로 심리학자들이 실험을 했다. 길거리에 5,000원짜리 복권을 떨어뜨려놓고 기다린다. 누군가 주우면 그에게 다가가 제안을 한다. "그 복권 제게 파시죠. 1만 원 드릴게요." 결과는 어땠을까? 대부분 팔지 않았다. 확률상으로나 합리적인 면에서 보면 1만 원에 팔아서 그것으로 복권 두 장을 사는 것이 더 지혜로운 선택이다. 하지만 사람들에겐 지금 소유한 그 복권이 소중하고, 큰 금액에 당첨될 것이라는 생각이 든다는 것이다. 보유 중인 주식의 가격이 떨어져도 손절매를 하기가 어려운 것도 같은 원리다. 다른 주식은 계속 떨어져도 내 것은 금방 반등할 것이라는 근거 없는 확신을 갖는 것이다.

과거 드라마틱하게 성공했거나 그와 비슷한 경험이 있는 리더들은 이런 편향에 빠질 가능성이 더 높다. 자신이 경험한 바가 있기 때문에 다른 사람들의 목소리에는 귀를 닫는다. 그러다 보면 주위 사람들도 입을 닫게 된다. 말을 해도 소용없기 때문이다. 이런 리더일수록 엉뚱한 말을 하면서 스스로 창의적이라 하고, 혼자만 말하면서 자신은 소통하는 리더라고 한다.

"거짓말을 한다는 것은 단순히 있지도 않은 것을 말하는 것이 아니다. 그것은 특히 실제로 있는 것 이상을 말하는 것, 인간의 마음에 대한 것일 때는 자신이 느끼는 것 이상을 말하는 것을 뜻한다. 그런데 이건 삶을 좀 간단하게 하기 위해서 우리들 누구나 매일같이 하는 일이다." (알베르 카뮈, 《이방인》)

카뮈의 말처럼 사람은 누구나 거짓말을 한다. 자신의 실수를 덮기 위해서, 자신을 과대포장하기 위해서, 때로는 상대를 위로하고 안심시키기 위해서다. 자신도 모르게 거짓말을 할 때도 있다. 이 시대의 리플리들도 처음에는 그렇게 시작한다. 그러나 한번 시작된 거짓말은 좀처럼 멈출 줄을 모르고 점점 더 큰 거짓말을 낳게 된다. 그 거짓말을 통해 얻는 것이 크다면 더욱더 거짓말을 키우게 된다. 점점 거짓말에 빠져 자신도 모르게 그 거짓말을 사실로 믿게 된다. 결국엔 스스로 판단할 능력마저도 잃어버리게 된다.

의사나 변호사 행세를 하면서 혼인을 빙자해 여성들을 울리는 범죄자들이 늘었다. 이들이 공통으로 하는 말은, 전문가 행세를 하면서 전문 지식을 습득하기 위해 공부하고 외모도 가꾸는 동안 스스로 의사나 변호사처럼 생각되더라는 것이다. 그리고 사람들도 너무나 쉽게 믿더라고 말한다. 심지어는 수년 동안 수위 아저씨와 인사도 나누면서 도서관을 드나들던 가짜 서울대생이 발각된 일도 있다. 이 사회에 리플리들이 많아지고 있다. 학력이나 배경 때문에 기회 자체가 제한되는 경우가 많기 때문은 아닐까.

얼핏 보기에는 이런 리플리들이 더 잘사는 것처럼 보이기도 한다. 많은 경우 리플리들이 꼭 틀린 것만은 아닌 것 같고, 더 많은 것을 누리며 살고 있는 것 같다. 당장 거짓을 해서라도 부와 명예를 거머쥐면, 그다음엔 과정은 잊히고 세상이 굼실거리기 시작하는 것처럼 보인다. 그래서 오히려 세상이 이런 리플리들이 생겨나기를 적극 부추기는 것처럼 보이기도 한다. 속는 사람이 멍청한 것이고 결과적으로 웃는 사람이 옳은 것이라고 주장하며 거짓말을 권하는 것 같기도 하다. 신정아 신드롬에서도 볼 수 있듯이 셀 수 없이 많은 학자, 심지어는 다수의 성직자까지도 학위나 학력을 위조했다는 사실은 이런 세태를 잘 반영한다고 볼 수 있다. 황금만능주의, 배금주의를 침이 튀도록 비판하면서도 재테크책을 열독하며 너도나도 돈 벌 궁리를 하는 것이 현실이다.

이런 상황에서 정직하고 성실하게 살라고, 그러면 좋은 날이 올 것이라고 주장할 수 있을까? 조금 답답하고 미련해 보일지 몰라도 내 대답은 '예스'다. 나아가 개개인에게 거짓을 말하지 않도록 가르치는 것도 중요하지만, 거짓이 통하지 않는 사회를 만드는 것이 더 중요하다고 생각한다. 그런 내용에 공감하는 지력을 가진 사회가 되어야 한다. 거짓을 통해 성공했다는 사람을 부러워하는 것이 아니라 그들이 스스로 부끄러움을 느끼게 하는 사회가 되어야 한다. 거짓을 입에 담는 순간 그는 실패한 인생이다. 무엇보다 그 자신의 양심이 두 눈 똑똑히 뜨고 보고 있기 때문이다.

28
리셋으로 문제가 해결되지 않는다

• 리셋 증후군 •

중학생인 딸이 썩 좋지 않은 얼굴로 돌아왔다. 학교에서 친구와 말다툼을 했다는 것이다. 별것도 아닌 일로 싸웠다길래 살짝 조언을 해줬다.

"조금 마음에 들지 않아도 먼저 사과하고 다시 잘 지내는 게 좋지 않을까?"

"괜찮아. 절교하면 돼. 다른 친구 사귀면 되지, 뭐."

'절교'라는 단어를 모르는 사람은 없겠지만 실제로는 잘 사용되지 않는다. 나도 아직 한 번도 절교를 해본 적이 없다. 그런데 요즘 애들은 모든 것이 너무나 쉽고 간단하다. 친구를 사귀는 것도, 친구 사이를 끝내는 것도. 심지어는 연인과 헤어지는 것도, 다니던 회사를 그만두는 것도.

초등학생인 아들 녀석은 다른 아이들과 마찬가지로 게임을 좋아

한다. 컴퓨터게임이든 스마트폰게임이든 가리지 않는다. 신기한 것은 새로운 게임을 접했을 때 방식을 알려주지 않아도 한 번 보고 척척 해낸다는 점이다. 말을 겨우 시작했을 무렵에도 마찬가지였다. 모든 부모가 한 번씩 하는 착각이지만 나도 잠시 '우리 아들이 천재가 아닐까?'라는 생각을 했었다. 아무튼, 한창 게임에 열중하여 온갖 기록을 경신하는가 싶었는데 갑자기 게임을 중단해버린다. 어차피 기록을 깨긴 어렵다는 것이다. 그러더니 리셋하고 새로운 게임을 시작한다.

컴퓨터나 인터넷, 스마트폰 등에 익숙한 요즘의 디지털 세대에서 흔히 발견되는 이런 현상을 '리셋 증후군Reset Syndrome'이라 한다. 컴퓨터를 사용하는 사람이라면 누구나 컴퓨터가 갑자기 말을 듣지 않을 때 껐다가 다시 켜본 경험이 있을 것이다. 리셋 증후군은 컴퓨터를 사용하는 데에서만이 아니라 현실 세계에서도 잘못되거나 실수했을 때 리셋하면 그만이라고 생각하는 사회적 병리 현상을 일컫는다.

톰 크루즈가 주연을 맡은 〈에지 오브 투모로우Edge of Tomorrwo〉라는 영화가 바로 리셋 증후군을 테마로 한 것이다. 외계인의 침공 때 한 병사가 사망할 때마다 계속 상황을 리셋하는 능력을 발휘하여 결국 외계인의 우두머리를 죽이고 지구를 구한다는 내용이다.

너무 쉬운 세상

리셋 증후군이라는 용어는 1990년대 일본에서 처음 생겨났는데,

1997년 5월 일본 고베 시에서 발생한 초등학생 토막살인 사건을 통해 알려졌다. 희생자의 신체 일부가 발견되었을 때 "자, 게임이 시작되었다. 미련한 경찰 여러분, 나를 좀 멈춰줘. 나는 살인이 즐거워 견딜 수 없어"라고 적힌 쪽지도 함께 발견되었다. 범인은 놀랍게도 열네 살짜리 중학생이었다. 이 사실이 알려지면서 전 세계가 경악을 금치 못했는데, 그가 컴퓨터게임광이었다는 사실이 밝혀지면서 '리셋 증후군'이라는 용어가 널리 퍼지게 되었다.

  리셋 증후군의 대표적인 특징은 현실과 가상 세계를 구분하지 못한다는 것이다. 이런 현상은 내 어린 시절에도 있었다. 컴퓨터도, 인터넷도 없었던 시절임에도 말이다. 〈슈퍼맨〉이라는 영화가 큰 인기를 끌자 목에 빨간 망토를 두르고 높은 데서 뛰어내리는 아이들이 속출했다. 그래서 장난기 많은 아이를 보면 어른들은 우스갯소리로 "너도 목에 망토 꽤나 두르겠구나"라고 말하곤 했다. 나의 경우는 동네 만화방에서 당시 유행하던 《공포의 외인구단》을 본 후 마구를 개발한답시고 잔뜩 흥분했던 시기가 있었다. 야구도 잘 못하는 동생을 불러내서 입술 터지게 한 적도 여러 번이다.

  이런 증상은 늘 있었다. 어린아이일수록 현실과 가상 세계를 구분하지 못하기 때문이다. 그러나 '리셋 증후군'은 비단 어린아이에게만 일어나는 것이 아니다. 온라인에 익숙한 사람들이 오프라인에서 갈등이 발생할 때 온라인 방식으로 해결하려는 모습을 보이기도 한다. 자기 마음에 들지 않으면 인간관계든 일이든 리셋하고 다시 시작하면 된다고 쉽게 생각한다. 새롭게 다시 시작하는 것이 나쁜 것은 아니다. 때로는 새로운 시작이 필요하다. 그런데 문제는 전원 버튼을 너무 쉽게 꺼버린다는 것이다. 그것도 문제의 종류를 불문하고 말이다.

　직장생활을 해본 사람은 알겠지만 몇 번씩은 고비가 찾아온다. 보통 입사 후 3개월, 3년, 7년이 고비라고 말한다. 입만 열면 불평투성이던 한 후배가 있었다. 입사한 지 3개월 되었을 때인데, 회사를 그만두겠단다. 이유는 "일도 힘들고, 적성에도 맞지 않고, 사람들도 마음에 들지 않아서"라고 했다. 나는 단호히 답했다. "그럼 그만둬라." 으레 그렇듯이 위로를 받고 싶었을 후배는 적잖이 놀란 듯했다. "너 때문에 적어도 100명이 이 회사에 들어오지 못했는데, 그만둔다고 해서 아쉬워할 사람 하나도 없다. 훨씬 훌륭한 직원 새로 뽑으면 되니까. 다만, 다른 곳으로 옮겨도 지금보다 나아지리라는 보장은 없을 거다." 이어진 내 말에 그는 아무 말도 하지 못했다. 후배는 그 직장에서 임원 자리까지 올랐고 지금도 열심히 근무 중이다.

　그만두겠다는 말을 입에 달고 사는 사람은 정작 그만두지 못한다. 실제로 그만두는 사람은 별로 말이 없다가 덜컥 사표를 내버리는 이들이다. 어떤 직원은 월요일에 출근을 하지 않길래 전화를 해보니 "그만두겠다"고 말하고 전화를 툭 끊어버리기도 했다. 모든 것이 참 쉽다.

　그러나 어떤 일을 한들 그만큼 힘들지 않을까. 누구를 만난들 그 정도 갈등이 없을까. 세상에 자신이 좋아하는 일을 직업으로 삼는 사람이 몇이나 될까. 우리가 수십만 원씩 피 같은 돈을 들여 치러 가는 골프를 예로 들어보자. 그 일을 업으로 삼는 프로골퍼들은 스트레스

전혀 안 받고 룰루랄라 재미있기만 할까? 내가 아는 몇 명의 골퍼들과 대화를 나눠보았는데 그들이 받는 스트레스는 일반 직장인들보다 더하면 더했지 결코 덜하지 않았다. 취미에서 직업이 되는 순간 모든 일은 스트레스가 되기 마련이다. 우리가 받는 급여는 그 스트레스를 참아내는 것에 대한 보상이다.

SNS 등을 통해 회사를 그만두고 싶다고 밝히는 후배들을 많이 본다. 그러나 다른 일을 택해도 그 이상의 스트레스를 받기 마련이다. 설령 지금 조금 재미있게 지낸다고 해도 남들이 받던 스트레스를 언젠가는 받게 된다. 그래서 '스트레스 질량 불변의 법칙'이라는 말도 생겨난 것이다.

경험이라는 스승

학교를 그만두고 싶은가? 라이트 형제, 헨리 포드, 텀블러Tumblr를 창업한 데이비드 카프는 고등학교도 졸업하지 않았고 빌 게이츠, 스티브 잡스, 마이클 델은 대학을 중퇴했지만 이들은 모두 성공했다. 그러나 이들이 학교를 그만뒀기 때문에 성공한 것이 아니라 학교를 중도에 그만뒀음에도 성공한 것임을 알아야 한다.

회사를 그만두고 싶은가? 물론 자신과 회사 모두에게 도움이 되는 곳이 어딘가에 있을 수도 있다. 그러나 회사를 그만두고 싶다는 생각은 거의 모두가 앓고 지나가는 홍역 같은 것이다. 나도 이전 직장에서 사직서를 작성해 무려 7년 동안이나 책상 서랍에 넣고 다녔다. 나를 힘들게 한 상사를 피해 다른 상사를 만난다 해도 '구관이 명관'이라는 불변의 진리를 깨달을 뿐이고, 이전 회사 사람들과 만나는 자리에서 "회사를 옮겨보니 거기가 더 나았어"라는 고백을 할 확률이 열에 아홉이다.

프루스트의 말에 따르면 사람이 지혜를 얻는 방법에는 두 가지가 있다. 하나는 선생님을 통해서 고통 없이 얻는 것이고, 또 하나는 삶을 통해서 고통스럽게 얻는 것이다. 그는 고통스럽게 얻은 지혜가 훨씬 너 우월하다고 주장한다. 그러나 요즘 세대는 지혜를 컴퓨터와 스마트폰을 통해 얻는 것으로 생각한다. 물론 많은 정보를 얻을 수는 있지만 그것은 지혜라기보다는 지식이다. 또한 그들은 조금이라도 어려운 것은 피하려고 한다. 그것이 지혜를 얻을 수 있는 길이라 해도 일부러 힘든 길을 갈 필요가 없다고 생각한다. 그러나 슬픔을 경험해본 사람이 진정한 기쁨을 느낄 수 있고, 아픔을 느껴본 사람이 평안함을 누릴 수 있다. 세상을 살아가는 지혜는 그렇게 호락호락 얻어지는 것이 아니다.

문득 사회 전체가 길을 잃은 것 같다는 생각이 든다. 하다 안 되면 쉽게 포기하고, 자신의 작은 이익을 위해 남의 가장 귀한 것을 송두리째 빼앗는 일은 이젠 뉴스거리도 되지 않는다. 인간으로서 기본적인 목적의식을 갖추지 못한 채 단지 생존에 필요한 능력만 발달시키고 자신이 원하는 일만 하게 되면, 하루하루가 밥벌이에 파묻히고 눈앞의 작은 이익에 휩쓸리면서 방향성 없이 표류하게 된다.

그러나 길을 잃었다는 것은 적어도 목적지를 알고 있다는 말이다.

길을 잃었다는 것을 아는 것만으로도 길을 찾는 첫걸음이 된다. 실제 세상 문제는 리셋한다고 해결되지 않는다. 편리하고 급한 것 때문에 가장 중요한 것을 놓치는 일은 없어야 한다. 우리가 사용하고 발전시키는 많은 것은 우리의 삶을 위한 것이지 우리가 그것들을 위해 살아서는 안 된다. 프랑스의 시인 폴 발레리는 "생각대로 살지 않으면 사는 대로 생각하게 된다"고 했다. 정말 두려워해야 하는 문제다.[3]

29
디지털기기의 노예로
살 것인가

• 크랙베리 증후군 / 팝콘 브레인 증후군 •

얼마 전 TV에서 한 대학 강의실 광경을 보여준 적이 있다. 교수님은 강단에서 열심히 강의를 하고 학생들은 저마다 책상 위에 랩톱 컴퓨터, 일명 노트북을 켜놓고 있었다. 그런데 대부분의 학생이 노트북으로 페이스북, 트위터, 이메일, 유튜브 등 수업과 관련 없는 화면을 보고 있는 것이 카메라에 잡혔다. 노트북이 없는 학생들도 고개는 들고 있지만 시선은 45도 아래 스마트폰에 고정되어 있었다.

학생들은 수업이 끝나고 서로 같이 있을 때에도 계속 스마트폰을 통해 뭔가를 했다. 앞에 사람이 있는데도 그들은 먼 곳에 있는 누군가와 '사소한' 연락과 메시지를 주고받느라 정신이 없었다. 보통은 한 번에 2~3가지 일을 하는데 심하면 5~6가지를 하는 학생도 있다고 한다. 이들은 자신들이 멀티태스킹을 하고 있다고 생각한다. 그들은 인류 역사상 가장 스마트한 세대라고 자처한다. 그런데 아이러니

하게도, 디지털 과학기술을 활용해가며 그처럼 똑똑하고 바쁘게 살아가는 학생들의 학습 능력은 전에 비해 크게 떨어진다. 실제로 TV에 등장한 교수가 보여준 자료에서는 학생들의 점수가 과거에 비해 눈에 띄게 하향 곡선을 그리고 있었다. 수업을 잘 듣고 교재만 잘 봐도 충분히 풀 수 있는 문제인데도 학생들의 시험 점수가 점점 떨어지고 있다고 한다. 시험을 볼 때 스마트폰을 사용하지 못하게 했더니 당황하는 학생도 있다고 한다. 교수는 걱정 가득한 얼굴로 덧붙였다. "요즘 학생들은 자기 자신에게 아주 몹쓸 짓을 하고 있는 겁니다."[4]

지하철을 타고 갈 때 앞자리에 앉은 7명이 모두 스마트폰을 들여다본다거나, 직장 동료들과 함께 점심을 먹으러 갔는데 음식이 나올 때까지 전부 스마트폰을 만지작거리느라 대화 한마디 없다거나, 길거리에서 스마트폰을 들여다보고 가다가 멀쩡히 맞은편에서 걸어오던 사람과 부딪힌다거나, 화장실에 한 번 들어가면 나올 줄을 모른다거나 하는 현상 등은 더는 낯선 게 아니다. "기분이 어때?"라고 물으면 자신의 기분이 어떤지 스마트폰 앱을 통해 답을 찾는 아이들도 있다. 이들은 스스로 판단하는 능력조차 잃어버린 것처럼 보인다.

인간의 디지털화

미국 IT 전문지인 〈퍼스널 유비쿼터스 컴퓨팅〉이 밝힌 흥미로운 조사 결과가 있다. 현대인들은 메시지가 오지도 않았는데 하루 34차례 이상 반복적으로 스마트폰을 확인하는 '확인 습관 checking habit'을 가지고 있다는 것이다. 그야말로 모두가 디지털기기의 노예가 되어가고 있다고 해도 과언이 아니다. 이런 현상을 영국의 과학 전문지 〈뉴사이언티스트〉에서는 '크랙베리 증후군Crack Berry Syndrome'이라는 신조어로 소개했다. 이는 중독성이 강한 코카인을 뜻하는 '크랙Crack'과 휴대폰 단말기를 포함한 무선인터넷 솔루션 상표인 '블랙베리BlackBerry'의 합성어다.[5]

안드로이드, 휴머노이드처럼 인간 형제를 닮은 로봇 등을 지칭할 때 붙이는 접미어 'oid'를 스마트폰에 붙여 현대인을 '스마트포노이드smartphoniod'라 부르기도 한다. 기계인 스마트폰과 일심동체가 되어 몸에서 한시도 떼어놓지 않는 신감각 인류라는 의미다. 또한 디지털 혁명기 한복판에서 성장기를 보내고 있는 10~30세에 속하는 사람들은 모바일기기를 자유자재로 다룬다는 면에서 '디지털 노마드' 혹은 '모바일 네이티브'라 불리기도 한다.[6]

스마트폰이나 모바일게임에 중독될 경우 마치 팝콘처럼 즉각적으로 튀어나오는 자극에만 익숙해지고, 반대로 일상생활에는 무감각해지는 현상을 '팝콘 브레인 증후군'이라 한다.

인터넷과 스마트폰만 있으면 혼자서도 얼마든지 잘 놀 수 있다. 연예인들은 자신의 평판을 인터넷에서 반복해서 확인하고 검색 순위를 체크한다. 나도 책을 출간하면 인터넷을 들락거리며 대형서점의 판매지수와 독자들의 반응을 확인한다. 이를 일컫는 말이 '에고 서핑ego-surfing'이다. 여기저기 사이트들을 들락거리면서 자신과 관련된 정보를 확인하다 보면 정말 시간이 번개처럼 금방 지나감을 느낄 수 있다.

이 외에도 인터넷 사용 행태와 관련하여 생겨난 여러 신조어가 있다. 자신의 정보나 비밀을 온라인에서 공개하는 '블로그 스트리킹 blog streaking', 온라인상에서 옛 친구나 동료, 첫사랑 혹은 전 애인의 모습을 엿보는 '구글 스토킹 google stalking', 인터넷 백과사전에 지나치게 의존하는 경향을 보이는 '위키피디홀리즘 wiki-pediholism', 인터넷상의 부정확한 의학정보를 믿고 자가진단을 하는 '사이버콘드리아 cyber-chondria', 사람들이 만든 블로그 등을 돌아다니며 사진 등을 뒤적거리는 '포토 러킹 photo lurking' 등 이루 나열하기 힘들 정도다.[7]

느릴수록 풍성해진다

변화의 속도가 너무 빨라 정신을 차리기가 어렵다. 기업들도 이미 시간 중심의 경쟁을 벌이고 있다. '속도의 경제'가 '규모의 경제'를 대체하고 있다. 큰 것이 작은 것을 잡아먹는 것이 아니라 빠른 것이 느린 것을 잡아먹는 형국이다. 그러나 무한정 빨리만 갈 수는 없다. 속도가 빠른 차량을 개발할 수 있었던 것은 브레이크가 있었기 때문이다. 우리는 가끔 브레이크를 밟아 줘야 한다.[8]

고속도로가 생기면서 목적지까지 빠르게 도달할 수는 있어도, 길가에 피어 있는 코스모스나 한적한 동네의 느티나무 그늘에서 쉬어 갈 기회는 사라졌다. 세상이 아무리 빠르게 달리더라도 잠시 속도를 늦추고 주위를 둘러볼 필요가 있다.

지금은 스마트폰을 사용하는 사람이면 거의 누구나 SNS나 무료 문자서비스 등을 이용한다. 그야말로 네트워킹 광풍이 불고 있다. 그러나 페이스북 친구가 5,000명이라 해서 인적 네트워크가 좋다고 할 수 있을까? 트위터 팔로워가 10만 명이라 한들 그들이 다 친구라 할 수 있을까? 보이지 않는 저편 어느 곳의 디지털 친구들 때문에 바로 옆에 있는 소중한 진짜 친구들을 등한시하고 있는 건 아닐까? 아무리 디지털 기술이 발달해도 사람 사이의 아날로그적인 정과 관계를 대신할 수는 없다.

구글의 에릭 슈미트 회장조차도 한 대학의 졸업식 축사에서 "하루에 한 시간씩은 스마트폰과 인터넷을 끄고 사랑하는 사람의 눈을 들여다보며 진짜 대화를 나누라"고 당부했다. 미국 CNN에서 소개한 것처럼 스마트폰을 내려놓고 최소 몇 분간 창밖을 응시하거나 문자 메시지 · 메일 · 메신저 대신 직접 전화를 걸고, 일정 시간 온라인과 작별하는 시간을 갖는 등 우리 뇌와 손에도 휴식과 힐링의 시간을 주어야 한다.[9]

인간이 디지털기기와 인터넷, SNS를 위해 존재하는 것이 아니라 그것들이 인간을 위해 존재하는 것이다. 그런데 지금 상황을 보면 앞뒤가 바뀌어도 한참 바뀌었다. 모두가 앞만 보고 달려가는 지금, 그 끝이 어떨지 두려워진다. 아무리 세상이 변해도 그 중심에 있어야 하는 것은 사람이다.

30
다들 그렇게 말하니 정말 그래 보이네

• 밴드왜건 효과 / 펭귄 효과 / 애쉬 효과 / 스놉 효과 •

싱가포르의 한 은행에서 있었던 일이다. 어느 날 아침, 별다른 일이 있는 것도 아니었는데 갑자기 고객들이 미친 듯이 몰려들어 예금을 인출하기 시작했다. 사실은 그날 갑작스럽게 버스가 파업하는 바람에 많은 군중이 버스 정류장에서 기다려야 하는 소동이 벌어졌다. 공교롭게도 버스 정류장이 그 은행 앞에 있었는데, 행인들은 많은 사람이 모인 이유를 은행이 도산하기 때문이라고 짐작했다. 그래서 너나 할 것 없이 예금을 인출하기 위해 줄을 서기 시작했다. 그러자 또 다른 행인들도 가던 길을 멈추고 함께 줄을 서기 시작한 것이다. 그 은행은 사태를 진정시키기 위해 은행 문을 열자마자 다시 닫아야만 했다. 이것은 로버트 치알디니의 《설득의 심리학》에 소개된 에피소드다.[10]

밴드왜건은 퍼레이드 행렬의 가장 앞에서 이끄는 악단이 탄 차량을 말한다. 밴드왜건이 음악을 연주하며 지나가면 사람들이 궁금해서 모여들고, 그들을 보며 다른 사람들이 또 모여들고, 심지어는 무슨 일인지도 모른 채 무작정 뒤따르는 사람들도 생긴다. 그렇게 군중이 급속히 늘어난다는 데서 '밴드왜건 효과 Band Wagon Effect'라는 말이 유래했다. 시류에 편승한다는 의미에서 '밴드왜건을 탄다'는 표현을 하기도 한다.

심리학자 스탠리 밀그램은 '다수에게로 움직이는 마음'을 증명하고자 다음과 같은 실험을 했다. 미리 준비시킨 도우미들로 하여금 한 건물의 옥상을 바라보게 하고 지나가던 사람이 함께 바라보는가를 관찰했다. 도우미 2~3명이 바라보게 했더니 행인의 60퍼센트가, 5명이 바라보게 했더니 무려 80퍼센트가 같은 방향의 건물 옥상을 바라봤다. 비슷한 예가 더 있다. 코미디 프로그램에서 자주 하는 것처럼, 길 한복판에서 당신 주위에 있던 사람들 서너 명이 갑자기 길바닥에 납작 엎드리면 아마 당신도 십중팔구는 일단 엎드리고 볼 것이다. 또, 횡단보도를 건너려고 기다리고 있는데 누군가 차도로 한 발 내려서면 사람들이 우르르 따라 내려선다. 이를 보고 건너편 사람들까지 차도로 내려선다. 이러한 동조 현상은 밴드왜건 효과를 잘 설명해 준다.[11]

밴드왜건 효과는 별다른 고민을 하지 않으면서 실패하고 싶지 않고, 후회하고 싶지 않다는 인간의 심리를 잘 드러낸다. 처음 방문한 도시에서 맛있는 음식점을 찾으려면 손님이 문밖까지 길게 줄 서 있는 곳을 선택하면 후회가 없다. 요즘은 인터넷 검색 사이트에서 조회 수가 가장 많고 평가 점수가 좋은 곳을 찾으면 된다. 민감한 사춘기를 지나고 있는 딸아이에게 최신 음반을 사주고 싶을 땐 음반 판매 순위 상위에 올라 있는 남자 아이돌 음반을, 아내와 모처럼 재미있는 영화를 보고 싶다면 박스오피스 상위권의 영화를 선택하면 된다. 결혼기념일이나 아내의 생일을 맞아 익숙지 않은 여성 속옷 가게나 액세서리 가게에 들어가서 '요즘 가장 잘 팔리는 것'을 주문하는 것도 같은 맥락이다.

동조와 왕따는 같은 맥락이다

나라별 스마트폰 구매 성향에 대한 재미있는 자료가 있다. 스마트폰을 구매할 때 미국인은 성능을 보고, 독일인은 내구성을 고려하며, 프랑스인은 디자인을 보고, 한국인은 눈치를 본다는 것이다. '자동 모방'이 습관화된 한국인들에게는 구매를 결정하는 독창적인 기준에 앞서 타인의 구매 행동이 중요한 기준으로 작용한다는 뜻이리라. 새로운 상품이 출시되어도 조금 기다렸다가 남들이 많이 사면 나도 사는 식이다. 이런 성향을 '펭귄 효과 Penguin Effect'라고도 한다. 펭귄 무리가 물속의 포식자들이 두려워 사냥을 망설이고 있을 때 한 마리가 뛰어들면 다른 펭귄들도 뛰어들기 시작하는 현상을 의미한다.

반대로 '스놉 효과 Snob Effect'라는 것도 있다. 가령 어떤 물건을 구매하는 사람이 늘어날수록 그 물건에 대한 수요가 줄어드는 현상이다.

너도나도 다 입고 다니는 티셔츠는 구매하지 않는 심리다. 이 점을 이용한 것이 바로 '한정판'이다.

실패하고 싶지 않고, 안정적이고 검증된 결과에 도달하고 싶은 마음에 다수의 길을 따라가는 것은 어찌 보면 당연한 것이다. 문제는 이러한 인간의 심리가 충분히 조작될 수 있다는 데 있다. 홈쇼핑에서 외치는 '주문 폭주', '마감 임박' 등의 압박에 속아 필요도 없는 상품을 덜컥 구매하고는 두고두고 후회한 경험이 더러 있을 것이다. 이는 훨씬 더 중요하고 치명적인 일도 발생할 수 있다는 얘기다.

'동조 실험'으로 유명한 사회심리학자 솔로몬 애쉬는 집단 의사결정이 개인의 판단과 태도에 영향을 미친다는 사실을 증명했다. 자신이 정확한 답을 알고 있으면서도 집단 내 대다수의 사람이 선택한 답과 다를 경우 집단의 의사결정을 따르는 경우가 많다는 것을 실험으로 보여줬다. 그래서 이런 현상을 밴드왜건 효과나 펭귄 효과와 비슷한 의미로 '애쉬 효과 Aach Effect'라고 부르기도 한다.

내가 중·고등학교에 다닐 때는 '왕따'라는 단어를 들어보지 못했다. 누군가 친구를 괴롭히면 약한 편에 서서 위로하고 심지어는 대신 싸워주기도 했다. 이런 기억은 40대라면 대부분 가지고 있을 것이다. 그러나 지금은 왕따당하는 친구를 함께 왕따시키지 않으면 본인이 왕따당하는 입장이 되기 때문에 별 이해관계가 없어도 다수인 가해자의 입장에 서게 된다고 한다. 다들 그렇게 하니 별 문제의식 없이 자신도 같은 입장을 취하는 것이다. 이런 현상은 성인들 사이에서도 심심치 않게 발생한다.

　사랑과 자비로 타인과 사회를 위해 헌신해야 하는 종교단체조차 무리를 이루면 집단 이기주의에 사로잡힌다. 그래서 부끄러운 줄도 모르고 누구보다 뻔뻔하고 강력한 이익집단이 되기도 한다. 애리조나 주립대학교의 연구팀이 세계적으로 유명한 복음전도자가 운영하는 센터에 잠입하여 조사한 내용이 있다. 복음전도자들과 몇몇 사람이 미리 짜고, 일정한 시간에 연단 앞으로 나가 간증과 헌금을 하도록 했다. 그러자 이를 보고 일반 사람들도 따라 하더라고 한다. 밴드왜건 효과가 종교적으로 이용되고 있다는 사실이 씁쓸하기만 하다.[12]

　우리는 이전 어느 때보다 다른 사람의 영향을 많이 받는 사회에 살고 있다. 로버트 브라우닝의 유명한 동화 〈하멜른의 피리 부는 사나이〉에서 피리 소리에 홀려 깊숙한 산속으로 들어가는 아이들처럼, 무작정 남을 따라갔다가는 영영 돌아올 수 없을지도 모른다. 나의 결정이 나는 물론이고 나를 둘러싼 주위 사람들에게, 이 사회에 도움이 되는 결정인지 한 번쯤 생각해보는 습관을 길러야겠다. 지조 없이 남들을 따라 해놓고 나중에서야 "거봐, 내가 저게 맞는다고 분명히 말했잖아!"라고 하는 사람 꼭 있다. 하지만 이미 배는 떠난 후고, 외양간은 망가진 뒤다. 아무 생각 없는 의사결정과 무분별한 따라가기가 큰 후회를 불러온다.

31

우리는 소망한다, 금지된 것을

• 칼리굴라 효과 •

　케이블 TV를 보노라면 '19금'이라는 표시가 나온다. 청소년이 보기에는 적절치 않으니 19세 이하는 시청하지 말라는 것이다. 그러나 19세 이하 중에 이 표시가 있다고 해서 실제 재미있는 프로그램을 보지 않는 아이가 있을까? 내가 보기엔 오히려 '자극적이고 선정적이고 폭력적이라서 더 재미있을 것'이라고 광고라도 하는 것처럼 느껴진다.

　학창 시절 시험 때를 떠올려보자. 시험이 코앞으로 다가와 공부해야 할 것이 산더미 같다. 그런데 꼭 그럴 때면 그렇게 잔소리를 들으면서도 치우지 않던 책상을 청소하고 싶어지고, 평소 '저런 것을 누가 보나'라고 생각했던 씨름 중계나 바둑 프로그램도 재미있게 느껴지고, 평소엔 책과 담을 쌓고 살았으면서 전화번호부책조차 재미있게 느껴진다. 다른 것은 일체 하지 말고 공부에만 집중해야 한다는 부담감과 압박감 때문이다.

이처럼 하지 말라고 하면 더 하고 싶어지는 현상을 '칼리굴라 효과 Caligula Effect'라고 한다. 칼리굴라는 고대 로마의 제3대 황제로 역사적으로 유명한 폭군 중 한 명으로 회자되는 인물이다. 즉위 초에는 선정을 베풀어 원로원과 군대, 민중 모두에게 환영받았으나 중병을 앓고 난 뒤에는 잔혹한 억압과 독재정치를 강행하고 재정이 파탄 날 정도로 낭비를 일삼았다고 한다. 그는 결국 근위대장에게 암살당하여 생을 마감한다. 미국에서는 1980년대에 이 폭군을 다룬 영화 〈칼리굴라〉가 상영되었는데, 사회도덕에 대한 기강이 매우 엄격한 도시였던 보스턴 시에서는 지나치게 잔인하고 선정적이라는 이유로 상영을 금지했다. 그런데 상영 금지 소식이 전해지자 오히려 사람들의 호기심이 발동하여 일부러 다른 도시까지 가서 영화를 보기도 했다고 한다. '금지된 것에 대한 강렬한 호기심' 때문이다. 여기서 칼리굴라 효과라는 말이 생겨났다.[13]

미국의 애쉬모어란 사람도 비슷한 실험을 했다. 실험 대상들에게 어떤 것을 금지하고 못 하게 하자 오히려 그것을 가치 있게 여기거니 왕성한 호기심을 보인다는 사실이 확인됐다. 아이들을 대상으로 한 또 다른 실험이 있다. 아이들에게 장난감 5개를 주고, 좋아하는 순서대로 순위를 매기게 했다. 그러고는 5위를 차지한 장난감을 가지고 놀지 못하게 했다. 얼마 뒤 다시 장난감의 순위를 매기게 했더니 처음 5위를 차지했던 장난감이 1위를 차지했다. 이런 심리는 특히 아이들에게 더 많은 듯하다. 하지 말라는 일만 골라서 하는 청개구리처럼 말이다. 아이들이 공부를 하지 않는 이유는 '공부 좀 해'라는 부모의 잔소리 때문이라는 말도 웃어넘길 것만은 아니다.

공부만이 아니다. 내가 청소년일 때는 미성년자의 당구장 출입이 금지되어 있었다. 지금은 건전한 스포츠로 자리 잡았지만 당시만 해도 그렇지 않았다. 출입을 금한다는 점 때문에 들어가 보고 싶다는 호기심이 생겼다. 그런 연유로 오히려 당구장은 불량 청소년들이 모이는 장소가 되어버렸다. 담배를 피우는 청소년도 대학생보다 고등학생이 더 많다고 한다. 담배를 피워도 되는 대학생은 별로 관심을 두지 않지만, 피우면 안 되는 중·고등학생들은 피우고 싶어 더 안달이다. 하고 싶은 것을 참아야 하니 더 하고 싶은 것이다. 학창 시절 청소년의 출입이 금지된 동시상영 영화관을 기웃거린 것도 마찬가지 이유에서다.

반골 기질에도 이유가 있다

'금지된 것에 대한 갈망'의 사례 중 가장 대표적인 것은 아마도 에덴동산의 선악과 사건일 것이다. 창조주는 아담에게 분명히 "동산 각종 나무의 열매는 네가 임의로 먹되 선악을 알게 하는 나무의 열매는 먹지 말라. 네가 먹는 날에는 반드시 죽으리라"라고 경고했다. 그런데 결국 뱀의 꼬임에 넘어간 하와의 유혹에 선악과를 따먹음으로써 죄가 이 세상에 들어오게 된다.

그리스 신화에도 비슷한 이야기가 나온다. 제우스의 명령에 따라 대장장이의 신 헤파이스토스는 판도라라는 여자 인간을 만든다. 제우스는 판도라의 탄생을 축하하며 상자를 주었다. 절대 열어보지 말라는 경고와 함께. 판도라는 에피메테우스와 결혼하여 행복하게 살았지만 호기심을 참지 못하고 상자를 열어보았다. 그러자 상자 안에 있던 욕심, 질투, 시기, 각종 질병 등 온갖 나쁜 것들이 상자에서 빠져나갔고, 평화로웠던 세상은 험악해지고 말았다. 결국 악한 것은 다 빠져나가고 희망만이 그 속에 남아 있다는 판도라의 상자 이야기다.

'금지된 것에 대한 갈망'은 성경과 그리스 신화에도 등장할 정도로 오랜, 인간의 본능적 속성인 듯하다. 당장 머릿속에 '자동차'라는 것을 생각하지 말자고 다짐해보라. 아마 다짐하는 그 순간부터 온통 자동차만 생각날 것이다.

위장병 때문에 커피를 멀리하라고 하면 왜 더 마시고 싶어지고, 건강에 안 좋으니 라면은 피하라고 하면 왜 더 먹고 싶어지는지 모르겠다. 여기저기서 하도 '아침형 인간'을 강조하니 반발심에 더 늦게 자고 아침에 늦게 일어나는 올빼미족 생활을 하게 되고, 선거철 SNS에서 다른 생각을 가진 사람들에 대한 배려 없이 하도 난리들을 치길래 오히려 반대편 후보를 찍은 적이 있는 나도 이 효과의 사례로 소개할 만하다. 칼리굴라 효과에 따르면 정말 뺀질거리고 게으른 부하직원들에게 아예 '일하지 마'라고 하거나, 공부하기 싫어하는 자녀에게 '공부하기 싫으면 그냥 놀아'라고 하면 의외의 효과를 거둘 수도 있다. 인간의 심리를 잘 이해하고 이용하면 얻을 수 있는 것이 훨씬 많아진다.

32

죽을 용기 있으면
죽기 살기로 살아보자

· 베르테르 효과 ·

 어린 자녀들과 함께 보기 가장 곤란한 TV 프로그램이 무엇일까? 내 경우는 뉴스다. 긍정적인 소식은 가물에 콩 나듯 하고, 온갖 부정적이고 자극적인 뉴스로 가득하기 때문이다. 뉴스를 들여다보고 있으면 한없이 우울해진다. 그래서 마지막에 신바람 나는 스포츠뉴스를 포함시키는 건지도 모르겠다. 우울한 뉴스가 끊이지 않는 요즘, 우리 사회의 우울증지수도 최대치에 근접해 있다. 한국인은 과거 모진 역경을 이겨냈기에 심리적인 내성이 강하다고 하는데, 내가 보기에 적어도 지금은 들어맞지 않는 듯하다. OECD 국가 중 우리나라의 자살률이 압도적인 1위를 차지하고 있지 않은가.
 특히 1979~1992년에 태어난 베이비붐 세대의 자녀 세대, 이른바 '에코 세대'의 자살률이 기하급수적으로 증가하고 있다. 취업난, 비싼 등록금, 생활고, 학업 문제, 교우관계, 왕따 등의 이유로 자살률이 지난 10년 동안 5배나 높아진 것으로 조사됐다. 자살 증가율은 에코 세대가 많았지만 자살자가 가장 많은 연령대는 '포스트부머', 즉 1964~74년생이었다. 10년 동안 하루 평균 약 8명, 한 해 평균 3천 명 가까이 스스로 목숨을 끊었다. 조금 더 잘살겠다고 앞만 보고 치닫는 동안, 대한민국은 그야말로 자살공화국이 되었다.

베르테르는 로테라는 여인에게 마음을 빼앗기지만, 그녀에겐 이미 약혼자가 있다는 사실을 알고 실의에 빠진 끝에 권총으로 자살한다. 유럽 전역에서 베스트셀러로 자리 잡은 이 작품이 바로 독일이 자랑하는 문호 괴테의 《젊은 베르테르의 슬픔》이다. 이 작품이 소개되었을 당시 유럽에 얼마나 영향력이 컸는지는 여러 사례로 알려져 있다. 수많은 젊은이가 베르테르의 옷차림, 말투 등을 따라 한 것은 물론이고 모방 자살을 하는 사람도 급증했다. 이 때문에 유럽 일부에서는 이 책의 발간이 중지될 정도였다고 한다.

이처럼 자신이 모델로 삼고 있거나 흠모하는 유명인이 자살할 경우 자신도 자살을 시도하는 현상을 '베르테르 효과 Werther Effect'라고 한다. 1974년 미국의 사회학자 필립스가 20여 년 동안 자살에 대해 연구하면서 유명인의 자살이 언론에 보도된 뒤 자살률이 급증한다는 사실을 알게 되었다. 그는 이런 현상에 베르테르 효과라는 이름을 붙였다. 한국에서도 2014년 3월 김남국 서울아산병원 융합의학과 교수팀이 유사한 연구 결과를 발표하기도 했다. 유명인의 자살에 대한 언론 보도와 모방 자살이 관련이 있음을 증명하는 내용이었다.[14]

힘들지 않은 사람이 어디 있는가. 번뇌와 번민이 없는 사람이 누가 있겠는가. "우리가 하루를 살면서 떠올리는 생각은 놀랍게도 5만 가지가 넘는다. 그래서 '오만가지 잡생각'이라는 말이 있는 모양이다"라 했던 한양대학교 유영만 교수의 말처럼 우리는 늘 여러 가지 생각에 사로잡혀 산다.[15]

이 생각 저 생각에 뒤척이다 여명을 맞곤 하는 나는 머리만 대면 바로 잠든다는 사람들이 부럽다. 그렇게 혼자 깨어 있는 시간, 세상에 덩그러니 혼자만 놓여 있는 것처럼 느껴질 때가 가장 외롭고 위험한 순간이다. 꼬리에 꼬리를 무는 생각들이 부정적인 방향으로 치달을 때, 해결방법이 쉽게 보이지 않을 때 우리는 언젠가 뉴스에서 봤던, 자신이 좋아했지만 스스로 세상을 떠났던 사람들과 그 방법을 떠올리게 된다. 그러나 험한 일을 당해도 훌훌 털어버리고 미소 짓는 사람들을 떠올려보라. 가벼운 말 한마디에도 상처를 입어 마음에서 피가 뚝뚝 떨어지는 나 같이 소심한 사람들은 회복을 위한 노력을 더 많이 해야 한다.

분노, 슬픔, 실망, 절망 등의 감정은 드러내지 않고 속으로 삭인다고 해서 사라지는 것이 아니다. 적절하게 해소하지 못하고 마음 깊은 곳에 쌓아놓은 이런 감정들은 마음속에 여러 가지 형태로 저장되어 있다. 그러다 예기치 않은 순간에 공허감, 우울감, 육체적 통증 등의 형태로 나타나 고통을 안겨준다. 그러니 나를 고통스럽게 하는 심리적, 육체적 상처를 입더라도 그것이 더는 내 삶에 부정적인 영향을 미치지 못하도록 의식적으로 노력해야 한다.[16]

삶은 살아 있는 축제다

 인생이란 태어날 때부터 죽어가는 것이다. 오늘이 내가 살아갈 날 중 가장 젊은 날이다. 사람은 모두 예외 없이 지금 이 순간도 죽어가고 있다. 손안에서 빠져나가는 모래처럼 잡을 재간이 없다. 그러니 일부러 명을 단축하려고 노력할 필요가 없다. 어차피 다 죽으니까. 시간은 아무리 잡으려 해도 잡히지 않는다. 영화 〈어바웃 타임About Time〉처럼 원할 때 과거로 돌아가는 것은 그야말로 영화에서나 가능한 일이다. 그러니 순간을 즐겨야 하지 않겠는가. 어차피 결과는 같으니 말이다. 죽음이 가깝다고 여겨질 정도로 어려움을 겪을 때는 이런 생각을 하기가 쉽지 않다. 그러니 평소에 마음의 근육을 단련시켜야 한다. 평소 열심히 운동해 더 힘든 일도 할 수 있게 몸을 만드는 것처럼 마음도 단련해야 한다.

 에스키모는 견디기 힘들 정도의 슬픔, 분노, 걱정이 밀려올 때면 무작정 걷는다고 한다. 계속 걷다가 마음의 평안이 찾아오면 되돌아선다고 한다. 그리고 돌아서는 그 지점에 막대를 꽂아놓는다. 살다가 또 견디기 힘든 순간이 오면 또 걷는다. 걷다가 지난번에 꽂아둔 막대기를 발견하면 지금이 더 힘들다는 것이고, 그 막대기를 볼 수 없다면 그래도 지난번보다는 견딜 만하다는 뜻이 된다. 우리도 이렇게 막대기를 꽂아놓는 자신만의 방법들을 개발해야 한다.[17] 삶은 죽음의 문제로 가득한 '숙제'가 아니라 여전히 살아 있는 '축제'이기 때문이다.

 생生은 선택이 아니라 명령이다. 아무리 어렵고 힘들어도 삶은 선택의 문제가 아니라 사명이다. 삶은 살아가는 것이지 살아지는 것이 아니다. 한참 '웰 빙well being'의 열풍이 불었다. 그러더니 죽기 전까지 사회적 책임과 의무를 다하고 인간의 존엄성을 유지할 수 있는 상태로 늙는 것, 즉 잘 늙기가 중요하다는 '웰 에이징well aging'이 부상했다. 지금은 '웰 다잉well dying'에 대한 관심이 급증하고 있다. 죽는 것은 힘들게 살아가는 것만큼 중요한 일이다. 한순간의 감정으로 결정할 수 있는 것이 아니다.[18]

33
돌고래는 칭찬 때문에 춤을 추는 것이 아니다

• 피그말리온 효과 / 스티그마 효과 •

언어학자인 헨리 히긴스 교수는 그의 절친인 휴 피커링 대령과 묘한 내기를 한다. 길거리에서 방황하는 하층 계급의 여인을 한 명 데려와 정해진 기간 안에 그녀를 교육해 우아하고 세련된 귀부인으로 만들 수 있는가 하는 것이었다. 이 실험의 대상으로 선택된 여인이 빈민가 출신으로 꽃을 팔던 부랑녀 일라이자 두리틀이다. 그녀는 히긴스 교수로부터 끊임없는 개인 교습을 받는다. 그녀에게는 이 과정이 고문과도 같지만 결국에는 히긴스 교수의 이상적인 여인상으로 변신한다. 히긴스 교수와 그녀는 연인 사이가 되어 영화는 해피 엔딩으로 막을 내린다.

일라이자 역으로 오드리 헵번이 열연했던 영화 〈마이 페어 레이디〉의 내용이다. 이 영화는 '피그말리온 효과 Pygmalion Effect'를 모티브로 한 것으로 유명하다.

피그말리온은 그리스 신화에 등장하는 키프로스의 왕이다. 그는 여성들을 부정적인 시각으로 보고 혐오해서 한평생 독신으로 살고자 했다. 조각에 뛰어났던 그는 현실 세계에는 존재하지 않는, 가장 완벽한 여인상을 조각하게 된다. 조각이 완성되어가면서 점점 완벽한 여성으로서의 모양이 갖춰지자, 그 아름다움에 매료되어 사랑에 빠지게 된다. 그는 조각상에 '갈라테이아'라는 이름을 붙여주고 아름다운 옷과 귀한 보석으로 치장해주며 지극한 애정을 보인다. 급기야는 너무 사랑하게 된 나머지 이루어질 수 없는 자신의 사랑을 한탄하면서 통곡한다. 이를 가엾게 여긴 여신 아프로디테가 그 조각상에 생명을 불어넣어 주었고, 결국 둘의 사랑이 이루어진다는 내용이다. 이 왕의 이름을 따서 만든 심리학적, 교육학적 용어가 바로 피그말리온 효과다. 간절히 바라면 결국 이루어진다거나 타인의 기대나 관심 덕에 능률이 오르거나 결과가 좋아지는 현상을 말한다.

기대와 낙인

1968년 하버드 대학교 사회심리학과 교수인 로젠탈과 20년 이상 초등학교 교장을 지낸 레노어 제이콥슨은 미국 샌프란시스코의 한 초등학교에서 전교생을 대상으로 지능검사를 했다. 그리고 검사 결과와 상관없이 무작위로 한 반에서 20퍼센트 정도의 학생을 뽑았다. 그 학생들의 명단을 교사에게 주면서 '지적 능력이 뛰어나고 학업 향상 가능성이 큰 학생들'이라고 알려주었다. 그리고 8개월

뒤 다시 지능검사를 했는데 그 명단에 속한 아이들의 평균 점수가 다른 아이들보다 높게 나왔고, 실제 학업 성적도 크게 향상되었음을 확인할 수 있었다. '로젠탈 효과'라는 용어를 탄생시킨 이 연구 결과는 교사의 기대와 관심이 학생들의 성적에 영향을 미친다는 점을 입증한 것으로 피그말리온 효과를 잘 증명한다.[19]

초등학교 시절, 매 학기가 끝나면 성적표를 받아왔는데 거기에는 담임선생님이 써놓은 가정통신문이 있었다. 근면하고 성실함, 책임감이 강하고 차분함, 다소 산만하고 장난이 심함 등등. 그런데 재미있는 것은 그 문구를 보고 나서 그다음 학기에는 정말 그 문구대로 근면하고 성실한 아이가 되기도 하고, 책임감이 강하고 차분한 아이가 되기도 했다는 것이다. 지난 학기 동안의 나를 평가한 문구이지만, 그 기대에 부응하기 위해 더욱 그렇게 되려 노력했기 때문인 듯하다. 이 역시 피그말리온 효과의 한 사례다.

이와 반대되는 개념으로 '스티그마 효과 Stigma Effect'라는 것이 있다. 스티그마는 가축에 빨갛게 달군 인두를 찍어 소유권을 표시하는 낙인을 말한다. 그래서 '낙인 효과'라 부르기도 한다. 사전적으로는 불명예스럽거나 욕된 평판이라고 풀이되며, 자신에 대한 부정적인 말을 듣거나 낙인이 찍히면 점점 더 나쁜 행동을 하게 되는 현상을 의미한다. 또한 매번 부정적인 반응을 보이거나 남이 잘못되는 것을 좋아하고 일어나지도 않은 사건에 대해 지나치게 걱정하는 사람을 설명하는 용어로 사용되기도 한다. 사회심리학에서는 일탈 행동을 설명하는 방법으로 사용되기도 하는데 범죄자들, 사회 부적응자들의 행동을 설명하는 데 많이 쓰인다. 영화 〈김씨 표류기〉에 나오는 려원이 얼굴의 흉터와 마음의 상처 때문에 몇 년 동안이나 방에서 나오지 않는 히키코모리가 된 것도 같은 맥락이다.[20]

피그말리온 효과에서 설명했듯이 타인이 자신을 긍정적으로 생각해주면 그 기대에 부응하기 위해 노력하지만, 반대로 부정적으로 평가해 '낙인'을 하게 되면 점점 더 부정적인 방향으로 변해가기도 한다. 앞에서 언급한 예대로 선생님이 '다소 산만하고 장난이 심함'이라는 평가를 했다면, '얌전하고 착한 아이가 되기보다는 다음 학기에도 계속 산만하고 장난을 많이 치는 아이가 되기도 한다는 것이다.

나에게도 이런 낙인이 있었다. 어릴 적부터 종일 땡볕 아래 뛰어놀곤 했던 나는 얼굴에 주근깨가 매우 많았다. 그래서 학창 시절 내내 별명이 '말괄량이 삐삐'였다. 남자인 내게는 참 마음에 들지 않는 별명이었지만, 선생님이 직접 지어주신 이 별명은 군대 갈 때까지도 나를 괴롭혔다. 군대에 다녀오기 전까지 나는 이 주근깨 때문에 남 앞에 서기 싫어하고 무척 소극적이고 내향적인 성격의 소유자로 살았다. 그렇게 심해진 데에는 작은 하나의 사건이 작용했다.

초등학교 4학년 무렵, 길에서 신 나게 놀고 있는데 어떤 아저씨가 지나가면서 "그놈 참 주근깨도 많네. 못생겨 가지고"라고 하는 것이 아닌가. 그 말에 충격을 받은 나는 이후 계속 '나는 못생겼다'라고 생각했고 그게 모두 주근깨 때문이라고 봤다. 점점 남들 앞에 서는 것이 두려워졌고 자신감도 없어졌다. 세수를 할 때면 하이타이라는 빨래용 세제를 풀어서 수세미로 얼굴을 박박 문지르곤 했는데도 소용이 없었다. 스스로 자신감이 없었기에 대학에 입학하면 누구나 하게 마련인 미팅조차 한 번도 나가지 않았다. 그러나 20대 중반 군대를 다녀와서는 주근깨 말고도 별의별 사람이 다 있고 나도 나름대로 평범한 사람이라는 생각을 하게 됐다. 그때부터 자신감도 회복되고 성격도 점점 외향적이 되어서 지금은 남들 앞에 서는 일을 직업으로 가지고 있다.

방향은 내가 잡는다

피그말리온 효과에도 생각해볼 문제는 있다. 자신이 아니라 타인에 의해 결정된다는 것이다. 예컨대 선생님이 나에 대해 긍정적으로 생각하고 많은 기대를 했을 때 그것을 통해 내 행동이 변화된다는 것이다. 그리고 모든 학생이 그렇게 긍정적인 방향으로 변하는 것은 아니고 평균적으로 그렇다는 것이다.

사실 피그말리온 효과를 어설프게 적용했다가는 오히려 낭패를 볼 수도 있다. 한껏 기대하고 관심을 기울였는데도 성적이 올라가지 않으면 어떻게 할 것인가. 이런 일은 직장에서도 흔히 볼 수 있다. 아마 리더 역할을 하는 직장인 중에 피그말리온 효과를 모르는 사람은 없을 것이다. 그래서 직원들을 독려하기 위해 '너는 할 수 있어'라는 격려와 함께 높은 목표를 제시하기도 한다. 하지만 최선을 다했음에도 목표를 달성하지 못하는 직원도 생기게 마련이다. 이때 리더들은 자신의 목표가 과도했음을 인정하거나 그간의 노력을 보상해주기보다는 그 직원의 무능함을 탓하기 쉽다. 교육에서도 마찬가지다. 아무리 긍정적인 효과를 기대한다고 하지만, 반에서 중위권 학생에게 전교 1등을 기대한다면 오히려 그 학생은 힘에 겨워 포기하기가 쉬울 것이다. 피그말리온 효과는 분명 매력적인 이론이다. 그러나 너무 큰 기대를 하기보다는 현실과 이상의 균형을 찾아가며 상황에 맞게 적절히 적용해야 한다.

돌고래가 과연 칭찬 때문에 춤을 춘다고 생각하는가. 자신이 몸을 움직일 때마다 보상으로 받는 물고기 때문에 학습된 동작이다. 진정한 춤은 자신이 신이 나서 추는 것을 말한다. 어쭙잖은 칭찬으로 고래가 춤추기를 기대하다간 큰코다치기 십상이다. 돌고래로 하여금 작은 보상에 길들어 사람들 앞에서 춤이나 추게 하는 칭찬이 아니라, 푸른 바다에서 마음껏 헤엄치도록 하는 진정 어린 칭찬이 필요하다.

34
우리는 여전히 자라고 있다

• 피터팬 증후군 •

　심리학에 아동심리학, 여성심리학은 있는데 남성심리학은 없는 이유를 아는가? 성인 남자의 심리 상태가 아동과 같아서 그렇다고 한다. 우스갯소리이긴 하지만 실제로 아이만도 못한 어른이 많으니 마냥 웃을 수만은 없다.

　〈피터팬〉을 모르는 사람은 없을 것이다. 영국의 소설가이자 극작가인 J.M.배리가 쓴 이야기로 공상의 섬으로 영원한 여행을 떠나는 소년 피터팬이 주인공이다. 피터팬은 여주인공 웬디에게 의지하려는 경향이 있고 간혹 웬디를 엄마처럼 여기기도 한다.

　1970년대 후반부터 미국에서는 기성세대에 끼어들지 못하는 '어른아이' 같은 남성들이 다수 관찰되기 시작했다. 미국의 임상심리학자인 댄 카일리 박사는 이들을 피터팬에 비유하여 '피터팬 증후군 Peter Pan Syndrome'이라는 용어를 사용했다. 연령상 성인이 되었으나 성인으로서의 책임과 역할에 맞는 사고와 행동을 적절히 하지 못하는 '아이 같은 어른'을 일컫는 말이다. 이들은 오히려 아동기적인 사고와 행동을 나타냄으로써 성인들의 사회와 세계에 적응하지 못한다.

어학사전에 따르면 '어른'이란 '다 자라서 자기 일에 책임을 질 수 있는 사람'을 말한다. 피터팬 증후군은 바로 이 '책임' 문제에서 시작된다. 성인으로서 자기 일에 책임을 진다고 하는 것은 자신뿐 아니라 배우자, 아이, 회사 등 주위 사람들과의 관계 속에서 책임지는 것을 의미한다. 그러나 피터팬 증후군 증상을 보이는 사람들은 이런 책임에 대한 부담감에 짓눌려 언제나 불안해하고 자신감이 없으며 스스로를 게으름뱅이라 생각하는 경향이 있다. 유행에도 민감한데다 따돌림도 지극히 두려워하여 급기야는 자신만의 세계에 갇혀 살게 된다. 이 피터팬들은 단순히 아이와 같다는 의미를 벗어나 마땅히 짊어져야 할 책임마저 회피하므로 가깝게는 가족, 넓게는 사회에 피해를 주게 된다. 본인보다 남에게 더 피해를 준다는 뜻이다. 순진함과 천진난만함이 있을 수 있으나 철이 들지 않아 나이에 맞는 사고와 행동을 하지 못하고 대인관계, 세계관, 이성관이 올바르게 정립되기 어렵다.

애초에 남성을 대상으로 관찰된 증후군이기 때문에 남성을 기준으로 증상이 정의되어 있다. 하지만 요즘은 성별을 떠나 다른 사람들에게 크게 의존하며 독립적이지 못한 성인을 널리 일컫는 현상으로 이해된다. 사람은 누구나 전사춘기(초등학생~중학생), 중사춘기(중학교 고학년~고등학생), 사춘기 후기(고등학교 고학년~대학생), 청년기(대학생), 청년기 후기(대학생~사회인)의 단계를 거치는 동안 각 발달 단계에서 마땅히 습득해야 할 성숙함을 배운다. 하지만 피터팬들은 그렇지 못하기 때문에 남에게 의존하고 떠넘기려는 경향을 보이게 된다.[21]

이런 어른아이가 많아진 데는 사회적 배경도 한몫했다고 본다. 가정의 불안정과 해체, 학교 및 가정교육의 기능 약화, 여성과 주부들의 경제적 자립 증대 및 페미니즘의 확대 등을 들 수 있다. 하지만 가장 결정적인 이유는 부모들의 잘못된 양육 방식에 있다는 의견이 지배적이다. 과거 근무하던 회사에 한 부모가 찾아와 소란을 피운 적이 있다. 자기 아들이 왜 서류전형에서 탈락했는지 정확한 이유를 대라는 것이었다. 그 부모는 합격한 사람들의 서류도 공개하라고 큰 소리로 항의했다. 이런 부모들 때문에 자녀들은 덩치는 커가지만 생각과 마음이 크지 못하는 것이다.

진짜 어른이 되자

경제 분야에서 피터팬 신드롬이라는 용어는 중소, 중견기업이 대기업에 편입되지 않으려고 의도적으로 노력하는 현상을 말한다. 중소기업이 중견기업이 되면 규제는 늘고 지원이 끊기는 97개의 성장 걸림돌이 발생한다고 한다(경기지방중소기업청 홈페이지 참조). 그리고 중견기업이 대기업이 되면 다시 84개의 규제가 추가된다. 그러니 수단과 방법을 가리지 않고 더 규모가 작은 형태로 남아 있으려 한다. 중소기업청의 조사 결과 중소기업을 졸업한 지 5년이 안 된 중견기업

중에서 24퍼센트가 중소기업으로의 회귀를 검토하고 있다고 한다. 어떤 수를 써서라도 중소, 중견기업으로 남으려는 기업이 10곳 중 3곳이라는 통계도 있다.[22]

문제는 대기업에도 있다. 국내 대기업들은 1960~70년대 경제개발 시대를 거치는 동안 정부의 보호와 육성정책으로 성장했다. 이들은 겉으로는 자율화와 규제 완화를 주장하면서도 고비를 맞을 때마다 정부의 보호막을 요구하곤 한다. 이런 행태도 피터팬 증후군 중 하나다.

개인이든 기업이든 의무와 책임을 강요당하고 싶어 하는 주체는 없다. 하지만 가만히 생각해보라. 우리도 누군가의 책임 있는 행동과 헌신 덕분에 지금 이만큼 살고 있는 것이다. 왜 자꾸 스스로를 어린 아이처럼 다루면서 책임에서 도망치려고만 하는가. 조각가이자 설치미술가였던 루이스 부르주아가 "I am still growing"이란 말을 했을 때가 98세였다. 남들보다 훨씬 오래 살았지만, 자신은 여전히 성장하고 있어서 매 순간 늘 배우고 연습한다는 얘기였다. 우리는 그의 겸손한 자세와 자신감에서 배워야 한다.

우리에게 찾아오는 난관은 우리가 그것을 극복함으로써 지혜를 흡수하고 성장에 필요한 경험을 쌓을 때까지 계속될 것이다. 맞서 싸워보지도 않고 지레 겁먹고 포기하거나 피하는 것은 성숙한 사람이 되는 데 전혀 도움이 되지 않는다. 이제는 겉만 어른이 아닌, 마음도 생각도 어른스러운 '진짜 어른'이 되어야 한다.

35

참된 가치를 보려거든
높이보다 깊이를 보라

· 후광 효과 / 악마 효과 ·

"저는 그리 예쁜 편은 아닙니다. 솔직히 말하면 예쁘다는 말을 들어본 적이 없습니다. 그래도 저는 '외모보다 마음이 중요하지'라고 생각하고 성실하게 열심히 살아왔습니다. 그런데 사회생활을 시작하면서 심한 좌절을 맛보게 되었습니다. 세상은 예쁜 사람에게만 관대하다는 것을 느꼈기 때문입니다. 학교에서는 교수님이 예쁜 친구에게는 친절하게 대하시고 학점도 잘 주셨습니다. 입사 시험을 볼 때는 제 옆의 예쁜 지원자에게는 면접관들이 방긋방긋 웃더니 제 차례가 되었을 때는 표정이 굳어지는 것이었습니다. 회사에 들어와서도 예쁜 동기들은 여기저기서 밥도 사주고 커피도 사주고 알아서 일도 도와주는데 저는 여전히 찬밥이었습니다. 일도 내가 더 열심히 하고 잘하는데 저는 아무도 주목하지 않습니다. 이런 일이 반복되다 보니 정말 억울하고 답답합니다. 정말 성형수술이라도 해서 저도 예뻐지고 싶다는 생각이 간절합니다."

　어느 블로그에 올라온 글이다. 우리는 살면서 이런 일을 어렵지 않게 목격할 수 있다. 외모나 학력 등 자랑할 만한 특징을 가지고 있는 사람이라면 그 외의 면들도 모두 좋을 것이라고 생각하는 경향이 있다. 하나 혹은 일부의 특성을 가지고 그것을 일반화하여 전체 현상을 결론짓는 것이다. 이런 모순을 '후광 효과 Halo Effect'라고 한다. 후광 효과는 긍정적인 면을 말할 때 주로 사용하고, 호감이 가지 않는 특성 때문에 다른 측면까지 부정적으로 평가되는 것을 '악마 효과 Devil Effect'라고 한다. 가장 일반적이고 흔한 사례가 외모와 관련된 것이다. 처음 접한 상대방의 외모가 출중하거나 신체적 매력이 있는 사람이라면 그렇지 못한 사람들에 비해 더 능력이 있고 지적이며 관대할 것으로 판단하는 경향이 있다. 반대로 그다지 호감 가는 외모를 지니지 않은 사람에 대해서는 부정적으로 판단하는 경향을 보인다.

　나도 신입 직원을 뽑는 면접관으로 여러 번 참석해봤지만, 실제 면접관들은 외모가 출중한 지원자를 대할 때 자신도 모르게 입가에 옅은 미소를 띠고 말투도 부드러워지는 것을 느꼈다. 일부러 그러는 것이 아니라 조건반사적이다. 이를 방지하기 위해서는 스스로 포커페이스가 되는 연습을 해야 한다. 그래서 요즘에는 따로 면접관 교육을 하기도 한다. 면접관으로서 최대한 객관성을 유지할 수 있도록 하기 위해서다.

높이보다 중요한 것은 깊이

"나는 절대 사람을 외모로 판단하지 않아"라고 말하는 사람이 많다. 그러나 대개는 외모에 따라 사람을 대하는 태도가 무의식적으로 적용되곤 한다. 아예 대놓고 우월한 외모를 예찬하는 경우도 있다. 남자들끼리 자주 하는 농담 중에 "예쁜 여자와 착한 여자가 있다면 누구를 선택할래?"라는 질문의 답은 "예쁜 것이 착한 거야"라는 말도 있을 정도다.

외모로, 혹은 한 가지 특성만으로 상대방을 판단하고 선입견을 가진 경우 상대방에게 돌이킬 수 없는 상처를 줄 수도 있다. 뚱뚱한 사람은 게으른 사람이라 생각되고, 밥도 많이 먹을 것이라는 생각이 든다. 잘생긴 사람은 능력도 있고 매너도 좋을 것 같다. 로버트 치알디니는《설득의 심리학》에서 실제 미국과 캐나다의 샘플 집단을 연구한 경제학자들이 '매력적인 사람들이 평범한 동료들보다 12~14퍼센트 더 많은 월급을 받는다'는 사실을 밝혀냈다고 소개했다. 이미 수많은 연구 끝에 사람들은 용모가 아름다운 사람을 더 다정하고 더 솔직하며 더 지적인 사람으로 인식한다는 것이 입증되었다. 매력적인 사람들은 더 쉽게 출세하고, 교사들이 외모가 준수한 학생에게 무의식적으로 더 나은 성적을 준다는 점 역시 실험을 통해 증명된 바다.[23]

이런 모순을 극복하기 위해 세계적인 오케스트라단에서는 신입 단원을 뽑을 때 지원자들의 연주를 천막 뒤에서 듣는다. 지원자가 여자인지 남자인지, 흑인인지 백인인지, 동양인인지 서양인인지와 관계없이 오로지 실력만 보고 평가하기 위해서다. 각종 비리가 많았던 우리나라의 음대 입시에서도 요즘에는 이런 방식을 많이 사용한다. 자신이 레슨을 했던 학생이 누구인지 모르도록 지원자들의 연주를 블라인드 상태에서 듣고 평가하는 것이다. 많은 사람이 즐겨보는 오디션 프로그램에서도 이런 시도가 눈에 띈다. 외모가 아니라 실력만으로 평가하기 위해 심사위원들은 뒤돌아 앉아 지원자들의 노래를 듣는다. 그러다가 심사위원이 마음에 드는 경우만 버튼을 누르는데, 그제야 지원자가 누구인지 확인할 수 있다.[24]

'도넛츠 doughnuts'라 불리는 아이들이 있다. 엄청나게 성공한 부모 덕분에 모든 것을 다 가진 채 살아간다. 갖고 싶은 것은 언제든 가질 수 있고, 하고 싶은 일도 마음대로 할 수 있다. 그러나 실제로 그들은 돈 dough 많은 바보 nuts이기 십상이다. 겉만 번드르르한 성공이 내면까지 성숙시키지는 못한다. 화려한 스포트라이트를 받으며 살아가는 연예인들처럼 겉으로는 좋아 보여도 그 내면을 들여다보면 속이 텅 빈 강정 같은 경우가 많다. 그러니 그런 화려한 겉모습을 너무 부러워하지 않는 것이 좋다. 그런 사람들은 오히려 평범하고 안정적인 우리 같은 삶을 부러워하는 경우가 많으니까.[25]

높이 솟은 것은 얼른 눈에 띄지만 깊게 뻗은 것은 잘 보이지 않는다. 아름드리나무가 그 화려함을 뽐낼 수 있는 것은 땅 밑에서 깊고 든든하게 뿌리를 내리고 있기 때문이다. 아무리 위용을 자랑하는 초고층 빌딩도 보이지 않는 기초가 튼튼하지 않으면 언제 무너질지 모르는 것이다. 존재의 참된 가치는 높이보다는 깊이에 있고, 외면

보다는 내면에 있다.

지금 열렬한 사랑에 빠져 상대방이 모든 면에서 완벽한 사람으로 보이는가. 10년 후에도 당신 눈에 그렇게 보일지 냉철하게 생각해보라. 지금 당신 앞에 있는 지원자가 당신 회사의 앞날을 책임질 인재로 보이는가. 그 사람의 내면과 잠재력을 경험하기 전에 속단해서는 안 된다. 눈앞에 보이는 작은 빙산이 우습다고 방심했다가 그것이 '빙산의 일각'임을 깨닫는 순간 타이타닉처럼 돌이킬 수 없는 결과를 초래할 수 있다. 세상에 한눈에 판단하고 결정할 만큼 쉽고 간단한 일은 많지 않다. 보이는 것과 더불어 보이지 않는 내면까지 볼 수 있는 마음의 시력을 키워야 한다. 가마솥이 검다고 그 속에 들어 있는 밥까지 검은 것은 아니다.[26]

36
좋은 비교가 있다면
나쁜 비교도 있다

• 샤르팡티에 효과 •

왜 엄마 친구의 아들은 항상 완벽한 걸까. 한동안 모든 것이 완벽하다는 의미로 엄마 친구의 아들, 혹은 딸을 지칭하는 '엄친아', '엄친딸'이라는 말이 크게 유행했었다. 지금도 많이 쓰고 있는 이 표현을 들으면 나 같은 보통사람은 기분이 나빠진다. 남과 비교당하는 것 같아 좋을 리 없다. 그래서 SNS를 통해 나는 '엄친아', 즉 '엄마 친구 아들'이 아닌 '엄마 친아들'이라고 올렸더니 어떤 사람이 '엄마 친구 아들'은 되지 못해도 '엄마 친(때린) 아들'은 되지 말자고 댓글을 달아 한참 웃었다.

10킬로그램의 금덩어리와 10킬로그램의 솜뭉치가 있을 때 어느 것이 더 무겁겠는가? 아이들에게 물어보면 금덩어리가 더 무겁다고 대답하는 경우가 많다. 분명 같은 무게인데 두 개의 다른 사물이 가진 이미지 때문에 한쪽이 더 무거울 것이라 생각하는 것이다. 원래의

고정관념은 작은 것이 가볍고 큰 것이 무겁다는 것인데 이런 경우는 오히려 반대다.[27]

조선 시대를 통틀어 문화의 꽃을 가장 활짝 피운 문화적 왕을 뽑으라면 아마 세종대왕을 가장 많이 선택할 것이다. 그러면 군사적으로 가장 약한 왕을 뽑는다면? 아마 마찬가지로 세종대왕을 뽑는 사람이 많을 것이다. 문화적으로 융성한 것과 군사적으로 강한 것은 반대라는 무의식이 작용하기 때문이다. 그러나 실제로 세종대왕 시절은 문화와 군사력이 모두 뛰어났다. 오히려 문화군주 세종의 성세는 튼튼한 국방력이 있었기에 가능했다. 세종은 조선의 왕 중 유일하게 군사력으로 영토를 확정한 왕이다. 김종서를 중용해 여진족이 거주하던 두만강 하류의 군사 요충지에 '육진六鎭'을 개척함으로써 북쪽 경계를 확정하는 등 북방 개척을 과감히 추진했다.[28]

이처럼 비교 대상이 주어지면 실제보다 무겁거나 가볍게, 혹은 크거나 작게 느껴지는 현상을 '샤르팡티에 효과 Charpentier Effect' 혹은 '비교 효과'라 한다. 즉 비교 대상을 통해 결과를 한눈에 보고 판단할 수 있게 하는 방법이다.

중국의 싼샤댐은 세계 최대 규모의 수력발전용 댐이다. 그러나 규모가 크다는 말만으로는 얼마나 되는지 도무지 가늠할 수 없다. '싼샤댐 유역은 서울시의 2배에 이른다'고 해야 어느 정도 짐작할 수 있다. 예의가 없고 자만심에 둘러싸인 유명 여배우를 표현할 때 '그녀의 콧대는 에베레스트보다 높다'라고 하면 얼마나 도도한지 쉽게 이해가 된다. '지난밤에 발생한 국립공원 화재로 여의도공원의 10배가 넘는

면적이 불에 탔다'거나, '오늘 부산항에 들어온 미국 항공모함은 축구장 20배가 넘는 크기'라는 등 뉴스 한 편에서만도 이런 샤르팡티에 효과를 숱하게 사용한다.

모피코트와 콩나물

 샤르팡티에 효과를 잘 활용하면 전달하고자 하는 내용을 더 명확하게 할 수 있다. 세계적인 축구스타 리오넬 메시의 몸값이 얼마나 어마어마한지 설명하기 위해서는, '메시의 몸값은 우리나라 국가대표 선수 전원의 몸값을 합친 것의 몇십 배가 된다'라는 표현이면 충분하다. 어느 톱 여배우가 들고 다니는 가방은 일반 가방 100개를 줘도 못 산다든가, 영화 홍보를 위해 내한한 세계적인 배우가 찼던 시계는 고급 중형세단 두 대 가격과 비슷하다고 하면 구체적인 액수를 말하지 않아도 금방 이해가 된다.

 이처럼 아주 익숙한 비교 효과는 때때로 우리가 합리적인 의사결정을 내리는 데 방해를 하기도 한다. 한 실험에 따르면, 사람들은 식료품을 살 때 20분을 더 걷더라도 1만 원을 절약할 수 있는 상점을 선택하는 경향이 있다고 한다. 그러나 139만 원짜리 양복을 138만 원에 살 수 있다고 20분을 더 걷는 사람은 없을 것이다. 같은 1만 원이지만 식료품을 비교할 때와 양복을 비교할 때는 그 1만 원의 가치가 다른 것처럼 느낀다. 그래서 수천만 원짜리 모피코트는 눈 하나 깜짝하지 않고 카드를 긁어 구입하면서 시장에서 가서는 콩나물값을

깎는 건지도 모르겠다.[29]

바지 한 벌에 20만 원이라 하면 너무 비싸다는 생각이 든다. 그러나 100만 원짜리 재킷을 샀다고 하면, 방금 산 그 재킷과 잘 어울리는 20만 원짜리 바지 한 벌 더 사는 것은 그리 큰 금액으로 느껴지지 않는다. 양복 매장에서는 계산대 옆에 벨트, 지갑, 넥타이, 셔츠 등을 진열해놓는데 다 이런 이유 때문이다. 양복값을 계산하려는 사람에게 '그 양복에는 이 셔츠와 넥타이를 곁들이면 훨씬 세련되어 보이실 거예요'라는 한마디로 꽤 많은 추가 매상을 올릴 수 있다. 이런 경우는 비교 대상이 오히려 우리의 판단력을 흐리게 하는 것이다. 이처럼 샤르팡티에 효과를 가장 활발하게 활용하는 분야가 마케팅과 광고다. 전문 마케터들과 광고를 만드는 사람들은 모두 '샤르팡티에 효과의 전문가들'이라 할 수 있다.

기업이나 조직만이 아니라 개인들의 생활에서도 이 비교 효과가 무의식적으로 활용된다. 미팅을 나갈 때 꼭 자기보다 못한 친구를 데리고 나가려는 것도 이러한 심리를 활용한 것이다. 얼굴이 조금 크다면 조끼를 입거나 어깨가 좁아 보이는 옷을 입는 건 금물이다. 결혼식에서도 신랑은 결혼식의 주인공인 신부를 더 빛나게 하기 위해 하얀색 턱시도는 피하는 것이 관례다.

비교 효과는 좋은 일에 사용되는 경우도 많다. "커피 한 잔 값이면 아프리카 수단의 한 가족이 하루를 버틸 수 있다"라든가 "일반 직장인 한 달 월급이면 네팔 오지에 학교를 하나 지을 수 있다"라는 카피는 사람들의 마음을 움직여 좋은 일에 선뜻 나서게 할 수 있다.

딸아이가 초등학교 시절 학교에서 한자 시험을 봤는데 40문제 중 8문제만 맞혀서 나머지공부를 하고 왔다. 딸아이는 "내 짝은 3개밖에 못 맞혔는걸 뭐. 다 맞은 애는 없고 10개도 맞히지 못한 애들이 절반이 넘어"라고 하면서 위기를 벗어났다. 초등학생이 활용한 샤르팡티에 효과였던 셈이다.

내가 고객만족서비스 업무를 담당하던 시절 지점을 방문하거나 연수원에서 직원교육을 진행할 때면 거의 빼먹지 않고 준비하던 자료가 있다. 최고의 성적을 자랑하는 지점의 사례를 촬영하거나 요약, 정리해서 보여주는 것이다. 고객만족서비스를 아무리 강조해봐야 '열심히 하는데 왜들 그럴까'라고 생각할 뿐이다. 그렇지만 직접 사례를 보여주며 비교하면 상황이 어떤지를 금방 받아들이게 된다.

비교당하는 것을 좋아하는 사람은 없다. 그러나 아이러니한 것은 자신도 늘 비교하면서 살아간다는 것이다. 그만큼 비교가 효과적이기 때문이다. 나는 비교하지 않는다 해도 눈을 뜨고 귀를 열면 사방에서 이 비교 효과를 접하게 된다. 그렇다면 좋은 비교를 하는 건 어떨까. 감정이 실려서 비꼬는 듯이 하는 비교가 아니라 상대방을 기분 좋고 신 나게 하는 비교는 우리 팍팍한 삶에 윤활유가 되어준다. 이성을 잃고 감정에 휩쓸리지만 않는다면 샤르팡티에 효과는 무척 유익한 삶의 지혜가 될 수 있다.

37

세상에 나 혼자
덩그러니 남겨진 듯한 기분

• 빈 둥지 증후군 •

　아이 키우고 남편 뒷바라지하느라 하루가 어떻게 지나가는지 모르게 살아온 여성들이 마음의 병을 앓고 있다. 결혼 후 남편과 자식만을 바라보며 긴 세월 동안 최선을 다해 살아왔건만, 요즘 들어서는 자신의 존재가 한없이 작아지고 인생이 보잘것없다는 생각이 든다. 숨 가쁘게 달려왔지만 되돌아보면 자신이 달려온 길이 보이지 않는다. 어쩌면 길이 아닌 길을 달려왔는지도 모른다는 생각에 절망스러워진다.
　뜨겁게 사랑한 끝에 결혼했고, 눈에 넣어도 아프지 않을 것 같은 자식들도 남부럽지 않게 키워냈다. 얼마 전엔 막내까지 출가시켰으니 더는 뒷바라지를 할 필요가 없다. 가족에 얽매이지 않고 편해지기를 늘 꿈꿔왔는데, 막상 그런 상황이 되니 그다지 편하지도 않고 좋게 느껴지지도 않는다. 남편도 일하러 나가버리고 혼자 덩그러니 앉아 허전함이 시작되면 서글픈 생각에 눈물이 자꾸 난다. 정식으로 진단을 받아보진 못했지만 흔히 말하는 우울증에 걸린 게 아닐까 싶다.

주부들에게 주로 나타나는 이런 현상을 '빈 둥지 증후군Empty Nest Syndrome'이라 한다.

빈 둥지의 어미 새

요즘 극성 엄마들은 전국의 입시 설명회장을 휩쓸고, 대학 합격 후에도 수강신청까지 직접 챙기며, 학점이 좋지 않으면 교수한테 직접 항의도 한다. 입사에 실패하면 인사 담당자를 찾아가거나 전화를 걸어 '내 아들이 왜 떨어졌는지 합당한 설명을 해달라'고 항의하기도 하고, 심지어는 입사 후에도 상사가 맘에 들지 않으니 부서를 옮겨달라고 요청하기도 한단다. 극성도 이런 극성이 없다. 이런 세태를 잘 반영하듯 어릴 때부터 자녀 주변을 끊임없이 맴돌면서 일일이 간섭하는 엄마를 지칭하는 헬리콥터맘을 비롯해 아카데미맘, 알파맘, 베타맘, 하키맘, 사커맘, 타이거맘 등 수많은 '맘' 신조어가 만들어졌다.

그런데 그런 극성을 헌신이라고 생각하는 엄마가 많아 문제다. 가족에게 지극히 헌신했던 주부일수록 빈 둥지 증후군을 심하게 앓는다. 자식이 자라 품을 떠나면 목표를 잃고 망망대해를 표류하는 돛단배 같은 심정이 된다.

요즘에야 100세까지 산다는 인식이 확산되어 자녀를 출가시킨 후

제3의 인생을 위한 여러 가지 노력이 시도되고 있지만, 사실 대부분의 엄마는 여전히 제대로 준비가 되어 있지 않다. 보통 전업주부들은 가족을 뒷바라지하며 그 가운데서 보람과 기쁨을 찾는데, 그동안 생활의 중심이 되었던 자식들이 모두 장성하여 집을 떠나면 텅 빈 둥지를 지키고 있는 어미 새처럼 공허함과 상실감을 경험하게 된다. 친구들과 만나서 브런치를 먹거나 커피전문점에서 수다를 떠는 것도 임시방편일 뿐, 결국 집에 들어가면 빈 둥지에 혼자 남겨졌다는 느낌을 지울 수 없다.

이런 현상은 직장생활을 하는 여성보다는 전업주부에게 더 많이 나타난다. 근래에는 위미노믹스wemenomics라는 말이 생겨났을 정도로 여성들의 사회참여가 활발하게 일어나고 있기는 하다. 그렇지만 주부들의 정신적 위기는 여전히 심각한 사회 문제로 제기되고 있다. 빈 둥지에 남겨진 우울한 엄마들을 어떻게 도울 수 있을까.

먼저 자신을 찾는 일이 중요하다. 중년 이상의 여성들에게 자신을 소개하라고 하면 보통 '○○ 엄마'라고 한다. 그러나 이젠 ○○ 엄마라는 이름에서 벗어나 자신의 이름을 되찾아야 한다. 처음엔 어색해도 계속 말하다 보면 익숙해지고, 점점 당당해진다. 이럴 때 남편도 집에서 부인을 부를 때 '여보', '○○ 엄마'라고 부르는 대신 '○○ 씨'라고 이름을 불러주는 게 좋다. 주부들의 우울감을 극복하는 데는 가족의 도움이 절대적으로 필요하다. 그리고 스스로도 긍정적인 생각을 갖도록 노력해야 한다. 주부들이 그동안 자신을 희생하면서 가족을 보살핀 것은 무엇과도 바꿀 수 없는 존귀한 일이다. 돈으로도 보상받을 수 없는 고귀한 일이다. 그러니 그 일을 마치자마자 찾아든 허탈함과 절망감을 자신감과 성취감으로 바꾸어야 한다.[30]

존재감을 잃은 존재

　남성들에게도 이와 비슷한 현상이 나타난다. 대기업 임원을 끝으로 은퇴한 A는 얼마 전 집에서 당황스러운 경험을 했다. 회사를 그만둔 지 얼마 되지 않았을 때다. 그는 다가오는 주말을 평생 소홀했던 가족과 함께 보낼 생각이었다. '함께 영화를 볼까, 아니면 교외로 드라이브를 갈까. 저녁에는 근사한 식당에 가서 외식을 해야겠다.' 마음속으로 여러 가지 계획을 가지고 맞은 토요일 아침. 거실에 앉아 한가로이 신문을 보고 있는데, 얼마 전 직장생활을 시작한 딸아이와 아내가 방에서 나오다가 흠칫 놀란다.

　"어? 아빠, 오늘은 골프 치러 안 가세요?"

　"그러게요. 오늘은 안 나가세요? 우린 지금 쇼핑하러 가는 참인데…. 그럼, 다녀올게요."

　그러더니 둘이서 부리나케 나가버린다.

　군대에서 전역하고 복학을 준비하고 있는 아들 녀석은 어제도 안 들어온 모양이다. 그렇게 혼자 남겨져 집 안을 둘러보니 공기조차 매우 낯설다. 따사로이 내리쬐는 햇볕도 낯설어 마치 남의 집에 와 있는 기분이다. 직장생활을 하는 동안 늘 저녁 늦게 들어와서 아침 일찍 나가곤 했기 때문이다. 주말이면 골프다 등산이다 각종 행사로 가족과 같이 시간을 보낸 일이 손에 꼽을 정도였다. 텅 빈 거실에 혼자 덩그러니 앉아 있으니 회한이 밀려온다. 돌이켜보니 자신은 가족들의 생활에서 배제된 채 단지 현금인출기라는 의미만 있었다는 생각에 왈칵 눈물이 흐른다.

베이비부머, 즉 1955년에서 1963년 사이에 출생한 이들의 은퇴가 본격화되면서 사회적 이슈가 되고 있다. 정년 연장, 임금 피크 등이 논의되고 다른 한쪽에서는 '아버지 일자리 지키기 위해 아들 일자리를 빼앗느냐'는 반론이 일기도 한다. 사실 베이비부머들의 피와 땀이 없었으면 우리가 지금처럼 잘살 수 없을 것이다. 가족을 위해 앞만 보고 달려온 지금의 가장들은 '일 중심 이데올로기'를 내면화한 세대로 10명 중 7명이 직장이 더 중요하다고 생각했다. 그처럼 가족을 위해 열심히 일했지만 결국 가정에선 아버지의 부재不在라는 역설을 낳았다. 직장에서 가정으로 돌아와 그 역설을 피부로 느낄 때의 정신적 충격과 상실감도 여성들의 빈 둥지 증후군만큼 심각하다. 평생 몸 바쳐 일한 직장에서 은퇴하고 맞는 경제적 위기뿐 아니라 가정에서의 정체성 상실까지 겹쳐 이중고에 직면하게 된다.

사실 우리 사회에서 아버지는 어머니에 비해 역할이나 중요성이 크지 않게 인식되어왔다. 이를 보여주는 사례가 있다. 2004년 영국 문화원은 개원 70주년을 기념하여 영어를 쓰지 않는 102개국 4만 명의 남녀를 대상으로 '가장 아름답다고 생각하는 영어 단어'가 무엇인지 물었다. 1위는 단연 어머니mother였다. 2위는 열정passion, 3위는 미소smile, 4위는 사랑love이었는데 아버지라는 단어는 순위를 매긴 70위안에도 들지 못했다. 호박(40위), 우산(49위), 캥거루(50위)만도 못한 것이 '아버지'였다. 이을춘 시인이 "아버지는 돌아가신 후에야 보고 싶은 사람이다"라고 한 말이 절절하게 다가온다.

바로 지금이 중요하다

기운을 추스르고 분위기를 환기하기 위해 집 안의 가구 배치나 인테리어를 다시 하는 등 환경을 바꾸는 일도 필요하다. 적극적인 취미활동이나 여가생활도 도움이 될 것이다. 은퇴 후의 소일거리를 찾는 것도 중요하다. 우울함과 외로움이 치고 들어올 틈이 없도록 바쁘게 움직이는 것만큼 좋은 방법도 없다. 그러나 가장 중요한 것은 본인의 의지다. 변화된 가족관계를 잘 이해하고, 스스로 받아들이고, 자신의 라이프스타일을 이에 맞게 변화시켜야 한다. 아기 새가 떠났다고 해서 평생 헌신한 엄마가 필요 없는 존재가 되는 것은 아니다. 전과 같은 경제력이 없다고 가장의 역할과 중요성이 줄어드는 것은 아니다. 상황이 바뀌었지만 이 사회는 헌신적인 엄마들과 아버지들 덕분에 유지된다는 사실에 자부심을 가져야 한다.

그리고 누구나 그런 엄마와 아버지가 된다. 그때가 되면, 수십 년 전 부모님이 느꼈을 기분을 이해하게 된다. 그리고 그분들이 몸서리치게 보고 싶고 그리워진다. 그러나 대부분은 시간이 너무 흘러 그분들이 곁에 없을 것이다. 지금, 그분들이 곁에 있는 바로 지금, 살가운 말 한마디라도 더 건네고 한 번이라도 더 안아드리는 것이 효도하는 길이다.

38

행복은 쟁취하는 것이 아니라 발견하는 것이다

• 파랑새 증후군 •

크리스마스 전날 밤, 틸틸과 미틸 남매는 요술쟁이 할머니로부터 아픈 딸을 위해 파랑새를 찾아달라는 부탁을 받는다. 남매는 파랑새를 찾아 동물, 요정들과 함께 여행을 떠난다. 추억의 나라와 밤의 궁전, 묘지 등 여러 곳을 찾아 헤매지만 파랑새를 발견하지 못한다. 남매는 결국 포기한 채 집으로 돌아온다. 다음 날 꿈에서 깨어났는데 자신들의 집 문에 매달린 새장 안에 파랑새가 있다는 사실을 깨닫게 된다.

누구나 한 번쯤은 읽었을 이 동화에서 파랑새가 의미하는 것은 다름 아닌 '행복'이다. 현실에 만족하지 못하고 새로운 이상만을 추구하는 현상을 '파랑새 증후군Bluebird Syndrome'이라고 하는데, 벨기에의 극작가이자 시인이며 수필가인 마테를링크의 동화극 〈파랑새〉에서 유래한 용어다.

2010년 조사에 따르면 직장인의 66퍼센트가 파랑새 증후군을 겪고 있다고 한다. 우리나라의 국민소득은 40년 전에 비해 무려 200배 이상 늘었다. 그렇지만 과연 우리나라 국민은 그때보다 더 행복하다고 느낄까?

   아이러니하게도, 국민소득이 낮은 나라일수록 행복지수가 더 높게 나타난다. 경제적으로 풍요로운 나라일수록 행복에 대한 기대치가 더 높고, 경쟁이 치열한 사회일수록 자신보다 나은 상황에 있는 사람과 자신을 비교함으로써 행복지수가 낮아진다는 것이다. 행복지수 1위로 알려졌던 히말라야 아래 작은 나라 부탄은 2009년에 17위로 떨어졌다. 전보다 소득이 많이 늘었지만, 집집마다 TV가 보급되면서 바깥세상 소식을 접한 사람들이 그곳을 동경하게 되고 현재의 처지에 불만이 늘어난 탓이라고 한다. 그만큼 행복은 상대적인 것이다.

   이제 세상은 일상이 스펙터클이 되고 무협영화가 되어버려 소소한 평안과 행복을 허락하지 않는다. 눈을 감고 귀를 막아보려 해도 세상의 소음이 밀려 들어와 안식을 방해한다. 왜 달리는지 영문도 모른 채 저만치 앞서가는 토끼를 따라 질주하는 동물들처럼, 우리는 늘 어디론가 내달린다. 숨이 가빠도 멈추지 못한다. 누군가 나를 앞질러 갈 것이 두렵기 때문이다. 대부분이 극도의 불안 상태로 살아간다.[31]

   독일어에 '팔꿈치 사회'라는 말이 있다. 옆 사람을 팔꿈치로 치며 앞만 보고 달려야 하는 치열한 경쟁 사회라는 것이다. 이 치열한 경쟁에서 한발 앞서나가 조금 더 좋은 학교에 진학한다고 해서, 조금 더 좋은 직장에 들어간다고 해서, 조금 더 큰 평수의 아파트를 산다고 해서 전보다 더 행복하다고 말할 수 있을까?[32]

제로의 삶

　로베르트 발저의 소설 《벤야멘타 하인학교》를 읽어본 적이 있는가? 이 학교는 참 재미있는 곳이다. 더 다양한 지식을 쌓고 더 훌륭한 사람이 되라고 요구하는 다른 학교와는 달리 아무것도 되지 않기 위해 아무것도 하지 않는 법을 배운다. 주인공 야콥은 귀족 가문 출신이지만, 하인이 되기 위해 스스로 이 학교에 입학한다. 자기 자신이 인생의 주인으로 끊임없이 변화하고 발전하라고 요구하는 세상의 흐름을 거슬러 '0 zero'으로 사는 삶을 선택한다.

　이 학교에서는 처음부터 '을'로서 살아가는 방법을 가르쳐준다. 단 하나뿐인 소중한 나 only one가 아니라 많은 사람 속 한 사람 one of them으로 살아가라는 가르침이다. 올라갈 만큼 올라가다가 결국 떨어지는 것이 우리 인생이라면, 추락의 고통을 겪지 않도록 겸손하게 살아가는 것이 낫다는 게 저자의 생각이다.[33]

　우리는 더 많이 소유하기 위해, 더 높은 명예를 획득하기 위해 애를 쓴다. 모두가 더 가지려 할 때 나눌 줄 알고, 모두가 높아지려 할 때 스스로 낮아지기는 쉽지 않다. 요즘 사회에서는 오히려 손가락질을 받을지도 모른다. 나눔과 겸손, 섬김의 삶을 사는 것이 세상의 가치와 반하는 것처럼 보일 정도다. 하지만 행복과 만족감은 주관적인 것이다. 즉, 스스로가 느끼는 것이다. 인간은 태어날 때 두 주먹을 꼭 쥐고 태어나지만 죽을 때는 두 손을 활짝 펴고 죽는다. 모든 것을 움켜쥐고 싶게 태어났어도 죽을 때는 모든 것을 내어주고 빈손이 된다. 이 사실을 조금만 더 진지하게 받아들이면 우리네 사는 모습이 조금은 바뀔 수 있지 않을까.

자신은 하나님의 작은 몽당연필일 뿐이라며 스스로를 한없이 낮추었던 마더 테레사. 그녀가 평생 남을 위해 살다가 남기고 간 것은 옷 두 벌과 성경책 한 권뿐이었다. 김수환 추기경과 법정 스님도 그랬다. 남을 위해 살다 가신 이런 분들 덕에 사랑의 결핍으로 질식할 것 같았던 지구가 그나마 숨을 쉬게 되었다. 그분들은 진정 행복한 삶을 살았을 것이다.[34]

영국 속담에 "우유를 먹는 사람보다 우유를 배달하는 사람이 더 건강하다"라는 말이 있다. 정말 무엇이 행복인지 다시 한 번 생각해봤으면 한다. 쏜살같이 달리다가도 느리게 따라오는 영혼을 기다리기 위해 잠시 발을 멈추는 아메리카 인디언들처럼 숨 가쁜 삶의 경주에서 잠시 쉼표를 찍어도 괜찮을 듯싶다.

행복은 사회의 지력과 관련지어 생각해볼 수 있다. 모두 어렵게 살던 시절, 이탈리아 나폴리에서는 '서스펜디드 커피suspended coffee'라는 전통이 생겨났다. 한 사람이 자기 커피를 사면서 추가로 한 컵 값을 미리 지불하고 가는 관습이다. 커피 한 잔 마실 형편도 안 되는 어려운 사람을 위해서다. 노숙인뿐 아니라 당장 주머니 사정이 좋지 않은 누구라도 와서 무료로 마시고 가면 되고, 베푸는 자와 받는 자가 만날 일은 거의 없다. 어려운 때는 이 전통이 유행했지만, 전후 재건과 함께 호황기에 들어서 다들 살 만해지자 되레 시들해졌다고 한다. 그랬던 것이 수년 전 유로존의 위기가 실업률 증가를 불러오고 매일같이 수많은 기업이 도산하면서 다시 등장했다. 특히 이번에는 위기로 피폐해진 다른 유럽 국가들로도 퍼져갔다. 현재 최빈곤국 중 하나인 불가리아에선 이미 수백 개의 카페가 이 전통을 본뜬 운동에 참여하고 있다고 한다. 이 이야기를 듣는 순간 나는 그들이 참 행복을 누리는 사람들이라는 생각이 들었다.

행복은 발견하는 것

스트레스가 이만저만이 아닌 입시경쟁, 취업경쟁에 뛰어드는 것은 스스로가 선택한 일이다. 미래의 행복한 삶을 갈구해서이니까. 그러나 우리는 정말로 행복할 수 있을지 알 수 없는 미래를 위해 지금 이 순간 행복할 기회를 포기하고 있는 건 아닐까? 살아 숨 쉬는 현재가 중요하다. 우리는 과거를 사는 것도, 미래를 사는 것도 아니라 지금 이 순간을 살고 있기 때문이다.

값비싼 시스템 에어컨을 설치하면 물론 시원하다. 그러나 이 편리함 속에는 엄마가 부쳐주는 부채바람에서 느껴지던 행복감이 담겨 있을까? 행복을 저울에 달아보면 행복과 불행이 반반일 경우 저울이 움직이지 않지만, 행복이 1퍼센트만 많아도 행복 쪽으로 기운다. 100퍼센트를 다 가져야 행복한 것이 아니다. 사실 우리는 더 가지고 싶은 것들 때문에 이미 가지고 있는 것들을 보지 못한다. 인생의 가

치는 성장이나 성공이 아니라 이미 자신이 충분히 행복하다는 것을 깨닫는 성숙에 있다.[35]

키르케고르가 강조한 것처럼 행복은 움켜잡으려 할수록 손안의 모래처럼 빠져나가 버린다. 대부분은 급하게 행복을 찾기 때문에 급하게 행복을 지나쳐버린다. 허무와 우울로 악명 높은 철학자 니체조차도 '행복의 열쇠는 가장 최소한의, 꽃잎처럼 연약한, 공기처럼 가벼운, 도마뱀의 재빠른 움직임 같은 숨결과 순간을 음미하는 것'이라고 했다. 파랑새는 손을 뻗으면 닿을 만큼 아주 가까운 곳에 있다. 단지 우리가 그것을 보지 못할 뿐이다. 행복은 쟁취하는 것이 아니라 발견하는 것이다.

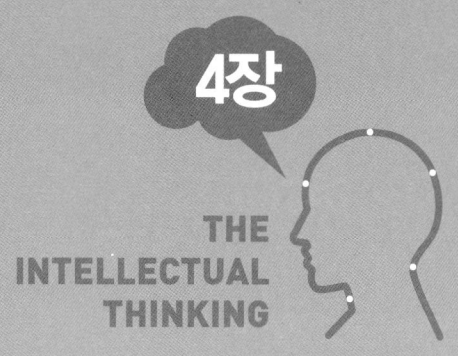

4장

일머리가 좋아지는 지적인 생각법

39
구경꾼이 될 것인가, 주인이 될 것인가

• 링겔만 효과 / 무임승차 효과 •

런던 남쪽 울위치에서 이슬람 과격분자인 흑인 청년 둘이 영국 군인을 칼로 난자해 살해한 사건이 발생했다. 이때 잉그리드 로요 케네트라는 한 중년 여성이 피가 뚝뚝 떨어지는 칼을 든 범인들과 대화하고 설득하여 추가 희생을 막았다. 그녀는 버스를 타고 현장을 지나가다가 서둘러 내렸다. 쓰러진 병사에게 응급처치를 하려다 이미 숨진 것을 확인하고는 범인에게 다가가 20분간이나 말을 주고받으며 진정시킨 것이다. 그녀는 나중에 언론과의 인터뷰에서 "도와줄 생각은 하지 않고 구경만 하거나 드라마를 보는 듯한 표정으로 사진과 동영상만 찍어대던 군중을 보니 참 외롭더군요"라고 말했다.[1]

당신이 현장에 있었다면 어떻게 했을까? 이 여성처럼 용감하게 나서서 추가 범행을 막았을까, 아니면 다른 사람들처럼 '누군가 도와주겠지'라는 생각으로 팔짱을 낀 채 멀찍이 서서 구경만 했을까.

지하철에서 생긴 일

　이처럼 긴박한 상황은 아니지만 나도 비슷한 경험을 했다. 지하철 5호선을 타고 퇴근하던 길이었다. 저녁 9시 30분경 왕십리역을 지나는데 어딘가에서 여성의 비명소리가 들렸다. 서서 책을 읽고 있던 나는 반사적으로 그쪽으로 고개를 돌렸다. 서 있는 사람이 별로 없어서 전철 안은 한산했는데 저쪽 좌석에 앉아 있는 젊은 여성이 그 앞에 선 남성에게 소리를 치는 것이었다. "지금 뭐하는 거예요?"

　그 남성이 당황한 표정으로 "뭔가 오해가 있나 본데 나는 아무 짓도 하지 않았어요"라고 대답했다. 여성이 그에게 휴대폰을 보여달라고 요구했다. 잠시 승강이를 벌이던 남성이 갑자기 후다닥 도망가기 시작했고, 여성은 "저 남자가 제 치마 밑을 도촬했어요!"라고 소리쳤다. 그런데 그 남성이 하필 내 앞으로 뛰어가는 것이 아닌가. 나는 반사적으로 책을 팽개치고 그 남성의 목에 매달려 넘어뜨렸다. 쓰러진 남성이 움직이지 못하도록 무릎으로 등을 찍어 누르고 양팔을 뒤에서 잡았다. 그렇게 몇 초간 승강이를 벌였지만 아무도 도와주지 않았다. 그렇게 대치하고 있는 몇 초가 마치 몇십 분이나 되는 것처럼 길게 느껴졌다. 그 여성이 따라와서 이 남자가 성추행범이라고 소리치자 그제야 대학생으로 보이는 청년 몇 명이 합세해 그를 완전히 제압했다. 그리고 핸드폰을 확인해봤더니 말로 표현하기 힘든 사진들이 다수 발견되었다. 나는 옆에 서 있는 학생에게 부탁해 112에 전화를 걸도록 했다. 그러자 이내 객차 내에 방송이 나오고 다음 역에 잠시 정차할 때 역무원들이 대기하고 있다가 여성과 함께 데리고 내렸다. 그는 아마 현행범으로 구속되었을 것이다.

성추행범을 잡은 나는 집에 돌아와 의기양양해져서 아내에게 이 사실을 들려주었다. 그러나 돌아오는 것은 칭찬은커녕 "제발 좀 나서지 말라"는 타박뿐이었다. 하긴 거기엔 다른 사람들도 있었고, 게다가 나는 허리 디스크로 복대를 차고 있던 상황이었으니 아내의 마음도 충분히 이해가 간다. 그런데 왜 사람들은 상황이 한참 진행되기까지 그저 보고만 있었을까. 이런 상황이 발생하면 직접 뛰어드는 사람보다는 '누군가 하겠지'라는 생각에 일단 지켜보는 사람이 많다. 갑자기 흉기라도 휘두르면 다칠 수 있으니 위험하다는 생각이 들었을 것이다.

팀별 과제에서의 무임승차

남과 같이 일할 때 '내가 하지 않아도 누군가 하겠지'라는 생각으로 일을 소홀히 해본 경험은 누구에게나 있을 것이다. 인원이 많아지면 그런 경향이 더 심해진다. 학창 시절 조회 시간에 교가를 부를 때 입만 벙긋거린다거나 모두 함께 대청소를 할 때 대충 하는 시늉만 하며 게으름을 피운 경험도 마찬가지다. 군대에서 훈련을 받을 때도 열심히 소리를 질러 목이 다 쉬어버린 병사도 있지만 대충 소리 지르는 척만 해서 목소리가 쌩쌩한 병사도 있다.

모 가수는 해병대에 자원입대하여 박수갈채를 받았다. 비리를 저질러서라도 군대에 가지 않으려 애쓰는 연예인이 많은 터라 이는 분명 칭찬받을 일이다. 그런데 그를 볼 때마다 해병대에서 밥 먹듯이 하는 목봉체조와 고무보트 머리에 이고 다녔을 일들이 생각난다. 그는 비교적 키가 작기 때문에 그와 한 조가 된 전우들이 본의 아니게 애를 먹을 상황이 머릿속에 그려져 혼자 피식 웃곤 한다.

이런 현상을 '링겔만 효과 Ringelmann Effect'라고 하고, 숟가락만 살짝 얹어 묻어간다는 의미에서 '무임승차 효과 Free Rider Effect'라고도 한다.

링겔만이라는 독일의 심리학자는 사람들이 줄을 잡아당기게 하고 그 힘을 측정할 수 있는 장치를 고안하여 실험을 했다. 혼자서 줄을 당겼을 때 사람들이 발휘한 평균적인 힘은 63킬로그램이었다고 한다. 그러나 인원이 추가될수록 한 사람이 줄을 당길 때 발휘하는 힘은 점점 줄어들었다. 8명이 동시에 줄을 당겼을 때는 한 사람의 힘이 겨우 49킬로그램밖에 안 되는 것으로 나타났다. 사람이 많아지니까 전체 발휘할 수 있는 힘은 당연히 세지겠지만, 개인별 힘은 오히려 줄어든 것이다.[2]

팀별 과제나 프로젝트가 많은 요즘은 이런 문제가 표면으로 더 잘 드러난다. 직원들에게 브레인스토밍을 시켜보면, 같은 시간이 주어지더라도 함께하는 인원이 많을수록 개인이 내놓는 아이디어 수는 줄어드는 것을 관찰할 수 있다. 개인이 따로 움직일 때보다 집단으로 움직일 경우에는 자신의 능력을 제대로 발휘하지 않는 경향이 나타난다. 특히 책임소재가 불명확할 때 이런 현상이 두드러진다.

얼마 전 〈무한도전〉에서 조정경기를 한 적이 있었다. 조정이라는 스포츠는 리더의 지시에 따라 팀원들이 일사불란하게 움직여야 시너지 효과를 볼 수 있다. 그러나 여기서도 여지없이 링겔만 효과가 나타났다. 경기가 끝났을 때 리더인 유재석은 침을 질질 흘리고 인터뷰도 제대로 하지 못했다. 혼신의 힘을 다했기 때문이다. 그런데 다른 멤버들은 힘들어 죽겠다고 아우성이었다. 그들에게는 아직 인터뷰할 힘이 남아 있다는 뜻이다. 정말 죽을 만큼 힘을 다했으면 유재석처럼 제대로 인터뷰를 할 수 없어야 정상이다.

과거에는 학교나 회사생활이 이 조정경기와 비슷했다. 같이 노를 젓는 시늉만 해도 웬만큼 감출 수 있고 티도 별로 나지 않게 묻어갈 수 있었다. 그러나 현재의 경영 환경은 급류에서 즐기는 래프팅과 같다. 개개인의 역할이 다 다르기에 한 사람이라도 그 역할을 충실히 수행하지 않으면 급류에 배가 뒤집히고 만다. 그래서 현재 조직에서는 이 링겔만 효과를 줄이고 시너지 효과를 극대화하기 위해 많은 노력을 기울인다.

묻어가는 무임승차 인생 괜찮은가

흔히들 이런 일을 막기 위해서는 협업을 할 때 개인별 업무 R&R(Role & Responsibility)를 명확히 구분해서 분배하고, 개인별 성과를 명확히 측정하여 공헌도를 평가하는 것이 해결 방법이라고 소개한다. 그러나 현장에서 일을 해보면 이런 방법도 제대로 먹히지가 않는다.

요즘 대학에서는 교수들이 팀 과제나 프로젝트를 수행할 때 각 멤버의 공헌도를 따로 표시하라고 한다. 그러면서 서로 좋자는 식으로 동일한 비율로 나누는 경우는 감점을 하겠다고 엄포를 놓는다. 그러나 이런 방법은 교수가 해야 할 고민을 학생들에게 전가하는 것이다. 이런 협업은 팀워크를 배양해서 시너지 효과를 얻을 것을 기대하고 진행하는 것인데 오히려 팀워크를 깨는 계기가 된다. 단순히 교수 입장에서 손이 덜 간다는 이익밖에 없다.

신인가수를 발굴하는 모 오디션 프로그램에서도 이런 경우를 봤다. 심사위원이 따로 출전한 남녀를 한 팀으로 묶어서 준비하게 했다. 노래가 끝난 후 한 사람을 떨어뜨려야 하는데 둘이 워낙 백중세라 결정하기 어려운 상황이었다. 그런데 심사위원 중 하나가 갑자기 이 훌륭한 퍼포먼스에 두 사람 중 누가 기여를 많이 했는가를 묻는 것이었다. 자신들이 해야 할 고민을 참가자들에게 전가한 것이다. 남성이 입을 열어 여성의 공헌도가 더 컸다고 하자 결국 남성을 떨어뜨렸다. 여성은 그 단계를 홀로 통과하기는 했지만 그야말로 멘붕 상태가 되었다. 둘 다 망가뜨린 것이다. 이런 식의 평가는 결코 하지 말아야 한다.

실제 회사생활을 하다 보면 남들의 성과에 묻어가는 무임승차자 Free Rider 들을 많이 볼 수 있다. 시장조사업체 이지서베이에 따르면 한 조사에서 응답자의 72퍼센트가 회사 내에 무임승차자가 있다고 대답했다고 한다. 일하는 시늉만 내며 다른 사람의 성과에 묻어가는 사람들이 적지 않다는 것이다. 그런 사람일수록 일을 자기가 다 한 것처럼 떠벌리고 온갖 생색을 낸다. 스펙은 '명품'이지만 사회성은 '짝퉁'이고 업무엔 관심 없고 성과급, 휴가, 칼퇴근 타령만 하는 직장 고문

관들이다. 일한 땐 뺀질이, 월급날엔 투덜이, 입만 열면 "내가 사장이면 그렇게 안 해"라며 현실적 대안 없이 뜬구름 같은 소리만 늘어놓는다.

그래서 갤러리맨(회사에 대한 충성심은 눈곱만큼도 없으면서 갤러리에서처럼 멀리 떨어져 관망만 하는 직장인)이니 암반수족(지하수처럼 깊은 곳에 숨어 자신을 잘 드러내지 않으면서 오로지 생존에만 관심을 기울이는 직장인)이니 하는 신조어가 생겨난 것이다. 게다가 이런 사람들은 늘 불만이 많아서 입만 열면 100만 개도 넘는 불평을 털어놓는다. 늘 불만을 퍼뜨리고 다니는 직원은 조직을 와해시키는 테러리스트라 볼 수 있다. 회사에서 요구하는 인재는 프로리맨(프로페셔널한 샐러리맨)이다. 이런 사람들을 볼 수 있는 곳은 회사만이 아니다. 정치판을 보면 어려운 상황에서는 어디 가서 틀어박혀 있다가 정권이 바뀌면 기어 나오는 철새들이 쌔고 쌨다.[3]

사람은 누구나 자신이 여러 명 중의 한 명, 혹은 주목받지 않는 방관자의 입장이 될 때 의식적이든 무의식적이든 최선을 다하지 않게 된다. 그러나 자신에게 직접 책임이 주어지거나 자신이 직접 약속한 경우에는 위험까지 감수하며 최선을 다하게 된다. 그러므로 명확한 임무를 부여함과 동시에 스스로 '주인'이라 생각할 수 있도록 주인의식을 심어주어야 한다.

내가 스스로를 구경꾼이라 생각하면 팔짱 끼고 있겠지만 내가 주인이라고 생각하면 휴지도 줍게 된다. 조직의 구성원들로 하여금 주인의식을 갖게 하는 것은 모든 기업에게 가장 중요한 화두가 되고 있다. 그것은 출퇴근 시간을 탄력적으로 운영하고, 놀이방을 운영하고, 회사 휴게실에 암벽등반 시설을 갖춘다고 해결되는 것이 아니다. 조직의 경영철학과 관련된 일이다. 구성원을 존중할 줄 모르는 조직이라면 팔짱 낀 채 묻어가는 구경꾼들만 득실거리게 될 것이다.

40
복잡한 것을
단순하게 만드는 것이 능력이다

• 아이젠하워 원칙 / 3의 법칙 •

제2차 세계대전이 막바지로 치달을 무렵, 당시 유럽 지역 연합군 최고사령관으로 영국의 육군 원수 앨번브록 장군이 내정되어 있었다. 그러나 1943년 미국 대통령이던 루스벨트가 처칠과의 회동에서 담판에 성공하여 연합군 사령관 자리를 미국으로 가져가게 되었다. 그때 사령관이 되어 연합군을 승리로 이끈 사람이 바로 아이젠하워다. '아이크의 미소'라는 말이 유행했을 정도로 그는 매력적인 미소의 소유자였고, 타고난 유머감각과 친밀감으로 사람들과 단기간에 깊이 관계를 맺을 줄 아는 리더였다.

사령관이 된 후에는 얽히고설킨 복잡한 이해관계를 모두가 만족할 만한 수준으로 단순하게 풀어냄으로써 고도의 균형감각을 지닌 전략적 귀재의 모습을 보여주었다.

4등분의 비밀

 사실 아이젠하워에게는 그만의 노하우가 있었다. 혼돈의 상태를 단순하게 정리하는 방법을 알고 있었던 것이다. 그가 업무를 처리하는 방식을 들여다보면 쉽게 이해할 수 있다.

 그는 가는 곳마다 책상 하나를 마련했다. 먼저 책상 위를 4등분한다. 4등분 한 공간에 각각 번호를 매기고 1번에는 당장 버릴 업무를, 2번에는 부하에게 지시해 처리할 업무를, 3번에는 연락을 취해 조금 더 알아보거나 부탁할 업무를, 4번에는 지금 당장 직접 처리할 업무를 배치한다. 그러면 일이 진행될수록 책상 위는 점점 말끔하게 치워진다. 이런 방법을 '아이젠하워 원칙'이라 한다.

 아랫사람들은 리더의 지시가 명확하지 않거나 상황이 복잡하면 혼란에 빠진다. 그러나 아이젠하워의 책상을 보고 지시를 받는 부하는 자신이 무엇을 해야 하는지뿐만 아니라 그 일이 얼마나 중요한지도 잘 알 수 있었다. 즉 상하 간에 명확한 커뮤니케이션이 가능했고, 당장 처리할 일을 미루지 않고 할 수 있었다. 중요한 일이 계속 발생했지만 아이젠하워의 책상은 늘 말끔했다. 1번 공간, 즉 쓸데없거나 중요도가 떨어지는 일을 버릴 줄 알았기 때문이다.

 1944년 6월 6일 200만 명의 인력이 투입된 노르망디 상륙작전은 인류 역사상 가장 규모가 크고 복잡한 작전이었다. 육해공의 입체적이고 복합적인 병참 지원 전략은 물론 지형과 조수, 기후 등의 복잡한 변수까지 치밀하게 고려해야 했다. 게다가 여러 나라의 군대를 통합해서 이끌어야 했다. 그러나 아이젠하워는 이 작전을 무리 없이 성공시켰다. 아이젠하워 원칙 덕분이다. 그가 이 원칙에 충실하지 않았다면 저 유명한 1944년 6월 6일의 디데이_{D-Day}는 없었을지도 모른다. 그는 위기가 다가올수록 그리고 상황이 급박할수록, 그 상황을 단순화시킬 줄 아는 단순화의 달인이었다.

후에 미국 대통령이 된 그는 8년간의 임기 동안에도 자신의 원칙을 충실히 지켰다. 관심 영역에서 포기해야 할 일은 과감하게 버리고, 참모들에게 맡기거나 그들의 협조를 받아야 할 일, 연락과 중재가 필요한 일, 자신이 당장 처리해야 할 일로 구분해서 처리했다. 자신이 직접 하지 않아도 되는 일은 과감하게 참모진에 맡겼다. 미국 백악관에 비서실장제와 국가안보 보좌관제가 만들어진 것도 이때였다. 그는 지금까지도 참모 조직을 가장 잘 활용한 대통령으로 기억되고 있다.[4]

단순화가 능력이다

뛰어난 리더일수록 복잡한 것을 단순하게 만드는 능력이 있다. 20세기의 전설적인 경영자 중 한 명이었던 GE의 잭 웰치도 바로 그런 리더 중 한 명이었다. 어느 날 그는 한 레스토랑에서 칵테일 냅킨 위에 3개의 원을 그렸다. 각각은 GE의 핵심 사업_{Core}, 하이테크 산업_{High Technology}, 서비스 산업_{Service}을 의미했다. 이 3개의 원 안에 있는 15개의 비즈니스는 앞으로 GE가 성장동력으로 삼고 전방위적인 지원을 하게 되는 것이었고, 원 밖에 있는 비즈니스에 대해서는 더 노력하여 사업을 안정시킬 것인지, 매각할 것인지, 아니면 폐쇄할 것인지를 결정할 것이다. 만약 안정화시킬 수 있는 비즈니스라면 원 안으로 들어갈 수 있을 것이다. 이 3개의 원이 몰고 온 파장은 엄청났다. 잭 웰치가 추진하는 엄청난 구조조정의 밑거름이 되었기 때문이다. 이 3개의 원은 이후로도 잭 웰치에게 나침반이 되었다.

이 그림은 너무나 간단하고 누구나 이해할 수 있었기에 그 메시지가 30만 명이 넘는 전 세계의 직원들에게 곧바로 전달되었다. 잭 웰치의 생각을 세계 각국에서 근무하는 모든 직원이 분명히 알 수 있었다. 1등이나 2등이 되어야 한다는 목표가 명확하게 선포되고 확산되었다. 그리고 GE는 실제로 그렇게 운영되었다.[5]

모토로라에서 시작하여 GE를 거쳐 한때 전 세계의 혁신 트렌드를 주도했던 6시그마가 GE에서 시작될 때의 일이다. 참모진에서 이메일로 올린 기획안에 대해 잭 웰치는 한마디로 회신했다.

'승인함 Approved!'

6시그마는 승인됨과 동시에 당일부터 전 세계의 GE 사업장에서 예외 없이 시행되었다.

〈포천〉지에 실린 '잭 웰치의 경영교본을 찢어버려라'라는 특집 기사를 시작으로 현재는 잭 웰치의 경영방법이 더는 통하지 않는 것으로 알려졌다. 하지만 당시에는 전 세계적으로 가장 힘 있는 리더였다.

일을 잘하는 직원들은 책상부터 다르다. 책상이 수북하면 정신 상태도 수북해진다. 일을 잘하는 직원일수록 책상 위가 항상 잘 정돈되어 있다. 개인 서랍이나 캐비닛도 마찬가지다. 고과 시즌에 업무 성과가 비슷한 두 사람을 놓고 고민이 된다면 퇴근한 후 두 사람의 책상을 살펴보라. 누구에게 더 좋은 점수를 줄지 힌트를 얻을 수 있다.

복잡한 일을 단순하게 만드는 것은 매우 주목할 만한 능력이다. 이것이 습관화되면 평소의 생활도 잘 정리가 된다. 그러나 의외로 단순화하는 습관을 지닌 사람을 보기가 쉽지 않다.

작은 습관, 큰 효익

나는 매일 아침이면 포스트잇을 사용하여 그날 할 일을 정리한다. 공적인 일과 사적인 일로 나눠서 각각 가장 우선적으로 처리할 일, 오늘 중으로 해야 할 일, 당장 급한 것은 아니지만 언젠간 해야 할 일을 구분해서 적는다. 그리고 일을 처리할 때마다 굵은 펜으로 줄을 긋는다. 종일 열심히 일하고 퇴근할 때 책상 정면에 붙여놓은 포스트잇에 굵은 펜이 많이 그어져 있으면 귀가하는 발걸음도 가벼워진다.

사소한 습관이지만 그 효과는 매우 크다. 아마 이 책의 독자들도 복잡한 일을 단순하게 정리하는 자기만의 노하우가 있을 것이다. 그런데 아직 이렇다 할 정리 습관이 없는 독자라면 한번 시도해보길 권한다. 분명 적지 않은 효과에 놀라게 될 것이다.

나는 어제도 이런 방법으로 SNS의 친구들을 정리했다. 서로 친해서 '친한 친구'로 남겨두고 싶은 사람, 별로 친하지는 않지만 그래도 친구 사이는 유지해도 좋을 사람, 그리고 상호 간에 별로 연락도 없고 심지어 누군지 기억도 나지 않는 사람으로 구분하여 마지막 세 번

째에 해당하는 친구들은 과감하게 '친구삭제'를 감행했다.

책장을 정리할 때도 '저자 친필 사인을 받은 책', '내용이 좋아서 다시 읽을 만한 책', '괜찮긴 한데 다시 읽을 필요는 없는 책', 그리고 '읽는 것이 시간만 낭비하는 것인 책'으로 구분한다. 마지막에 해당하는 책은 파지를 줍는 할머니께 드리거나 바자회에 보낸다.

회사에서든 학교에서든 가정에서든 이런 습관을 적용할 수 있는 분야는 무궁무진하다. 이 작은 습관이 가져다주는 효익은 결코 적지 않다. 어쩌면 인생을 바꿀 수도 있다. 책상을 4등분 해서 업무를 나누는 습관 하나가 세계대전을 승리로 이끌 었듯이, 작은 습관 하나가 세상을 바꿀 수도 있다.

41

섣부른 혁신이
복잡성을 증가시킨다

• 파킨슨의 법칙 / 눈덩이 효과 / 메디치 효과 •

    회기 내에 처리해야 할 것이 산더미같이 쌓여 있던 어느 연말, 국회도서관의 대강당은 한 실세 의원의 출판기념회에 당대표, 원내대표, 사무총장, 최고위원, 대변인 등 여당의 핵심 의원 60여 명을 비롯한 인파가 몰려 대성황을 이루고 있었다. 그러나 비슷한 시간에 국회 본회의장에서 열린 경제 분야 대정부 질문에는 20명의 의원만이 참석해 거의 텅텅 빈 상태로 진행되었다. 전체 국회의원 수가 300명이라는 점을 감안하면 참 한심한 모습이라고밖에 할 말이 없다. 분명 국회에서 처리해야 할 일이 쌓여 있다는 걸 알면서도 지역구 행사에 가거나 심지어는 한가하게 해외로 나간 국회의원도 상당수였다.

    이것이 대한민국을 이끌어가는 정치인들의 실상이다. 제대로 하는 일도 없으면서 세비는 계속 인상시키고 있다. 국회의원 수는 일본보다 2배, 미국보다 4배가 많다고 한다. 도대체 한국의 국회의원 수는 왜 이리 많을까.

대한민국뿐 아니라 세계 거의 모든 나라에서 공무원 수는 점차 증가하고 있다. 인구가 늘어나면서 할 일이 많은 경우뿐 아니라 인구가 줄어드는 나라에서도 그렇다. 이런 현상을 영국의 역사학자이자 경영연구가인 노스코트 파킨슨이 1955년 〈런던 이코노미스트〉에 '파킨슨의 법칙Parkinson's Law'이라는 용어를 사용해 지적했다. "직원 수와 업무량의 상관관계, 즉 공무원 조직은 업무의 증감에 상관없이 상급 간부로 진급하기 위해 부하의 수를 늘릴 필요가 있기 때문에 매년 공무원 수가 평균 6퍼센트씩 증가한다"라는 내용이었다. 공무원 조직을 비롯한 거대 조직에 경종을 울린 일이었다.

파킨슨은 자신이 영국 식민성 직원으로 일할 당시 통치해야 할 식민지 수가 줄어들어 업무량이 감소했는데도 직원 수가 늘어난 것에 대해 의문을 품고 연구를 진행했다. 그의 이론은 후에 《파킨슨의 법칙》이라는 책으로 소개되었는데 신랄한 풍자와 냉철한 분석을 담았다. 예를 들면 다음과 같은 내용이다. '공무원은 부하를 늘리기를 원하지만 경쟁자는 원하지 않는다', '20명 이상의 각종 위원회는 불능이 되므로 5명 이내로 한정할 필요가 있다', '예산 심의에 걸리는 시간은 예산액에 반비례한다', '유능하지 못한 사람은 공무원과 군인이 되고 유능한 사람은 비즈니스맨이 된다', '공무원은 서로를 위해 서로 일을 만들어낸다' 등이다.[6]

파킨슨의 법칙은 직원 수가 늘어도 성과는 향상되지 않으며, 가장 현명하고 뛰어난 사람이 리더로 발탁되지 않는 경우가 많은 현실을 지적한다. 따라서 조직뿐 아니라 개인도 바쁜 일상 속에서 시간을 보다 체계적이고 효율적으로 관리할 필요가 있다고 조언한다.

GM과 현대의 뱀 잡는 방법

실제 웬만한 규모의 조직에서는 업무량과 관계없이 승진이나 권한의 확대 등 조직 내부의 필요에 따라 불필요한 일자리가 생기고, 늘어난 인원을 관리하기 위해 또 새로운 일거리가 만들어지곤 한다.

사실 조직은 자꾸만 팽창하려는 내부 동력을 가지고 있다. 일의 양과 조직원의 수 사이에는 상관관계가 별로 없다. 아무런 결과물이 없어도 조직원들은 바빠지기 위해 각자 불필요한 일들만 만들어내며, 이로써 또 사람 수가 증가한다. 문제는 늘어난 인원만큼 성과가 올라가는 게 아니라는 데 있다. 사람들은 시간적 여유가 생길수록 그만큼 더 많은 일을 하는 것이 아니라 그 시간에 맞게 일을 천천히 그리고 비효율적으로 처리하는 경향이 있다. 결국 늘어난 시간만큼 내내 일을 하게 된다. 우리는 사회가 구성원에 의한 최적의 판단과 결정으로 움직이고 세상일이 대체로 합리적으로 돌아간다고 생각하지만 실제 조직에서는 그렇지 않은 경우가 많다. 그리고 조직이 거대할수록, 정부와 관련이 있는 공무원이나 공기업일수록 이런 경향은 더 두드러진다. 비효율을 초래하는 낭비요소가 커지는 것이다.

GM에 다니는 친구가 사내에 돌고 있다는 재미있는 이야기를 전해줬다.

어느 날 GM의 한 공장에 뱀이 침투했다. 그러자 다음과 같은 조치가 취해졌다.

- 대책강구 태스크포스팀 구성
- 비상회의 소집
- 침투 원인, 침투 경로 등 다양한 1차 분석 실시
- 뱀의 종류 파악
- 그 뱀의 종류에 맞는 전문가 물색
- 전문가와 2차 대책회의
- 침투 원인, 침투 경로 등 다양한 2차 분석 실시
- Action Plan 작성
- 재무부서에 경비 신청
- 경비 협의
- 최종 경비 승인
- CEO 승인
- 뱀 체포조 출동

대규모 조직에 걸맞게 여러 단계의 프로세스가 톱니바퀴처럼 진행된다. 그만큼 많은 인원이 필요하다. 그러나 여기에 함정이 있는데 가장 중요한 것을 놓치고 있다는 사실이다. 즉 아직도 뱀을 잡지 못했다는 사실이다. 뱀을 잡지 못하면 조업도 불가능하다.

만일 같은 일이 현대나 도요타 자동차의 생산라인에서 있었다면 다음과 같은 상황이 벌어질 것이다.

- 가장 먼저 뱀을 본 직원이 잡음
- 자동차를 생산함

한참 경영난을 겪던 GM에서 내부 직원들 간에 오가던 우스갯소리다. 자동차회사에서 가장 중요한 것은 자동차를 생산하는 일이다. 그러나 정작 중요하지도 않은 일에 많은 시간과 인력이 사용되고 있다. 이러한 낭비요소는 모든 조직에 존재하는데 이를 통틀어 '낭비 waste'라고 부른다. 이와 반대되는 개념으로, 자동차를 생산하는 것처럼 실제로 가치를 창출하는 활동을 '부가가치 활동 value added activity'이라고 부른다. 혁신의 아이콘으로 불리던 GE에서도 내부적으로 모든 업무를 이처럼 구분해보았더니 낭비요소가 무려 95퍼센트나 되었다고 한다. 즉, 직접 부가가치를 창출하는 활동이 5퍼센트에 지나지 않는다는 것이다. 가장 혁신적인 조직이라 알려진 곳이 이 정도면 보통의 조직은 상황이 어떨지 불 보듯 뻔하다. 내부 업무를 이처럼 구분하여 '워크아웃 work-out'을 통해 낭비요소를 줄이는 활동을 마른 수건도 쥐어짠다는 의미로 '린 LEAN'이라 한다.[7]

곳곳에 숨은 낭비 요소

나도 GE캐피탈에서 근무할 당시 태국의 '자동차 할부금융 프로세스'의 낭비제거 워크아웃에 참여한 적이 있었다. 본격적으로 시작되기 전에 CEO에게 전체 프로세스의 소요 시간이 얼마나 되는지 물어봤다. 그랬더니 고객이 신청서를 제출하고 3시간이면 끝난다고 했다. 그러나 신청서 실물을 따라가며 측정해본 결과 무려 2주가 걸렸다. 고객이 신청서를 제출하고 2주가 지나야 대출금을 송금받을 수 있었던 것이다. 이론상으로야 3시간도 걸리지 않겠지만 모든 프로세스마다 병목과 대기상황이 발생하여 어마어마한 시간이 소요되고 많은 사람이 투입되고 있었다. 이런 내용들이 바로 제거해야 할 낭비다. 나와 함께 투입된 팀은 2주 동안의 워크아웃 동안 2주의 소요 시간을 1일로 줄일 수 있었다.

사실 웬만한 조직에서는 거의 예외 없이 나름의 혁신 활동을 수행한다. 그러나 해당 조직에 직접 들어가서 프로세스를 살펴보면 낭비요소가 어마어마하다. 눈으로 보이는 낭비는 '빙산의 일각'일 뿐이다. 게다가 정부까지 '혁신정부'임을 자처하며 난리를 치니 일반 기업이 겪는 혁신의 피로도는 심각한 수준에 달해 있다. 여기서 바로 부작용이 생긴다. 혁신 활동이 오히려 복잡성을 증가시켜 기업에 해를 끼치는 것이다. 여기에 고객만족의 중요성이 증대되면서 무조건 고객을 만족시켜야 한다는 강박관념이 더해진다. 비용과 수익을 고려하지 않은 맹목적 고객만족 추구가 혁신을 독으로 변질시킨다. 혁신을 통해 매출과 수익을 증대시키고 낭비를 제거함으로써 비용을 절감하는 데 목적이 있는 것이 아니라 혁신이 목적 자체로 오인돼 복잡성만 증가시키고 오히려 효율성을 떨어뜨리는 것이다.

한순간 복잡성이 제거되었다 해도 방심해서는 안 된다. 기술의 발달과 고객 취향의 변화로 복잡성이 다시 증가할 가능성이 늘 존재하기 때문이다.

요즘 유행하는 지식경영 이론에 따르면 작은 제안 하나도 '빅 아이디어'로 발전할 수 있다. 기술 융합이 빠르게 진행되는 산업 환경에서는 특정 담당자에 의한 연구개발이나 업무 수행보다는 사내 전문가들이 모여 지식을 창출하고 씨앗지식을 거대지식으로 발전시켜나가야 한다. 이를 '눈덩이 효과 Snowball Effect'라 한다.

또한 서로 관련이 없어 보이는 다양한 분야가 교류하고 융합해 이종 간에 아이디어가 나오고 새로운 시너지 효과를 창출할 수 있다. 이를 '메디치 효과 Medici Effect'라 한다. 이처럼 다른 분야에 종사하는 사람들의 신선한 시각과 고객의 시각을 통해 효율성을 극대화해야지, 무조건 인원 수만 늘려가는 것은 바람직하지 않다.

데드라인과 효율성

파킨슨의 법칙은 개인 생활과도 관련이 있다. 주어진 시간이 많을수록 쓸데없는 일들이 부풀려진다는 점에서다. A 교수는 학생들에게 리포트 과제를 부여하면서 한 그룹에게는 일주일의 시간을 주고 다른 한 그룹에게는 두 달의 시간을 주었다. 그러나 두 그룹이 제출한 리포트의 질은 별반 차이가 없었고 리포트를 제출하지 못한 학생들의 수도 비슷했다고 한다. 늘 피곤한 직장인이 일찍 퇴근해도 늦게까지 야근을 할 때와 같은 시간에 잠자리에 들거나, 연인에게 편지를 쓸 때 온종일 쓴 편지나 한 시간 만에 쓴 편지나 별반 다르지 않은 경우 등 다양한 사례가 있다.

이런 상황을 고려하여 데드라인을 부여할 때는 너무 짧지도, 길지도 않게 적당히 설정해야 한다. 바쁜 일상에서 어떤 것이 가장 효율적인지, 조직에서 가장 효율적인 운영은 어떤 것인지 알아내는 일은 매우 중요하다.

앞에서 설명했듯이 업무가 늘어나서 사람이 늘어나는 것이 아니고 사람이 늘어나서 업무가 늘어나는 경우가 많다. 아무리 열심히 살아도 늘 그날 안에 끝내지 못하고 잠자리에 드는 경우가 많다. 그러나 시간이 부족하다고 불평하는 사람들이야말로 시간을 제대로 사용하지 못하는 이들이다. 효율적으로 일하지 못하는 조직이 일이 많고 인원이 적다고 투덜댄다. 지금 당신이 속한 조직에서도 현존하는 낭비요소는 전체의 절반이 넘고, 개인 시간 중 대부분은 그냥 흘려보내고 있을 것이다.

우리는 우리가 인지하는 것보다 훨씬 많은 낭비 속에 살고 있다. 이것을 먼저 인지하는 것이 조직과 개인이 최고의 효율성을 추구하고 달성하는 첫걸음이다.

42
감시자가 아니라 격려자가 필요하다

• 호손 효과 / 기니피그 효과 •

태권도 발표회를 앞둔 아들이 도복을 멋지게 차려입고 엄마 앞에서 열심히 품새를 연습 중이다.

"이야, 우리 규민이 잘하는데? 정말 멋지다! 그런데 엄마 저녁 준비해야 하니까 이제 그만할까?"

"아니야. 다음 품새도 봐줘야지. 태권무도 봐주고."

"그런데 엄마가 지금은 너무 바빠요. 조금 있다가 다시 봐주면 안 될까?"

"싫어. 그럼 나 안 해!"

"너는 왜 꼭 누가 봐줘야만 되니. 혼자서 연습해도 되잖아."

아이 키우는 집이라면 흔히 볼 수 있는 광경이다. 엄마에게 자신의 멋진 모습을 뽐내고 싶은 아들의 마음을 모르는 바는 아니나 엄마가 종일 아들만 지켜볼 수는 없는 일이다. 왜 아이들은 다른 사람이 지켜봐야 열심히 하는 걸까. 딸아이의 무용 발표회 때도 조금 늦게 가서 몰래 지켜볼 때는 별로 열심히 하지 않더니 객석에 앉아 있다가 눈이 마주치자 더 열심히 하지 않던가.

　우리가 어릴 때는 아이들에게 커서 무엇이 되고 싶은지 물어보면 판사, 의사, 대통령, 선생님 등을 댔다. 그 직업이 무엇인지도 모를 때부터 자신은 '무엇'이 되고 싶다고 생각한 것이다. 물론 부모님의 세뇌가 작용한 것이다. 전공을 선택할 때도 부모님의 기대나 바람과 무관하게 결정을 내렸던 사람은 많지 않을 것이다. 늘 지켜보는 부모님을 실망시켜드릴 수가 없기 때문이다.

　고등학교 야간 자율학습 시간에 감독 선생님이 교실에 계실 때와 안 계실 때 교실 풍경은 하늘과 땅 차이다. 선생님이 계실 때는 열심히 공부하지만, 선생님이 자리를 비우시면 피곤한데다가 긴장감이 풀어져 딴짓을 하거나 잠을 자는 학생들이 많아진다. 연수원에서 직원들 연수를 시킬 때도 비슷하다. 조별 토의 시간에 "각 교실에 설치된 CCTV를 통해 방송실에서 모니터한다"는 사실을 알려주면 따로 감독하지 않아도 꾀부리는 직원 없이 피 튀기게 조별 과제를 진행한다.

　누군가 지켜보고 있다는 사실이 부담스러울 때도 있지만, 그것을 즐기는 때도 있다. 바로 노래방에 갔을 때다. 노래방 기피 인물이 어떤 사람인지 아는가? 남들 노래할 때 듣지는 않고 자기가 부를 노래만 찾는 사람 그리고 남의 노래를 따라 부르는 사람이다. 남들 앞에서 멋지게 노래를 부르고 싶은데 들어주지도 않고 오히려 방해만 하는 사람 말이다. 발표회를 앞두고 준비할 때는 어리바리하다가 발표 시간이 되면 정말 잘하는 사람이 있다. 다른 사람이 지켜볼 때 더 희열을 느끼고 집중이 잘 되는 경우다.

관찰자와 생산성

이렇게 나를 지켜보는 사람이 있느냐 없느냐에 따라 행동에 차이가 나는 것을 '호손 효과Hawthorne Effect'라고 한다. 미국의 전구 제조공장이었던 호손웍스Hawthorne Works라는 회사에서는 1924~1927년에 조명의 밝기와 근로자 생산성과의 상관관계를 밝히기 위한 실험을 했다. 실험에서는 조명과 생산성이 상관관계가 큰 것으로 나타났다. 그러나 공식적인 실험 시간이 지나자 같은 밝기를 설정해도 생산성이 떨어지는 것이었다. 일단 실험을 중단하고 작업 시간, 임금, 휴식 시간 등의 변수가 생산성에 어떤 영향을 미치는지를 실험했다. 그런데 어떤 변수로 실험을 하든 실험 기간에는 생산성이 향상되다가 실험이 종료되면 같은 조건을 유지해도 생산성이 떨어지는 현상이 관찰되었다. 원인은 실험의 대상인 직원들에게 있었다. 타인이 지켜보고 있다는 생각에 원래보다 더 열심히 일을 했던 것이다. 원래 이 실험은 작업장의 물리적 조건을 개선하면 작업 능률이 향상될 것이라는 가정하에 시작되었다. 그런데 생산성에 영향을 미치는 가장 큰 요인은 종업원의 사기와 주위의 관심 같은 심리적인 문제라는 결론을

도출해내게 되었다.[8]

호손 효과는 '기니피그 효과 Guinea Pig Effect'와 비슷한 개념이다. 기니피그란 남아프리카 페루 지역 원주민들이 기르던 순종적인 애완동물이다. 여기에 빗대어 피실험자가 실험자가 원하는 결과나 기대치에 부응하려고 노력하는 현상을 기니피그 효과라 한다. 실험 전에 실험에 관련된 의도나 자료 등을 보여주면 실험 결과가 그 의도대로 됨을 가리킨다.[9]

조직에서는 이런 현상을 어렵지 않게 볼 수 있다. 부장이 맨 뒤에 앉아 있고, 그 앞에 차장이, 그 앞에 과장과 대리들이, 맨 앞에 신입 직원들이 앉아 있는 광경은 그리 낯설지 않다. 우리나라와 일본에서 주로 나타나던 형태인데 맨 뒤에 있는 상급자는 가만히 앉아서 고개만 들어도 부서원 전체의 일거수일투족을 관찰할 수 있다. 이런 좌석 배치에서는 근무 시간에 인터넷 검색을 하거나 쇼핑을 하는 일은 꿈도 못 꾼다. 뒤에서 내 모니터를 다 들여다보고 있기 때문이다. 누가 늦게 출근하는지, 누가 일찍 퇴근하는지도 한눈에 파악된다. 아무리 개인적으로 급한 일이 있다 해도 이런 근무 환경에서는 가장 앞에 앉은 직원이 먼저 퇴근하는 일은 상상하기 어렵다. 가만히 앉아서 직원들을 통제하고 집중하도록 함으로써 최고의 효율을 추구하고자 하는 방식이다.

이런 조직에서는 별로 할 일이 없어도 부장이 퇴근할 때까지 시간을 때우게 된다. 빨리 끝낼 수 있는 일도 어차피 퇴근이 늦으니 천천히 하게 된다. 집에 가도 반겨주는 이 없는 부장은 직원들의 속을 아는지 모르는지 일찍 퇴근할 생각은 안 하고 자리만 지키고 있다. 앞에 앉은 직원들은 뒤를 돌아보지도 못하고 반대편 거울을 통해 흘끔거리며 동태를 살핀다. 그야말로 최악의 근무 환경이다.

특히 은행은 여러 면에서 여전히 보수적이다. 근무 시간이 분명히 정해져 있지만 상사의 출퇴근 시간에 따라 직원들의 출퇴근 시간이 결정된다. 만일 지점장이 분당이나 일산 등 수도권에 살아서 차가 막힌다며 일찍 출근하고 늦게 퇴근하는 상황이면 직원들이 모두 비상이다.

지켜보는 것과 격려하는 것

이런 통제 방법이 통할 때가 있었다. 그러나 지금은 상황이 완전히 변했다. 인사관리나 조직 행동 같은 교과서에도 나와 있듯이 직원을 근무 시간으로 관리하고 평가하는 것은 가장 후진적인 형태다. 직원을 편의점 아르바이트생 정도로 취급한다고 볼 수 있다. 노사 문제에서도 주당 근무 시간 등이 주요 이슈가 되는데, 이것도 우리가 아직 이런 습성에서 벗어나지 못했기 때문이다. 아직도 기업의 의사결정권자들은 부장이 가장 뒤에 앉아 있던 시스템에 길들었던 사람들이라 유연한 근무 환경이 전면적으로 도입되기에는 시간이 더 필요해 보인다.

호손 실험의 후속 실험이 1928년부터 1930년까지 진행되었다. 급여 인상이나 성과급제도 등의 경우 잠깐의 효과는 있었지만, 시간이 조금 지나자 다시 전과 같은 상태로 돌아갔다. 그런데 자녀 양육 등 개인의 문제를 해결해주는 면접 프로그램과 공식 조직 내의 비공식 조직이 생산성에 더 큰 영향을 미친다는 것이 밝혀졌다. 호손 실험이 있기 전까지는 인간도 하나의 생산 도구로 여겨졌으나 물리적인 조건보다는 응집력, 소속감, 사기, 인정 등과 같은 사회적·심리적 조건의 변화가 더 중요하다는 것을 알게 된 것이다. 좋은 시설보다는 조직 내부의 인간관계가 더 중요하다는 뜻이다. 인간은 경제적 욕구 외에 사회적 욕구를 지닌 존재이므로 개인으로서가 아니라 사회적 집단으로서 행동한다는 것, 관리자의 지속적인 관심과 격려에 긍정적인 반응을 보인다는 얘기다.

'지켜보는 것'이 '감시'가 될 경우는 부담이 된다. 하지만 도와주고 격려해주기 위해 애정을 가지고 지켜보는 것은 가정에서도 학교에서도 그리고 직장에서도 반드시 필요하다. 부모와 선생님과 리더와 관리자는 감시자가 아니라 지원자와 격려자가 되어야 한다. 그것은 사실상 본인을 위하는 것이기도 하다. 구성원이 잘되어야 자기도 잘되기 때문이다. 지금은 감시자보다는 격려자로서의 역할이 더 중요한 시대다.

43
산은 높아서 좋은 것이 아니라 나무가 있어 좋은 것이다

• 피터의 원리 •

"전투에 투입되어 헬리콥터에서 뛰어내릴 때 내가 가장 먼저 적진을 밟을 것이고, 맨 마지막에 적진에서 나올 것이며, 단 한 명도 내 뒤에 남겨두지 않을 것이다."

베트남전을 다룬 전쟁영화 〈위 워 솔저스 We Were Soldiers〉에서 실존 인물인 할 무어 중령이 남긴 명대사다.

지금까지 살아오면서 이런 상사를 본 적 있는가? 이런 매니저를 만난 적이 있는가? 이런 보스 밑에서 일해본 적이 있는가? 안타깝지만 반대의 경우가 더 많을 것이다. '어떻게 저런 사람이 저런 자리까지 올라갔지?'라는 생각이 드는 상사 밑에서 근무하고 있을 확률이 그렇지 않은 경우보다 훨씬 더 높다.

우리는 주위에서 무능력하고 무책임한 사람들을 쉽게 볼 수 있고, 그들 때문에 많은 불편을 겪고 불이익을 당한다. 그런데 이런 무능력하고 남에게 피해를 주는 사람들이 도태되기는커녕 도리어 승진 가도를 달린다. 이런 모습을 볼 때마다 모순을 느낀다.

컬럼비아 대학교의 교수였던 로렌스 피터Laurence J. Peter와 작가인 레이몬드 헐Ramond Hull은 《피터의 원리The Peter Principle》에서 다음과 같은 흥미로운 주장을 한다. "우리 사회의 무능은 개인보다는 위계조직의 메커니즘 때문에 발생하는 것이고 조직에서 구성원들은 자신의 무능력이 드러날 때까지 승진하려는 경향을 보인다."

이들은 수백 건에 달하는 무능력 사례를 분석했다. 조직 내의 구성원들은 비록 능력은 없으나 한두 번은 승진 기회를 통해 상위 직책을 맡게 되고, 그 직책에서 자신의 무능력을 커버하기 위해 열심히 일하다 보면 또 상위 직책을 맡게 된다. 이런 식으로 조직의 개인들은 자신의 무능력이 드러나는 단계까지 승진하게 되고, 시간이 지남에 따라 모든 직위는 그 업무를 수행하는 데 필요한 능력을 가지고 있지 않은 구성원들에 의해 채워지는 경향을 보인다. 자신의 능력을 넘어서는 자리로 승진한 사람은 그것이 자신의 최종 직위임을 직감한다. 그러나 그것을 인정하지 않고 이를 뛰어넘으려고, 혹은 자신의 무능을 감추려고 더 다양한 시도를 할 때 문제가 된다. 그래서 위로 올라갈수록 점심시간에도 일을 놓지 않고 퇴근 후에는 일거리를 집에 가져가기도 하게 된다는 것이다. 이를 '피터의 원리Peter's Principle'라고 명명했다.

이 이론에 따르면 조직의 구성원들이 무능력한 수준에 도달할 때까지 승진하게 되는 경향으로 인하여 조직의 연공서열과 폐쇄적인 타성을 그대로 방치할 경우 시간이 지나면서 모든 부서가 무능한 자들로 채워진다. 무능력한 리더는 다각도의 검증이나 여과 없이 과거의 성과만으로 사람을 평가하거나 승진, 영입을 결정한다. 자기 밑에서 말썽 없이 잘 지낼 수 있을지 또는 자기 입맛에 잘 맞출 수 있을지 등을 먼저 따지고, 유능하고 튀는 직원은 위험하고 다루기 힘들 것이라 생각해서 배제한다. 그래서 자신이 이류인 상사는 자신의 부하를 삼류로 채우게 되어 조직은 어느새 삼류들로 가득 채워진다. 그래서 집단 부능에 빠진 조직은 무엇이 문제인지 모르고, 성과에 대한 기대 수준이 낮으며, 자만 혹은 자화자찬에 빠져 있거나 자체적인 회복 능력이 없어 중요한 일이 있을 때마다 비싼 비용을 지불하고 컨설팅 등 외부의 힘에 의존하려고 한다.[10]

조직을 망치는 리더

무능한 리더는 죽으라 일만 시키고 그 공은 자신이 독차지한다. 아랫사람에게는 별로 관심이 없다. 회의나 회식 자리에서는 늘 직원들을 위해 자신이 희생하고 헌신하는 것처럼 포장하지만 부하직원들도 다 안다. 리더가 능력도 없고 자신들에게 전혀 관심이 없다는 것을.

"아무 생각 없이 살면 머슴살이 3년 하고도 주인 성도 모르고, 무관심하면 시집살이 3년 하고도 시어머니 이름도 모른다"는 말이 있다. 이 말은 구성원뿐 아니라 리더에게도 해당한다. 그렇게 죽으라 일을 시켜놓고 부하직원의 생일도, 자녀가 수능 시험을 치는 것도, 오늘 당장 컨디션이 좋지 않다는 것도 모른다. 심지어는 어떤 일에 적합한지도 모른다. "내 배 부르면 종더러 밥 짓지 말라고 한다"는 속담처럼 한마디로 자신 이외에는 관심이 없다.[11]

누가 좋은 재목인지도 당연히 모른다. 그저 고과 시즌에는 자신에게 잘 보인 직원, 자신에게 손바닥을 비벼댄 직원만 눈에 들어오는 것이다. "천리마는 어느 시대, 어디에나 있었지만 천리마를 구별할 수 있는 눈을 가진 백락伯樂은 언제나 드물다"는 말이 있다. 백락은 춘추 시대 사람으로 종자 좋은 말을 고를 때 귀신같은 눈썰미를 발휘했던 인물이다. 즉 인재는 어디에나 있지만 그 인재를 알아보는 눈을 가진 이는 예나 지금이나 드물다는 뜻이다. 또 설사 인재를 알아본다 해도 자신의 자리를 위협할까봐, 혹은 골치가 아플까봐 일부러 모른 체하거나 아예 치고 올라오지 못하게 싹수를 잘라버리는 경우도 있다. 다면평가가 일반적인 요즘, 이런 리더가 부하직원들에게 좋은 평가를 받을 수 있을까? 상사의 비판보다 아랫사람들의 평가가 더 가슴 아픈 것임을 알아야 한다.[12]

맹자가 말했다. "군주가 신하를 자신의 손발처럼 친하게 대하면, 신하는 군주를 자기의 심장으로 간주할 것이다. 그러나 군주가 신하를 개나 말처럼 대하면 신하는 군주를 마부로 간주할 것이다. 그리고 만일 군주가 신하를 똥처럼 본다면 신하는 군주를 적으로 간주할 것이다."[13]

부하직원을 소모품으로 여기는 리더가 많은 요즘 훌륭한 리더에 관한 이야기는 마치 무지개 너머 꿈속에서나 존재하는 이야기로 들릴지도 모른다. 오히려 우리가 흔히 볼 수 있는 리더의 모습은 계급으로 찍어 눌러 이겼으면서 논리적으로 설득했다고 말하고, 혼자서 똥고집만 피우면서 자신은 일관성이 있다고 주장한다. 게다가 말도 안 되는 엉뚱한 소리만 지껄이면서 창의적이라 말하고, 자신이 듣고 싶은 말만 들으면서 경청한다고 하며, 마땅히 리더로서 해야 할 일을 해놓고도 도와줬다고 생색을 낸다. 자신이 마치 궁예의 관심법을 쓰는 것처럼 모든 것을 알고 있다고 착각을 한다.[14]

이쯤 되면 당신의 머릿속에 떠오르는 리더가 여럿 있을 것이다. 자신의 성과를 떠벌리고 다니고 어쩌다 한 번 운 좋게 잡아 올린 무용담을 계속해서 재방송하는 리더도 별 볼 일 없다. 부하직원들이 자신을 위해 일하지 않았으면 그런 성과도 거두기 어려웠을 것이다. 몇 개의 동전만 들어 있는 저금통은 시끄럽지만 동전이 가득한 저금통은 소리가 나지 않는다. 빈 수레가 요란하고 빈 깡통이 시끄러운 법이다. 좋은 성적을 내는 스포츠팀은 좋은 선수들이 있기 때문이다. 좋은 회사, 좋은 성과는 좋은 직원들이 있기 때문이다. 당나라 학자 유우석의 말대로 "산은 높아서 좋은 것이 아니라 나무가 있어서 좋은 것"이란 뜻이다.

더 큰 나무를 키우는 리더

그렇다면 유능한 리더란 어떤 리더일까? 자신의 능력과 한계를 명확히 알고, 자신보다 나은 부하를 채용하며, 무능하거나 평범한 부하를 자신보다 낫게 키우는 사람이다.

정진홍 교수는 《인문의 숲에서 경영을 만나다》에서 전통적인 이야기를 그대로 재현하는 리더, 전통적인 이야기를 새롭게 각색하는 리더, 그리고 완전히 새로운 이야기를 창조하는 리더에 대해서 설명한다. 물론 가장 강력한 리더는 완전히 새로운 이야기를 창조해내고 이것을 통해 사람들을 변화시키는 리더다. 리더다운 리더는 자신만의 이야기를 만들고, 반대 이야기를 수용하며, 끊임없이 미래의 이야기를 탐구한다. 그리고 자신보다 나은 리더를 키운다. '큰 나무 밑에서는 큰 나무가 자라기 어렵다'는 이야기도 있지만 자신보다 더 큰 나무를 키우기 위해 자신을 희생하기도 한다. 위대한 리더를 분별하려면 그 밑에 어떤 부하들이 있는지 보면 된다.[15]

훌륭한 리더는 부하직원들이 빛나게 해야 한다. 노자의 가르침 중에 '무위지치無爲之治'라는 말이 있다. 최고의 다스림을 추구하려면 지도자가 있는지 없는지 모를 정도로 무위無爲의 치治를 해야 한다는 의미다. 즉 '내가 여기 있다. 나를 알아달라'고 강조하는 리더가 아니라 다스리지 않는 다스림을 실천하는 리더가 좋은 리더라는 얘기다.[16]

훌륭한 리더는 그 뒷모습도 아름답다. 자신의 부재가 기존의 조직에 타격을 입히지 않도록 자신보다 더 좋은 리더를 세우고 가는 것이다. 이쯤 되면 좋은 리더란 실제로는 존재하지 않고 상상 속에서나 볼 수 있는 인물이라는 생각이 들지도 모르겠다. 우리가 현실에서 날마다 접하는 리더에게서는 좀처럼 찾아보기 힘든 점들이기 때문이다. 하지만 반드시 그렇지만은 않다.

물리학자 아이작 뉴턴은 다니던 학교가 흑사병 때문에 잠시 문을 닫자 고향으로 내려가 혼자서 수학, 천문학, 물리학 등 다양한 분야의 학문을 연구했다. 그리고 학교로 돌아와서 자신의 스승이었던 아이작 바로우에게 연구 결과물을 보여주었다. 연구물을 본 바로우는 주저 없이 자신의 교수직을 내던지고 그 자리에 제자인 뉴턴을 채용하게 했다. 자기보다 더 나은 제자가 있다며 자신의 자리를 기꺼이 내놓은 교수를 본 적이 있는가?[17]

'피터의 원리'에 따르자면, 자신의 능력을 충분히 발휘할 수 있는 수준의 성공에 만족하는 것이 행복한 삶이다. 이를 위해서는 적절한 수준 이상의 승진은 바람직하지 않다고 할 수 있다. 본인과 부하직원, 회사 모두에 해가 된다. 아무나 리더가 되어서는 곤란하다. 자신의 무능력을 만천하에 드러내게 될 승진에 집착하기보다는 유능한 구성원으로 머무르는 것이 더 높은 만족감을 얻을 수 있다는 것이다.

닮고 싶은, 기대고 싶은, 그래서 오래도록 따라 하고 본받고 싶은 리더를 만나고 싶다. 총알이 빗발치는 전장에 가장 먼저 뛰어 나가고 부하를 모두 대피시키고 가장 나중에 적진에서 빠져나올 진정한 리더를 만나고 싶다. 마지못해 전쟁에 참여한 병사들이 목숨 걸고 싸울 수 있도록 동기를 부여해줄 리더 말이다. 리더다운 리더를 만나기가 사막에서 바늘 찾는 것처럼 쉽지 않은 요즘이다.

44
가장 나쁜 결정은
때 늦은 결정이다

• 루비콘 요소 / 썩은 사과 증후군 / 크런치 포인트 •

"주사위는 던져졌다!"

 기원전 49년 1월 12일, 카이사르는 이 말과 함께 루비콘 강을 건너기로 한다. 그것으로 로마제국의 역사가 바뀌었다. 고대 로마에서는 군대가 이 강을 건너 이탈리아로 들어갈 때 무장을 해제해야 했다. 그렇지 않고 강을 건넌다는 것은 반역이라는 의미였다. 속주 갈리아의 장관이었던 카이사르가 이 금기를 깨고 강을 건너 폼페이우스와의 전쟁에 들어간 것이다. 어차피 강을 건너 행동을 개시하지 않는다면 조만간 파국이 도래할 것이 분명했다. 이 고사에서 유래하여 중대한 결단을 내릴 때 '루비콘 강을 건넌다'고 한다. 또한 목숨을 걸고 루비콘 강을 건넌 카이사르의 결정을 빗대 어떤 중요한 일을 결정할 때, 이미 되돌릴 수 없을 때 '루비콘 요소 The Rubicon Factor'라는 말을 사용한다.

루비콘 요소란 리더십의 한 자질이다. 리더가 하는 가장 중요한 일은 의사결정을 하는 것이기 때문이다. 거의 모든 업무가 이 의사결정과 관련되어 있다. 위로 올라갈수록 더 중요하고 더 많은 의사결정을 해야 한다. 리더가 주목을 받는 것도, 리더가 부하직원들보다 더 많은 월급을 받는 것도 이 때문이다. 그만큼 스트레스가 심하다. 리더는 자신이 내린 의사결정에 책임을 져야 한다.

루비콘 요소를 가진 리더는 어떤 결정을 내려야 할 때 그 결정의 본질을 꿰뚫어 본다. 그 결정으로 인한 파급 효과와 감수해야 할 피해 등을 종합적으로 고려한다. 때로는 고도의 위험을 감수하는 결정을 내리며, 일단 결정을 내렸으면 그에 맞는 행동에 착수한다. 적절한 결정을 통해 장애와 난관을 돌파하게 하고, 초지일관 그렇게 할 수 있도록 밀어붙이기도 한다. 그러나 여기에서 가장 중요한 점이 있다. 의사결정은 신속해야 한다는 것이다. 그래야 경쟁자보다 빠르게 움직일 수 있고, 그래야 남들보다 한발 앞설 수 있다. 지금은 규모의 경제 시대가 아니라 속도의 경제 시대이기 때문이다. 모든 비즈니스 결정 중 가장 나쁜 것은 '때 늦은 결정'이다. 의사결정의 최적 타이밍을 놓치고서는 나중에 "거봐, 내가 뭐라 그랬어"라는 말이나 하는 리더는 리더의 자격이 없다.[18]

리더의 아름다운 결단

지휘자 서희태가 얼마 전 오케스트라 연주 중에 겪었던 일이라 한다. 계속되는 연주 일정으로 단원들이 많이 지쳐 있었는데 하필 악보를 가득 메운 수많은 음표를 보며 빠르고 쉴 새 없이 연주해야 하는 어려운 곡의 순서가 되었다. 연주자들은 새까맣게 그려진 음표와 지휘를 동시에 보며 연주하기가 쉽지 않았는지 앙상블이 깨지기 시작했다. 아무리 지휘봉을 흔들어도 연주자들 간의 호흡과 박자는 계속 어긋나기만 했다. 이런 상황이면 지휘자의 등에서는 그야말로 식은땀이 흐를 것이다.

상황이 호전될 기미가 보이지 않자 서희태는 순간 지휘봉을 내려놓고 지휘를 하지 않았다. 잠깐 의아해하던 연주자들도 이내 그 뜻을 알아차리고 지휘자 쪽을 보지 않은 채 악보만 보고 귀로는 다른 연주자들의 연주를 들으며 연주에 집중했다. 그러자 다시 앙상블이 맞기 시작했다. 마치 어긋났던 톱니바퀴가 다시 맞아들어가는 것처럼.

연주자들이 지쳐 있고 집중력이 흐트러져 있을 때 그들을 믿고 맡기는 방법을 택한 것이다. '평소에 더 많은 연습을 했다면 아예 그런 일이 없었을 것이다'라는 평을 내려봤자 이미 물이 엎질러지고 일이 벌어진 상황에서는 아무 소용이 없다. 리더인 지휘자가 가장 중요한 순간 지휘봉을 내려놓는 의외의 결정을 했다. 끝까지 지휘봉을 휘둘렀다면 그날의 연주는 망쳤을 수도 있었다.[19]

방송을 볼 때마다 리더십에 대해 생각하게 하는 프로그램이 있다. 바로 김병만의 〈정글의 법칙〉이다. 그는 극한 상황에서도 부족원들의 잠자리와 먹을거리를 해결하고 또 아무것도 할 줄 모르던 문외한들을 가르쳐 각자 역량을 발휘하도록 이끈다. 한 번은 족장인 김병만

없이 부족원들끼리 하루를 살도록 했다. 족장이 떠나자마자 나머지는 그야말로 오합지졸이 되어버렸다. 리더가 얼마나 중요한 역할을 하고 있었는지 똑똑히 보여주는 순간이었다. 혼자 떨어져 지내게 된 리더 김병만도 내내 부족원들을 걱정하는 모습이었다.

또 한 번은 일주일 동안 온갖 역경을 극복한 김병만과 부족원들에게 자력으로 섬을 탈출하라는 미션이 주어졌다. 나뭇가지들을 얼기설기 엮고 페트병을 덧대 뗏목을 만들었는데 강을 건너던 중 삿대가 부러지고, 악어가 늘실대는 늪에 빠지기까지 한다. 그때도 김병만의 적절한 의사결정과 몸을 사리지 않는 헌신 덕에 천신만고 끝에 탈출에 성공한다. 그런데 안전한 곳에 이르자 김병만은 환호성 대신 눈물을 보였다. "건너와서 하는 말인데…, 나 사실 섬에서 많이 힘들었다"라고 하면서. 모두가 자기만 바라보고 있는데다 자신의 어떤 선택이 자칫 모두를 위험에 빠뜨릴 수도 있기에 그만큼 힘들었던 것이다.[20]

리더로 사는 것은 직접 경험해보지 않으면 알 수 없는 힘든 일이다. 얼마나 힘든지를 내색할 수 없어서 더 힘들다. 리더가 아니고선 이해할 수 없는 일과 상황들이 상상을 초월할 정도로 연달아 닥친다. 어려움을 극복하고 조직원을 이끌어 목표를 달성하고 성과를 내야 하는 중압감 역시 상상 이상이다. 놀고 있는 것 같은 리더도 사실 대부분은 머릿속으로 끊임없이 작전을 구상하고 그림을 그린다. 결정적인 상황에 올바른 의사결정을 하기 위해서다.

썩은 사과 골라내기

리더가 내려야 하는 의사결정 중 가장 힘든 것이 사람과 관련된 것이다. 고과를 통해 우열을 가리거나 일부만 승진시켜야 할 때도 그렇지만, 가장 힘든 것은 인원을 걸러내야 하는 의사결정이다. 김병만이 하는 것처럼 능력이 조금 부족한 구성원들도 다 끌고 가면 좋겠지만 실제 비즈니스 환경은 '썩은 사과 증후군'이란 이론에 더 가깝다. 즉 썩은 과일을 옆에 두면 나머지도 금방 썩게 되는 것처럼 조직 내 썩은 사과가 조직 전체를 오염시킬 수도 있다는 뜻이다. 자기 밥값도 못하고 늘 남에게 피해를 주는 사람, 타인에 대한 비난과 부정적인 발언을 즐기는 사람, 자신만의 실적 챙기기에 급급한 사람, 컴플라이언스를 위반하는 사람 등이 바로 썩은 사과다.

조직 생활에서 문제가 없는 성숙한 사람 두 명과 썩은 사과로 분류할 수 있는 사람 두 명을 팀으로 묶어 업무를 시키는 실험을 한 적이 있다. 그 결과 성숙한 사람이 썩은 사과를 긍정적으로 이끈 것이 아니라 반대로 성숙한 사람들의 업무 수행 능력마저 큰 폭으로 떨어진 것으로 나타났다. 악화가 양화를 구축한 것이다. 썩은 사과 한 명은 다섯 명의 새로운 썩은 사과를 만들어낼 수 있다고 한다. 그러므로 개선의 여지가 없는 썩은 사과는 당장은 마음이 아프더라도 신속하고 단호한 의사결정을 통해 제거해야 한다. 이것은 실제 조직 생활에서 리더가 내리기 가장 어려운 의사결정 중 하나다.

이런 의사결정을 제때 하지 못해 미루다 보면 어떻게도 해볼 수 없는 막다른 상황에 몰리게 된다. 대대적인 구조조정이 필요할 수도 있다. 그러나 이런 경우 제거 대상은 고스란히 남고 꼭 필요한 인력들이 나가곤 한다. 그러면 썩은 사과들로만 이뤄진 조직이 되고 만다.[21]

올바른 의사결정이 힘들기 때문에 '크런치 포인트'처럼 적절한 기준을 세워 도움을 받는 것도 좋은 방법이다. '크런치crunch'의 사전적 의미는 '씹다, 깨물다' 등등이 있는데 구어로 '결정적 시기, 위기, 어떤 문제의 핵심' 등을 의미하기도 한다. '크런치 포인트Crunch Point'란 결정적인 순간에 바른 선택을 할 수 있도록 돕는 분명한 근거점을 말한다. 크런치 포인트처럼 신뢰할 만한 체크리스트만 갖추고 있다면 편견에 치우치거나 혼돈에 빠지는 일 없이 만족스럽고 현명한 결정을 내릴 수 있다.[22]

나폴레옹은 "남자는 전장에서 빠르게 나이를 먹는다"고 했다. 2,000여 년 전 카이사르도 마찬가지이며, 오늘을 사는 우리도 예외가 아니다. 우리도 전장에 나서면서 더 빠르게 늙어간다. 지금 우리가 살고 있는 이 세상은 총성 없는 전쟁터다. 내가 먼저 점령하지 않으면 점령당한다. 누구나 리더의 자리에 올라갈 수 있지만 누구나 좋은 리더로 기억되는 것은 아니다. 리더라고 항상 가장 합리적이고 좋은 의사결정을 내릴 수 있는 것도 아니다. 그러나 훌륭한 리더는 자신의 결정을 올바른 것으로 만들 줄 안다.[23]

45
당근과 채찍만으로는 움직일 수 없다

• 내적 동기 / 외적 동기 / 테레사 효과 •

한 노인의 집 앞 공터에는 날마다 아이들이 모여 시끄럽게 놀았다. 조용히 살고 싶었던 노인은 아무리 혼을 내서 쫓아내도 틈만 나면 다시 오는 아이들을 쫓아내고자 방법을 찾았다. 어느 날 노인은 놀고 있는 아이들에게 1만 원씩을 쥐여줬다. 매일 그렇게 하다가 며칠 후에는 금액을 5,000원으로, 또 며칠 후에는 1,000원으로 줄였다. 나중에는 아예 돈을 주지 않았다. 그랬더니 아이들이 더는 공터에 오지 않았다. 아이들은 왜 공터에 놀러 오지 않느냐는 질문에 "돈도 안 주는데 뭐하러 거기 가서 놀아요?"라고 대답했다.

거의 모든 심리학 관련 서적에 등장하는 이 사례는 '내적 동기 Intrinsic Motivation'와 '외적 동기 Extrinsic Motivation'를 잘 설명해준다. 인간이 어떤 행동을 하는 데는 분명 동기가 있다. 자기들이 원해서 놀 때의 내적 동기가 돈을 받으면서부터 점차 외적 동기로 바뀐 것이다. 그러고 나서 더는 돈을 받지 않게 되자 동기 자체가 사라져버린 것이다.

어느 날 좋아하는 수학 문제를 푸느라 몇 시간째 책상에 앉아 있는 딸아이에게 물었다.

"넌 수학이 그렇게 재미있니?"

"응, 문제 풀고 답을 맞히는 것이 너무 재미있어."

그런데 어느 날은 특이하게도, 가장 싫어하는 사회과목을 공부하고 있는 것이다. 왜 그러는지 물었더니 딸아이 대답이 이랬다.

"지난번에 사회 시험을 잘 못 봤는데 이번에 100점 맞으면 엄마가 스마트폰 바꿔준다고 했단 말이야."

아이를 키우는 것은 내적 동기와 외적 동기를 적절히 버무리는 일이다. 물론 결론적으로 말하면 내적 동기가 외적 동기보다 강력한 효과를 발휘한다. 자신이 좋아서 비싼 돈 내고 치는 골프와 어쩔 수 없이 접대를 위해 치는 골프의 만족도가 다른 것과 마찬가지다. 창작 활동 자체가 행복해서 붓을 잡는 화가는 내적 동기가, 돈과 명예 때문에 붓을 잡는 화가는 외적 동기가 더 큰 영향을 미친다고 볼 수 있다.

열망을 끌어내는 방법

"이번에 성적이 오르면 새로운 태블릿 PC 사줄게."

"매출이 전년 대비 10퍼센트 오르면 전 부서원 동남아 여행을 보내주겠습니다."

"이번 수주만 따낸다면 수고한 모든 직원에게 특별 인센티브를 지급하겠습니다."

"우리 반 평균 성적이 오르면 한 달 동안 야간 자율학습 면제해주겠다."

우리는 이렇게 외적 동기를 유발하는 방법을 많이 사용한다. 그것이 가장 쉬워 보여서다. 결정권자가 의사결정만 하면 되니 말이다. 그러나 이런 방법은 가정에서든 학교에서든 회사에서든 그 효과가 지속되지 못한다. 특히 회사에서 돈을 더 많이 주는 방법은 효과가 길어야 3개월이라고 한다. 효과가 오랫동안 지속되도록 하기 위해서는 내적 동기를 건드려야 한다. 그것은 대부분의 경우 구성원들을 존중하고 자부심을 길러주며 보람을 느끼게 해주는 것, 즉 마음을 건드리는 것과 관련된다.

삼구INC는 백화점이나 병원 등에 청소와 경비 업무를 아웃소싱해 주는 업체로, 직원 존중을 실현하는 대표적인 기업으로 꼽힌다. 이 회사는 자사에 속한 직원들이 자부심을 갖고 일할 수 있도록 호칭을 따로 정했다. 환경미화를 담당하는 아주머니들을 아줌마가 아니라 '사모님'으로, 건물 경비를 담당하는 분들을 아저씨가 아니라 '선생님'으로 부르기로 한 것이다. 더 나아가 건물 안에 환경미화원들을 위한 쉼터가 제대로 마련되어 있는 곳에만 직원들을 파견한다. 그러니 모두 자부심과 애사심이 높으리라는 점은 설명할 필요가 없을 것이다.[24]

세계적 미래학자인 다니엘 핑크는 "외적 동기를 대변하는 '당근과 채찍'은 인간의 창의성을 파괴한다"고 단언한다. 단순 반복적인 일을 하던 과거에는 당근과 채찍이 어느 정도 위력을 발휘했지만, 지금 같은 지식기반 사회에서는 내적 동기를 강화해야 생산성과 효율성이 높아진다는 것이다. 사람들이 내면에서 우러나는 무엇인가를 동기로 삼아 행동할 때 돈으로 보상을 하게 되면 기꺼이 하고 싶어 하는 내적 동기를 파괴하는 결과를 낳는다. 이를 달리 표현하자면 금전적인 동기가 비금전적인 동기를, 즉 외적 동기가 내적 동기를 축출하는 것이다.[25]

좋은 일을 할 때도 마찬가지다. 비록 사회 공헌이나 봉사를 하더라도 그것이 직업이라서, 남들이 보니까 하는 경우는 외적 동기에 의한 행위다. 이럴 경우에는 스트레스로 여겨진다. 그러나 내적 동기에 의하면 누군가에게 베푸는 친절과 선행을 통해 기쁨을 느끼게 되고 몸의 면역력도 높아지는 '테레사 효과 The Mother Teresa Effect'를 경험하게 된다. 남을 도운 후의 행복감과 포만감을 의미하는 'Helper's high'도 느낄 수 있게 된다. 우리나라의 공무원들은 아무래도 내적 동기보다는 외적 동기가 더 강한 것으로 보인다.

조직에서는 구성원들과의 소통이 중요하다. 그것은 당근과 채찍으로 상대의 마음을 잠깐 움직이는 단순한 기술이 아니다. 상대가 스스로 움직이고 싶게끔 만드는 고도의 전인격적인 작업이다. 자녀와의 소통도 마찬가지다. 공부를 하기 싫어하는 아이를 보면서 답답하더라도 "공부 좀 해!"라고 닦달하기보다는 아이가 가진 꿈을 같이 나누고 그 꿈을 이뤄가기 위한 과정을 설명해야 한다. 진정한 리더는 단순히 일을 가르치는 사람이 아니라 일의 의미를 가르치는 사람이다. 내적 동기를 잘 활용하는 사람이 진정한 리더다.

조선의 임금 중 누구보다 혁혁한 업적을 자랑하는 세종대왕의 신하들 가운데는 격무로 과로사한 사람이 많았다고 한다. 그러나 그들의 유서를 보면 공통적으로 그들이 얼마나 보람 있고 즐겁게 일했는지를 알 수 있는 내용이 발견되었다. '왕은 내 말을 다 들어주었다'라는 것이다.[26]

46

보상은 확실하게
징계는 신중하게

· 크레스피 효과 ·

30대 초반의 골드미스인 S 대리는 요즘 일이 손에 잡히지 않는다. 종일 자리에 앉아 있기는 하지만 멍하니 시간을 때우기 일쑤다. 재미있는 일도 없고 사람 만나는 일도 귀찮다. 이게 다 지난 연말 인사고과가 끝난 후 생긴 현상이다.

S 대리는 올해 누구보다 열심히 일했다. 쏟아지는 약속들을 다 마다하고 회사 일에만 매달렸다. 자신의 능력을 쏟아 부을 수 있어서 재미도 있었다. 그러다가 몸 축나면 어떻게 하느냐고 주위에서 걱정할 정도였다. 회사와 결혼했느냐는 핀잔도 많이 들었다. 개인 실적만 따지면 지난 고과는 기대할 만했다. 그러나 부서 전체의 실적이 문제였다. 자신의 실적은 좋았지만 부서 전체의 실적이 좋지 않아서 소형차 한 대는 족히 살 정도의 인센티브를 눈앞에서 놓쳤다. 게다가 연봉조차 동결되어버렸으니 물가인상률만큼 오히려 감봉된 것이나 마

찬가지다. 돈이 문제가 아니라 자존심이 문제다.

그런데 매일 놀러 다니는 것 같던 동기 B는 실적 좋은 부서에서 근무한 덕에 두둑한 인센티브를 챙긴 것은 물론이고 과장으로 승진까지 했다. 지금 상태면 아무리 열심히 일해도 또 마찬가지 결과가 나올 것이 뻔하다. 며칠 전 홧김에 작성한 사직서를 인사부에 보내려고 몇 번이나 시도하다가 그냥 컴퓨터를 꺼버렸다. 열심히 일하기도 싫고 그렇다고 가뜩이나 불황인 요즘 회사를 나간다고 해봤자 뾰족한 수도 없다. 그저 한숨만 나올 뿐이다.[27]

이런 일을 겪어본 사람은 의외로 많을 것이다. 손으로 직접 작성한 사직서를 제출해야 했던 과거에는 사직서를 써서 서랍에 넣고 열받을 때마다 만지작거렸다. 아예 몇 년 동안 양복 윗주머니에 넣고 다녔다는 사람도 있다. 여차하면 즉석에서 멋지게 사직서를 던지려는 것이었다. 직장인들이 이런 생각을 하는 가장 큰 이유는 일한 만큼, 조직에 기여한 만큼 대우나 인정을 받지 못한다고 생각하기 때문이다. 여차하면 사표 낼 생각으로 다니는 사람이 그 조직에 얼마나 충성을 다할지는 더 말할 필요도 없다.

보상의 방향

앞의 예처럼 보상의 방향에 따라 수행 능력의 수준이 급격히 변하는 것을 '크레스피 효과 Crespi Effect'라고 한다. 미국 프린스턴 대학교의 레오 크리스피 교수의 실험에서 따온 용어다. 낮은 보상 수준에서 높은 보상 수준으로 옮겨가면 업무 수행 능력이 향상되고, 반대의 경우는 수행 능력이 급격히 하락한다는 것이다.

그러나 결론적으로 말하면 크리스피 교수의 이론은 틀리는 경우가 많다는 것이 증명되었다. 보상이 늘어난다고 업무 수행 능력이 항상 증가하는 것도 아니고, 보상이 줄어들거나 징계가 늘어난다고 항상 떨어지는 것도 아니다.

서울대를 포함한 주요 국립대 교수들의 정년을 보장한 이후 4년 만에 논문 수가 평균 30퍼센트 감소했다고 한다. 정년을 보장하는 것은 분명 큰 보상이었지만 이것이 연구의 질과 양에 긍정적으로 반영되지 않고 오히려 반대로 움직인 것을 알 수 있다.

삼성의 유명한 PS Profit Sharing 제도도 좋은 사례다. 매년 결산이 끝나면 실적에 따라 인센티브를 제공하는 방식이다. 그러나 이 제도에도 맹점이 있다. 일의 양이나 질은 비슷하다고 하더라도 근무하는 부서의 성격에 따라 인센티브 금액의 차이가 커지기 때문이다. 삼성그룹 내의 영업이익 중 삼성전자가 차지하는 비율이 92퍼센트이기 때문에 삼성전자와 다른 계열사 직원들이 받는 금액 차이가 크고, 삼성전자 내에서도 반도체나 모바일기기 분야가 더 많은 금액을 받게 된다. 그룹 내의 다른 계열사나 다른 사업부에 근무하는 직원들은 형평성에 문제가 있다고 불평한다.

교수들의 정년 보장이나 삼성의 경우처럼 보상을 높이는 것도 문제를 발생시킬 여지가 있지만, 감봉, 정직, 대기발령, 경고 등 보상을 낮추거나 징계를 사용하는 것도 매우 위험한 결과를 초래할 수 있다.

당사자들이 '징계를 받았으니 더 열심히 해서 이 치욕을 만회해야 겠다'고 다짐하는 경우는 거의 없기 때문이다. 한번 추락한 사기는 많은 비용을 지출해도 회복되기 어렵고, 한번 절망한 사람은 재기하기가 쉽지 않다. 봉급이 줄어들고 승진 기회가 더 멀어진 상황에서 열심히 일할 마음이 생기겠는가.

따뜻한 지적

이런 현상은 가정에서도 흔히 볼 수 있다. 부모들은 이 크레스피 효과를 맹신하는 경향이 있다. 아이가 잘못을 했을 때 체벌을 하거나 친구들과 놀지 못하게 하거나 스마트폰을 압수하거나 좋아하는 가수의 음악도 듣지 못하게 한다. 하지만 그렇다고 해서 아이가 깊이 반성하고 '내가 더 열심히 해서 부모님도 만족시켜드리고 내가 좋아하던 것을 다시 할 수 있게 해야겠다'라고 생각할까? 그런 경우는 그리 많지 않다. 오히려 반항심을 유발할 가능성이 더 크다. 특히 성적이 떨어졌을 때 징계를 하는 것에 대해서는 매우 조심해야 한다. 부모의 처벌을 받고 나면 '그래, 난 원래 그런 놈이야'라고 자포자기하여 그 처벌에 걸맞은 행동을 보이는 등 사태가 악화될 수 있기 때문이다. 다시 강조하지만 자녀에 대한 이런 식의 처벌은 심사숙고해야 할 일이다.

물론 잘못을 했을 때는 적절한 징계가 필요하다. 인정에 이끌려 잘못한 것을 그냥 덮고 넘어간다면 나중에 더 큰 화를 불러올 수 있다.

옛말에 "필부의 만용과 아녀자의 인정으로는 천하를 도모하기가 어렵다"라는 것이 있는데, 틀린 말이 아니다. 그러나 징계를 할 때에도 상대방이 기가 죽거나 마음이 상해서 회복하기 어려운 정도가 되지 않도록 신경 써야 한다. 인간적인 배려가 있어야 하고 믿음과 신뢰를 심어줌으로써 재기의 기회를 제공해야 한다.[28]

내가 모셨던 이채욱 전 GE 코리아 회장과 관련된 일화다. 그는 직원들의 실수를 지적할 때도 상대방을 배려하는 것으로 유명했다. 가령 부하직원이 실수를 하면 "GE에서의 생활 일주일 단축이야, 다음에 같은 실수하지 않도록 해"라고 한다. 그리고 다음 날이 되면 "오늘 원피스 색깔 예쁜데? 덕분에 사무실 분위기가 화사해졌는걸. 어제 단축한 일주일 회복!"이라고 한다. 그러면서 어깨가 축 늘어져 있는 직원을 격려해주곤 했다. 조직생활이므로 잘못한 것을 그냥 넘어갈 수도 없고, 그렇다고 잘했다고 할 수도 없기 때문에 모두가 만족할 만한 방법을 강구한 것이다. 이런 일들이 자주 있기 때문에 해당 직원은 기분 상하지 않으면서 자신의 실수를 명확히 알고 다음에 또 그러지 않도록 조심하게 된다.[29]

훌륭한 리더란 이 보상과 징계를 지혜롭고 적정하게 사용하는 사람이다. 무엇이든 지나침은 모자람보다 못한 법이다.

47

사소한 일 하나가
큰 낭패를 부른다

• 깨진 유리창 이론 •

몇 해 전 한 프랜차이즈 음식점에서 임신부인 고객과 음식점 직원의 다툼이 큰 이슈가 된 적이 있었다. 싸움 장면이 동영상으로도 공개되어 직원 본인은 물론이고 음식점 모기업에 대해 큰 비난이 일었다. 잘못이 누구에게 있든지 간에 이 사건으로 불매운동까지 일어 음식점이 본 피해는 어마어마했다. 손님 한 사람의 돈을 받지 못하더라도 일을 현명하게 처리했으면 일이 그렇게까지 커지지는 않았을 것이다. 무슨 좋지 않은 일이 있었는지 모르지만 직원의 불미스러운 행동 하나가 엄청난 파문을 일으킨 것이다. 이처럼 사소한 것을 소홀히 하면 돌이킬 수 없이 큰 낭패를 당할 수 있다.

1969년 스탠포드 대학교의 심리학자인 필립 짐바르도 교수는 매우 흥미로운 실험을 했다. 비교적 치안이 허술한 동네에 보닛을 열어놓은 두 대의 차를 방치해놓았다. 그중 한대는 고의적으로 창문을 깨두었다. 그러자 창문을 깨놓은 자동차는 불과 10분 후에 배터리가 없어졌고 연이어 타이어도 없어지더니 1주일 후에는 거의 파손되어 고철이나 마찬가지 상태가 되었다. 그 안에는 쓰레기가 꽉 차 있었다. 그러나 보닛만 열어놓았던 자동차는 아무 변화 없이 그대로 유지되어 있었다.

단지 창문만 조금 깨놓았을 뿐인데 그것이 약탈과 파괴로 이어진 것이다. 멀쩡한 지역에 있는 건물에 페인트로 낙서를 해놓았더니 낙서가 점점 늘어 급기야 그 건물과 관련된 범죄가 급증한 것으로 나타났다는 보고도 있다.

1982년 미국의 범죄학자인 제임스 윌슨과 조지 켈링은 이 실험에 착안하여 '깨진 유리창 이론Broken Window Theory'을 발표했다. '바늘 도둑이 소 도둑 된다'는 속담처럼 경미한 범죄 하나가 큰 범죄를 일으키게 된다는 범죄 심리학 이론이다. 아무리 아름다운 집이라도 유리창이 깨진 상태로 방치하면 곧 다른 돌이 날아들게 된다. '이 집은 지키는 사람이 없구나', '나도 돌을 던져서 다른 유리창을 깨도 되겠구나'라는 생각을 심어주기 때문이다. 깨끗한 골목길에 누군가 쓰레기를 버리기 시작하면 그곳은 순식간에 쓰레기 더미로 변하는데, 이 역시 마찬가지다.

낙서를 지워 범죄율을 낮추다

사소한 것이 긍정적인 효과로 확대되는 경우도 있다. 1994년 뉴욕

시는 깨진 유리창 이론을 적용하여 불결하고 범죄의 온상으로 불리던 지하철의 낙서를 모두 지우기 시작했다. 당시 뉴욕 지하철은 더럽고 냄새가 나는데다 온갖 범죄가 발생해 이용객이 날로 줄고 있었다. 범죄와의 전쟁을 선포해도 모자라는 판에 낙서나 지우고 있는 뉴욕 시에 반발하여 시민들이 격하게 비난하고 항의를 하기도 했다. 그렇지만 뉴욕 시는 그 작업을 꾸준히 진행했다. 처음에는 낙서를 지워도 다시 낙서가 생기는 바람에 지하철의 낙서를 모두 지우는 데는 수년의 시간이 필요했다. 그런데 그 과정에서 놀라운 일이 발견됐다. 범죄율이 서서히 줄어든 것이다. 조지 켈링 교수에 따르면 낙서를 지운 지 90일 만에 범죄율이 줄어들기 시작하더니 1년 후에는 30~40퍼센트, 2년 후에는 50퍼센트, 3년 후에는 무려 80퍼센트나 줄었다고 한다. 단지 낙서를 지웠을 뿐인데 기적 같은 일이 벌어진 것이다. 뉴욕 시는 지하철의 낙서뿐 아니라 길거리의 낙서도 지우고 신호 위반이나 쓰레기 투기 같은 경범죄를 강력하게 단속했다. 그러자 강력범죄 발생률도 크게 줄었다. 이후 LA도 같은 방식으로 범죄율을 떨어뜨렸다고 한다.[30]

"마당을 쓸었습니다. 지구 한 모퉁이가 깨끗해졌습니다"라는 나태주 시인의 시 한 구절처럼 작은 일 하나가 지구를 아름답게 할 수 있는 것이다. 세상을 깨끗하게 하는 것은 몽둥이가 아니라 빗자루라는 말도 있지 않은가.[31]

부정적 환경은 범죄로도 이어질 수 있는 부정적 영향을 미치고, 긍정적 환경은 긍정적 영향을 미친다. 이 깨진 유리창의 법칙을 개인의 심리나 인간관계에도 적용할 수 있다. 이혼전문 변호사로 일하는 친구의 말에 따르면 이혼 소송을 진행하는 부부들 대부분은 아주 사소한 일 때문에 사이가 나빠진 경우가 많다고 한다. 갈등의 시작은 미약했으나 점점 창대해진 것이다.

작은 상처 하나가 삶을 송두리째 흔들 수도 있다. 아주 작은 일이나 오해가 커져 친한 친구를 잃은 사람도 있을 것이다. 혹은 다른 사람의 아주 작은 말로 말미암은 상처를 평생 마음에 담고 사는 사람도 있을 것이다. SNS에 달린 댓글 하나 때문에 며칠을 잠도 자지 못하고 가슴앓이를 하는 사람도 적지 않을 것이다. 오가는 말들이 직설적이고 거칠기 이를 데 없는 요즘이기에 이런 일은 상당히 많을 것으로 보인다.

세상이 빠르게 변하는 동안 누군가는 작은 상처를 키우다 견디기 어려운 지경에 이르기도 한다. 단지 재미를 위한 누군가의 사소한 장난과 오해로 소중한 생명을 포기하는 일도 자주 일어난다. 알고 보면 별일 아니지만 당장에는 내 손등의 상처가 지구의 환경오염보다 더 심각한 것이다. 살면서 흔히 받을 수 있는 그 작은 상처가 더는 내 안에서 커지지 않게 노력해야 한다. 내 마음에 전쟁이 일어나게 한, 나를 잠 못 이루게 한 그 사람은 이미 까맣게 잊었을 것이다.

그저 내 마음의 문제인 것이다. 그것이 시간이 갈수록 커지고, 결국은 돌이킬 수 없을 정도로 큰일이 되어버린다. 그렇게 되면 결국 나만 손해다. '아 그 친구 입장에서는 그럴 수도 있었겠구나'라고 생각하고 노력해야 오해의 악순환을 끝낼 수 있다. 그것을 품을수록 상처를 입는 것은 자기 자신이다. 스스로 마음 한쪽의 깨진 유리창에 계속 돌을 던지는 셈이다.

이미 유리창은 깨졌는데 어떻게 할 것인가 고민하는 사람도 있을 것이다. 그때라도 고치면 된다. 새로운 유리창을 끼워 넣으면 된다. 또 깨지면 또 고치면 된다. 소 잃고 외양간 고치는 일은 절대 어리석은 것이 아니다. 소를 잃고도 외양간을 고치지 않는 것이 더 어리석은 일이다. 소를 잃고 망연자실 앉아만 있다면 소뿐 아니라 더 큰 것을 잃을 수도 있다. 개인도 기업도 유리창이 깨지지 않도록 조심하고, 유리창이 깨졌다면 빨리 새로운 유리로 갈아 끼우자. 그것이 가장 현명한 일이다.

48

2차 세계대전은 히틀러가 아닌 미술대 학장 때문이다

• 나비 효과 / 황소채찍 효과 •

제2차 세계대전을 일으킨 장본인은 히틀러가 아니라 미술대학 학장이었다는 말을 들어본 적이 있는가? 오스트리아 출신 히틀러의 꿈은 원래 화가였다. 그는 클림트가 다닌 비엔나국립미술대에 지원했는데 두 번이나 낙방하자 화가의 꿈을 포기하고 정치인의 길로 들어섰다. 만일 그가 미술대학에 진학해서 화가의 길을 갔다면 제2차 세계대전은 일어나지 않았을지도 모를 일이다. 세상에는 초기의 작은 변화가 엄청난 변화를 몰고 오는 경우가 종종 있다.

미국의 기상학자인 에드워드 로렌츠는 1961년 컴퓨터를 사용해 기상 모의 실험을 하던 중 초기 조건의 미세한 차이가 엄청나게 증폭되어 전혀 다른 결과로 나타나는 것을 발견했다. 중국 베이징에 있는 나비의 날갯짓이 다음 달 텍사스에서 토네이도를 일으킬 수도 있다 하여 이런 현상을 '나비 효과Butterfly Effect'라고 이름 붙였다. 나비 효과는 기존의 물리학으로 설명되지 않던 예측할 수 없는 불규칙한 일들을 새로운 시각으로 볼 수 있게 해주었다. 처음에 이 현상을 설명할 때는 갈매기를 사용했지만 좀 더 시적으로 표현하기 위해 나비로 바꾸었다. 기상이나 자연 현상뿐 아니라 세상사에도 적용할 수 있는 재미있는 이론이다. 소를 몰 때 사용하는 긴 채찍의 손잡이 부분에 작은 힘을 가해도 채찍 끝 부분에는 큰 힘이 생긴다는 '황소채찍 효과 Bullwhip Effect'와도 유사한 개념이라 할 수 있다.

역사를 바꾼 하나의 사건들

우리나라 근현대사에서는 하나의 사건이 사회 전체의 흐름을 바꾼 일이 여러 번 있었다. 그중 몇 가지를 살펴보자.

1960년 4월 11일, 마산 앞바다에서 김주열 군의 시신이 발견되었다. 눈에 최루탄이 박힌 처참한 모습이었다. 이승만, 이기붕(정·부통령) 선거 개표조작과 관련하여 일어난 1차 마산시위 때 실종되었던 학생이다. 이것이 도화선이 되어 마산 시민들이 2차 시위를 벌였고 전국의 시민과 학생이 총궐기하게 되어 4·19혁명이 일어났다. 그 결과 이승만 대통령이 하야하게 되었다.

1987년 1월에는 서울대생이던 박종철 군이 물고문과 전기고문 끝에 사망했다. 추모집회, 규탄대회가 연달아 일어나 6월 항쟁으로 이어졌는데 7월에 연세대생 이한열이 경찰이 쏜 최루탄에 맞아 사망하는 사건이 발생했다. 이 사건으로 시위가 전국적으로 확산되었다. 그 결과 전두환 정권의 민주정의당 대표위원이던 노태우가 대통령선거의 직선제 개헌을 발표하는 6·29선언을 하게 되었다.

이처럼 우리 역사에서 목숨을 바쳐 민주주의를 지켜낸 이들이 있었기에 지금 젊은이들은 최루탄 냄새 없는 곳에서 학업에 전념할 수 있게 된 것이다.

하나의 사건이 역사의 흐름을 바꾼 일은 우리나라에서만 있었던 것이 아니다. 한 예로 무정부 상태에서 한인 이민자들이 가장 큰 피해를 본 미국 LA 폭동을 들 수 있다. 그 비극적인 사태는 백인 경찰에게 구타당해 불구가 된 아프리카계 노동자 로드니 킹의 교통신호 위반에서 시작되었다.

이런 사례는 전쟁터에서도 많이 찾아볼 수 있다. 1815년 초여름의 워털루 전투에서 나폴레옹의 프랑스군은 '한 줌의 못' 때문에 패전의 멍에를 쓴다. 네이 장군이 이끈 프랑스 기병대는 큰 희생을 치르며 영국군 포병 진지를 기습하여 점령하는 데 성공했다. 그렇지만 영국군의 반격으로 이내 퇴각하게 된다. 이때 프랑스군은 영국군이 사용하던 대포에 못을 박아 대포를 사용하지 못하게 하고 퇴각했어야 하는데 그럴 수가 없었다. 영국군 포병 진지까지 살아서 도착한 기병 중에 못을 가진 자가 한 명도 없었던 것이다. 못을 가지고 있던 기병들은 모두 전사해버린 기막힌 우연이었다. 결국 프랑스군은 기병 전력만 상실한 채 퇴각했다. 영국군 포병이 되살아나고, 설상가상으로 프로이센까지 합류하여 프랑스는 전투에서 패하게 된다. 프랑스군의 전사자는 4만 명에 이르렀고 나폴레옹은 세인트헬레나 섬으로 유배

되었으며, 승리한 연합국은 오스트리아 빈에서 유럽을 재편하기 위한 회의를 진행하게 된다. '한 줌의 못'이 유럽은 물론이고 세계 역사의 흐름을 바꿔놓은 것이다.[32]

나비 효과는 이렇게 거창한 사례가 아니더라도 일상생활에서도 자주 접할 수 있다. 내가 별생각 없이 한 행동이나 말이 나는 물론이고 다른 누군가에게 엄청난 영향을 줄 수도 있다. 나의 의도와는 상관없이 마구 번식해서 상대방을 잡아먹을 수도 있다. 직장생활을 하다 보면 이런 사례들을 수도 없이 접하게 된다. 이것만으로도 말과 행동을 가벼이 하지 말아야 하는 충분한 이유가 된다. 내가 아무 생각 없이 내뱉은 말 한마디, 댓글 하나가 미국 텍사스에 토네이도를 일으킬 수도 있고 다른 사람의 소중한 생명을 앗아갈 수도 있다고 생각하자. 우리가 하는 모든 선택과 행동은 크든 작든 인생에 파문을 일으킨다. 우리에게 생기는 모든 일은 우리가 선택한 반응일 수 있다. 내 마음대로 할 수 있는 일이 많아질수록 그만큼 조심할 일도 많아지는 것이다.

49
세상을 바꾸는
물 한 방울의 힘

• 잔물결 효과 / 도미노 효과 •

"이걸 기획안이라고 작성한 거야? 도대체 정신을 어디다 놓고 다니는 거야!"

박 부장은 오늘도 짜증이 나 폭발하기 직전이다. 오늘 그의 화풀이 대상은 일 잘하기로 소문난 오 대리다. 보고가 거의 다 끝나서 마무리 단계인 기획안인데, 그걸 가지고 다른 직원들에게 다 들릴 정도로 호되게 야단을 맞은 오 대리는 어깨가 축 늘어진다. 다른 직원들이라고 편할 건 없다. 숨을 죽이고 눈치만 보면서 좌불안석이다. '기껏 열심히 하면 뭐해, 매일 저렇게 욕만 먹으니 원. 그냥 조용히 시키는 일만, 욕먹지 않을 정도로 하면 되지. 모난 돌이 정 맞는다고, 가만히 있는 게 상책이야.'

개미 발소리도 다 들릴 정도로 사무실에 적막이 흐르다가 오 대리를 위로하기 위한 번개 회식 자리에서 다른 직원들이 내린 결론이다.

어떤 직장에서든 흔히 볼 수 있는 일이다. 상사가 별것도 아닌 일에 짜증을 부리고 화를 내면 순식간에 다른 구성원들에게 영향이 미친다. 잔잔한 연못에 물 한 방울이 떨어지면 사방으로 물결이 퍼져나가는 것처럼. 야단을 맞은 직원이 중요한 역할을 맡은 사람일수록 부정적인 영향은 더 크다. '상사의 짜증은 1등 조직도 망하게 한다'는 말은 잠깐의 유행어가 아니라 시대를 막론하고 모든 조직에 존재하는 이슈다.

한 곳에서 어떤 일이 일어났을 때 물결의 파장이 사방으로 점점 퍼지듯이 영향이 퍼져가는 사회적 현상을 '잔물결 효과Ripple Effect'라고 한다. 보통의 경우는 조직이나 경제 등의 영역에서 다소 부정적인 의미로 사용된다. 예를 들면, 2009년 시작된 그리스와 두바이의 경제 위기가 유럽과 중동을 넘어 점차 세계 경제 전반으로 확산되었는데, 그것도 이 효과로 설명할 수 있다. 1929년 10월 24일 뉴욕 증시의 폭락은 전 세계에 영향을 미쳤다. 이에 따른 경제적 파탄은 정치와 사회 불안정으로 이어졌고, 이는 서구 사회의 체제 자체를 위협하는 수준으로까지 발전했다. 이 역시 잔물결 효과의 사례다.

주변에 영향력을 끼친다는 점에서는 '도미노 효과Domino Effect'와 비슷하지만 하나하나 넘어지면서 바로 다음 것만 넘어뜨리는 도미노와 달리 잔물결 효과는 더 넓고 조용하게 사방으로 퍼져간다는 점에서 더 영향력이 크다고 볼 수 있다.[33]

요즘 들어 이 잔물결 효과를 가장 뼈저리게 실감할 수 있는 것은 일명 AI 혹은 조류독감으로 알려진 '조류 인플루엔자Avian Influenza'다.

닭, 오리, 칠면조, 야생조류 등 가금류에 발생하는 이 병은 한 번 발생하면 방역을 아무리 열심히 해도 순식간에 사방으로 확산된다. 더욱이 그 피해가 천문학적이기도 하다.

이런 잔물결 효과의 부정적 영향력을 없애기 위해서는 최초 물결의 원인이 되는 지점을 찾아서 해결하거나 그보다 더 큰 물결을 만드는 맞불작전을 사용해야 한다. 그러나 맞불작전을 사용할 경우 자칫하면 두 물결이 만나 소용돌이를 만들 수도 있다. 그럴 때는 아예 물결이 일지 않노록 물을 모두 없애는 방법밖에 없다. 그만큼 그 영향력이 크고 무서운 것이다.

그러나 이 효과를 꼭 부정적으로만 해석할 필요는 없다. 오히려 반대의 경우도 얼마든지 있기 때문이다.

천 년을 가는 향기

1970년 12월 비가 추적추적 내리던 어느 날, 폴란드를 방문한 빌리 브란트 서독 총리는 독일 나치 정권의 희생자를 기리는 추모비 앞에 섰다. 그때 세계가 놀랄 만한 일이 벌어졌다. 우산도 쓰지 않고 서 있던 빌리 브란트 총리가 희생자 추모비 앞에 공손히 무릎을 꿇고 독일의 과거 잘못을 빌고 용서를 구한 것이다. 서양에서 무릎을 꿇는다는 것은 완전한 복종을 뜻하는 것이기에 더욱 충격적인 사건이었다. 독일 때문에 인구의 20퍼센트가 죽었을 만큼 큰 피해를 봤기에 독일을 증오해온 폴란드 사람들은 이때부터 미움을 조금씩 씻어내기 시작했다. 전 세계 언론도 "무릎을 꿇은 것은 한 사람이었지만, 일어선 것은 독일 전체였다"라며 빌리 브란트의 용기를 높이 평가했다. 이후 세계적으로 독일에 대한 이미지도 점차 개선되기 시작했다. 그런데 일본은 어떤가. 독일처럼 전쟁을 일으켰으면서도 과거를 반성하기는커녕 전범을 안치한 신사에 참배하는 등 오히려 주변 국가들을 지속적으로 욕보이고 있다. 게다가 원전사고에 대해서도 쉬쉬 하며 전 태평양에 오염물질과 쓰레기를 퍼뜨리고 있다. 독일과는 완전히 극과 극이라 하겠다.[34]

한 사람의 짜증이 조직을 망하게도 할 수 있지만 한 사람의 용기 있는 행동으로 나라가 되살아날 수도 있다.

해마다 연말이면 전주 노송동이라는 한 작은 마을에서 기쁜 소식이 들려온다. 자신을 밝히지 않는 '얼굴 없는 천사'의 소식이다. 2013년에도 그는 어김없이 전화를 걸어와 '주민센터 옆 화단에 성금을 놓고 간다'는 메시지를 전했다. 거기에는 무려 5,000만 원이나 되는 돈이 들어 있었다. 벌써 14년 동안 15회에 걸쳐 기부했는데 그간 보내온 금액만도 3억 5,000만 원에 육박한다. 이 '얼굴 없는 천사'의 선행이 이어지는 노송동은 전주시에서 세 번째로 국민기초생활보호 대상자가 많은 동네라고 한다. 자신들도 힘들지만 더 어려운 사람들을 도우려는 움직임이 일더니 많은 동네 사람이 기부에 동참하게 되었다. 이 소식이 전해지자 전국적으로 기부 바람이 불고 있다. 이런 잔물결 효과는 우리 마음을 따스하게 해준다.

이처럼 긍정적 효과들이 잔물결처럼 퍼져나간 사례도 얼마든지 찾아볼 수 있다. 한 개의 촛불이 몸을 기울여 다른 양초에 불을 옮겨 준다 해도 그 자신의 빛이 약해지는 것은 아니다. 두 개의 촛불이 타오르니 오히려 더 밝아진다. 그러니 좋은 일은 계속 퍼져나갔으면 좋겠다. "술 향기는 십 리를 가고 꽃향기는 백 리를 가는데 사람 향기는 천 년을 간다"는 말도 있듯이, 사람들의 선한 마음이 다른 나쁜 것들보다 더 멀리, 더 빨리 전해지면 얼마나 좋을까.

50

유리 천장?
두들기면 깨지니까 유리다

• 유리 천장 효과 •

"백인의 눈으로 보고 그들이 원하는 걸 찾아내야 한다. 무엇을 원하는지 알아내려면 마음을 읽어야 한다. 그들을 미소 짓게 하라."

아이젠하워부터 시작해 레이건까지 8명의 미국 대통령을 모신 버틀러(집사) 유진 앨런의 실화를 다룬 영화 〈버틀러〉에 나온 대사다. 온 가족이 백인 농장에서 노예로 일할 때 어머니는 백인 주인에게 능욕당하고, 이에 항의하던 아버지가 총에 맞아 죽는 모습을 지켜본 어린 세실이 집사생활을 시작하면서 배운 내용이다. 짐승과도 같은 노예생활을 경험했던 주인공은 오바마 대통령이 후보로 나왔을 때 "흑인이 미국 대통령에 도전하는 것을 볼 것이라곤 꿈에도 상상하지 못했다"며 감격했다.

세계에서 가장 자유로운 국가라 인정받는 곳에서도 흑인이 지금처럼 자유롭게 살기 시작한 것은 얼마 되지 않는다. 그러나 흑인 대통령이 당선되었다고 해서 정말로 흑인들이 백인들과 동등한 대우를 받고 있다고 생각하는가? 흑인 인구에 비해 상원과 하원의 수는 백인이 압도적으로 많고, 흑인 CEO의 수 역시 손으로 꼽을 정도다. 이것만 봐도 여전히 보이지 않는 차별이 존재함을 알 수 있다.

내가 어릴 적만 해도 크레파스나 색연필, 물감에 '살색'이 있었다. 그리고 교과서에 우리나라는 단일 민족 국가라고 명시되어 있었다. 그러나 피부색은 인종에 따라 다르기에 그런 표현은 보편적 인권을 심각하게 침해하는 것이다. 요즘 우리나라에서는 다문화가정을 쉽게 찾아볼 수 있고 외국인 노동자가 100만 명이 넘는다. 그럼에도 다른 나라에서 온 사람들에 대한 차별은 여전히 심각하여 사회적으로 큰 문제가 되고 있다.

거의 모든 나라에는 피부의 색, 출신 학교, 출신 국가나 지역, 장애의 유무, 나이, 종교 등에 따른 차별과 제한이 존재한다. 이처럼 잘 보이지는 않지만 실제로 존재하여 위로 올라가지 못하도록 막는 것을 '유리 천장 Glass Ceiling'이라 한다. 이 말은 미국의 〈월스트리트 저널〉이 1970년에 만들어낸 신조어다. 암묵적인 차별과 편견이 존재하는 현상을 비유한 것이다. 특히 여성의 사회진출이 어려운 우리나라에서는 여성의 승진을 가로막고 있는 보이지 않는 벽이 존재한다. 그런 의미에서 매년 발령 시즌이 되면 '유리 천장 효과 Glass Ceiling Effect'를 뚫고 높은 자리로 승진한 여성들이 소개된다.

여성이라는 이유로?

"정말 복직하시려고요?"

"네, 법적으로 당연히 복직할 수 있게 되어 있지 않나요? 회사 내규에도 분명히 나와 있잖아요."

"그렇긴 한데…, 아직까지 출산휴가 후 복직한 사례가 없어서요."

나와 함께 일했던 직원이 대기업인 전(前) 직장에서 겪었던 일이다. 출산휴가 후 복직하려는데 인사 담당자가 퇴사를 권하더라는 것이다. 불과 10년이 채 안 된 일이다. 한국이 세계 경제의 중심 국가로 자리매김해가고 있다지만, 직장여성들이 당하는 불평등은 세계 최고라 해도 과언이 아니다. 여성 인력의 활용 측면을 보자면 아마도 세계에서 꼴찌일 것이다. 지난 소치 동계올림픽에서 대한민국이 딴 메달은 하나 빼고 모두 여성이 주인공이었다. 이 사실이 내포한 의미는 적지 않다. 한국은 여성 관리직이 10퍼센트에 그치고, 남녀 간 임금 격차가 39퍼센트나 된다. 이사회의 여성 멤버는 고작 1.2퍼센트밖에 되지 않는데, 그나마도 대부분 창업주의 2세 혹은 3세인 것으로 나타났다. 그동안 여성들이 심각하게 차별받아온 결과다.

영국의 경제 전문지 〈파이낸셜 타임즈〉는 한국의 여성들은 장시간 근무, 보육시설 부족, 남성 주도의 기업 문화 때문에 결혼과 출산 후 직장생활을 유지하기 위해서는 여러 장애물을 극복해야 한다고 심층보도 한 적이 있다. 뛰어난 여성 인력을 제대로 활용하기 시작하면 한국의 경쟁력은 급격히 향상될 것이다. 실제로 여성들의 사회참여가 더욱 활발해지는 추세도 뚜렷해지고 있다. 요즘 신규 임용 판사와

검사의 절반 이상이 여성이고, 국내 유명 사립대 경영학부에서 여성 비율이 절반을 넘어서기도 했다.

학력 수준도 높고 직장에서도 뛰어난 역량을 발휘한다는 의미를 담고 있는 '커리어우먼', '알파걸', '골드미스' 등의 신조어가 계속 소개되고 있다는 점도 긍정적이다. 그러나 아직도 많은 여성이 '여성이라는 이유로' 불이익을 당하고 있다. 유교적인 사고가 뿌리 깊어 '보이지 않는 장애물'이 많은 우리나라에서 여성의 사회참여가 일상적으로 받아들여지기까지는 시간이 좀 걸릴 듯하다.[35]

여성이 사회에서 능력을 더 인정받고 더 활발한 활동을 하기 위해서는 제도적, 문화적, 사회 시스템적으로 많은 것이 바뀌어야 한다는 점도 중요하다. 그렇지만 그에 앞서 여성들의 인식 자체가 바뀌어야 한다. 나는 20년의 직장생활 동안 동료로서 훌륭한 여성들과 함께 일해 볼 기회가 많았다. 그들과 함께 일하면서 여성에 대한 편견도 많이 깨졌고, '남자 10명을 줘도 바꾸지 않을 여성'도 여러 번 만났다. 그러나 조금 안타까운 것이 있는데, 바로 능력 있는 여성들 스스로의 생각이다.

유리 천장을 깨고 대기업 임원으로 발탁된 여성들과의 인터뷰를 보면, 후배 여성들에게 해주고 싶은 말을 물을 때 빠지지 않고 언급하는 것이 회식에 대한 이야기다. 자신은 여성이지만 결코 회식을 등한시하지 않고 끝까지 자리를 지켰으며, 그 회식 자리가 네트워크는 물론이고 고급 정보들을 얻을 수 있는 자리였다고 말한다. 그런데 그것이 왜 성공의 비결이 되는 걸까. 남자 직원들은 일상적으로 하고 있는 것 아닌가? 자신처럼 리더가 되고 싶어 하는 후배 여성들에게 그렇게도 해주고 싶은 말이 없는 것인지 안타까울 뿐이다. 물론 여성이라고 특혜를 받을 생각은 하지 말고 더 적극적으로 임하라는 메시지라는 것 정도는 알고 있다. 그렇지만 왠지 남자들과의 싸움에서 살아남는 방법에만 선수가 된 것 같다는 느낌을 지울 수가 없다.

그런 의미에서 대법관을 지낸 김영란 서강대 법학전문대학원 교수가 여성 후배들에게 던지는 메시지는 매우 시의적절하다.

"유리 천장? 두들기면 깨지니까 유리다. 앞을 가로막는 천장이면 두드려 깨버리라."

다양성 또는 시너지

물론 성별이나 국적, 인종, 성 정체성 등에 제한을 두지 않고 다양성을 존중하는 사회적 분위기가 함께 무르익어야 한다. 과거 근무했던 GE에서는 매니저의 평가항목 중에 '다양성diversity'이라는 것이 있었다. 자신의 부서원을 구성할 때 성별, 인종 등을 잘 분배하라는 것이다. 한국지사야 외국인이 별로 없어서 백인과 흑인을 반반씩 구성해야 하는 항목과는 별로 상관이 없지만, 부서원의 절반을 여성으로 채우라는 항목이 문제였다. 사장일 경우는 자신에게 보고하는 임원의 절반을 여성으로 채우라는 권고를 받고, 인사부는 승진 직원의 절반을 여성에게 할당하라는 항목이다. 예를 들어 승진 가능 인원이 2명이라 했을 때 남성 1명, 여성 1명이어야 한다는 것이다. 그런데 승진 후보가 남성은 10명이 있고 여성은 2명밖에 없는 상황에서 이런 룰을 적용하면 오히려 남성이 역차별을 당하는 일이 생긴다. 그리고 실제로도 그런 일이 일어나곤 했다. 능력도 부족하고 준비도 되지 않았는데 그 항목 덕에 일찍 승진한 여성들이 나오게 되었다. 승진을 했다고 끝나는 것이 아니라 그 자리에 어울리는 리더십을 발휘해야 하는데 그 지점에서 문제가 발생하기 시작한다. 더 높은 자리에 올라 더 중요한 역할을 수행할수록 밑천이 금방 드러난다. 그러면서 여성에 대한 시각이 부정적으로 변하기도 한다. 이렇게 되면 여성에게 오히려 좋지 않다. 착실하고 성실하게 능력을 인정받으며 크고 있는 후배 여성들에게 악영향을 끼치게 된다.

2010년에 여성 관리자를 대상으로 한 설문조사(복수 응답 가능)가 있었는데 재미있는 결과가 나타났다. 여직원이 조직에 대한 충성도가 떨어진다는 의견이 30퍼센트, 여성의 리더십이 부족하다는 의견이 28퍼센트, 승진에 대한 남녀 차이는 존재하지 않는다는 의견이 51퍼센트에 달했다. 이에 비해 여성이 성장하지 못하는 이유가 유리 천장 때문이라는 의견은 6퍼센트에 불과했다. 여성 리더들조차도 여성에 대한 의견이 부정적이었다는 것은 시사하는 바가 크다.

조직에서는 여성과 남성의 장점이 적절하게 조화되어야 시너지가 극대화된다. 스탠포드 대학교의 토렌스 교수도 "최고의 리더십이 발휘되는 순간은 여성의 감수성과 남성의 강인함이 결합될 때다"라고 했다.[36]

임종을 앞둔 노스승이 제자를 부르더니 자신의 입을 크게 벌리면서 입안에 무엇이 보이느냐고 물었다. 제자가 대답하기를 "혀가 보입니다"라고 했다. 스승이 다시 물었다. "이는 보이지 않느냐?" 그러자 "이는 다 빠지고 하나도 남아 있지 않습니다"라고 답했다. 스승이 그 이유를 묻자 "이는 단단하지만 혀는 부드러운 덕분에 오래 남아 있는 게 아닌가 싶습니다"라고 제자가 대답했다. 스승은 고개를 끄덕이며 대답했다. "그렇다. 부드러움이 단단함을 이긴다. 이것이 세상 사는 지혜다."[37]

남녀 간에 차별이 있어서는 안 된다. 그러나 분명 차이는 존재한다. 각자의 특성에 맞는 일과 역할이 있다. 여성이 남성보다 더 강하고 유리한 부분이 있는데, 바로 부드러움이다. 무리하게 힘으로 이기려 하기보다 부드러움으로 승부하는 것이 더 현명하다. 남녀의 인구 비율이 50대 50이라고 해서 모든 조직에서 그 비율을 따를 수는 없다. 어떤 조직에서는 60대 40이 될 수도 있고, 반대로 20대 80으로 여성이 많을 수도 있다. 여성의 강점을 잘 발휘할 수 있는 부분을 함께 개발하고 잠재력을 계발해주고 사회적으로도 현실적인 여러 제약을 점차 제거해나가야 한다. 그럼으로써 여성들이 좀 더 책임 있는 역할을 할 수 있는 자리로 나올 수 있도록 남녀가 함께 노력해야 한다.

51
친절은
은행강도의 발길도 돌린다

• 존 구드만의 법칙 •

2006년 울산의 모 은행에 강도가 침입하여 한 사람을 인질로 붙잡고 흉기로 위협하는 사건이 발생했다. 그런데 때마침 입금하러 왔던 한 고객이 100원짜리 동전 500개가 들어 있는 주머니를 던진 것을 기회로 강도를 붙잡을 수 있었다. 그런데 이 강도는 본래 다른 은행을 범행 장소로 정하고 사전 답사까지 했다고 한다. 애초에 목표로 삼았던 지점의 입구에 들어섰는데 모든 직원이 그를 주목하며 "어서 오십시오"라고 큰 소리로 인사하고, 특히 여성 청원경찰이 다가와 환한 미소로 친절하게 응대하더란다. 그래서 차마 범행을 저지르지 못하고 이 은행으로 발길을 돌렸다는 것이다. 고객만족서비스 분야에서 널리 알려진 일화다.[38]

적어도 지금은 고객만족에 대해 무심한 기업은 없다. 오히려 모든 기업이 그것에 사활을 걸고 있다고 해도 과언이 아니다. 그러나 그런 철학이 말단 직원에게까지 고스란히 전달되기에는 시간이 좀 더 필요해 보인다. 고객만족 중심의 철학이 모든 구성원에게 각인되려면 가장 먼저 주어의 자리에 고객이 있게 해야 한다. 즉, 모든 생각의 시작과 끝이 고객이 되어야 한다는 것이다.

가령 백화점 직원에게 백화점에 대한 정의를 물어보면 '각종 재화 및 상품을 판매하는 곳'이라는 답이 나온다. 그러나 이는 주어가 백화점 혹은 직원이다. 여기서 주어를 고객으로 바꾸어야 한다. 그러면 백화점에 대한 정의가 '각종 재화 및 상품을 구매할 수 있는 곳'으로 바뀌게 된다. 은행도 마찬가지다. 은행원들이 알고 있는 은행에 대한 정의는 '다양한 금융상품을 판매하고 서비스를 제공하는 곳'이다. 그러나 이는 '다양한 금융상품을 구매할 수 있고 서비스를 받을 수 있는 곳'으로 바뀌어야 한다. 아예 업(業)의 근본 개념부터 고객을 고려해야 한다는 뜻이다.[39]

고객에게 상품과 서비스를 팔고 싶다면 그 상품이나 서비스가 빛나게 해서는 안 된다. 언제 어디서나 그 상품과 서비스를 통해 고객이 빛나도록 할 방법을 모색해야 한다. 경쟁사를 이기는 힘은 경쟁사를 압도하는 것에서 나오는 것이 아니라 고객을 만족시킴으로써 나오는 것이다.[40]

《장사의 신》으로 유명한 우노 다카시는 자신이 운영하는 음식점의 종업원을 성장시켜 독립을 돕는 것으로 유명하다. 그는 가게를 내줄 때 일을 잘하는가보다는 '어떻게 해야 손님이 즐거워할까'를 생각할 수 있는가를 중요하게 본다고 한다. 직원이 이런 생각을 하고 있으면 고객만족 경영은 따로 강조할 필요도 없다.

환영합니다, 불만고객님!

 '존 구드만의 법칙'은 고객불만과 고객 충성도의 관계를 설명하는 법칙이다. 평소 아무런 문제를 느끼지 못하는 고객은 일반적으로 10퍼센트의 재방문율을 보인다. 그런데 불만을 제기하는 고객에게 그 불만사항에 대한 근본적인 해결 방안을 제시하거나 해결하려는 노력을 보임으로써 고객 감동 서비스를 제공했을 경우에는 해당 고객의 65퍼센트 이상이 다시 방문한다는 것이다. 신규 고객을 유치하는 데 드는 비용은 기존 고객을 유지하는 데 드는 비용의 5배가 된다고 하니 불만 고객을 유지하는 것이 왜 중요한지 알 수 있을 것이다. 불만 고객을 어려워하거나 스트레스로만 여길 것이 아니라 이를 잘 관리하면 기존의 불만과 관련한 부정적인 이미지를 바꾸어놓을 수 있다. 그러면 고객이 이전에 경험하지 못했던 상품이나 서비스에 대해서도 긍정적으로 인식할 기회를 제공할 수 있다.

 은행에서 근무할 때 악성 민원을 습관적으로 제기하는 고객에게 호되게 당하고 울고 있던 창구 직원을 위로해준 적이 있었다. 업무가 끝나고 그 직원이 스마트폰 요금 관련해서 모 텔레콤 회사에 전화를 거는 것을 봤다. 그런데 갑자기 엄청나게 깐깐하고 짜증 내는 불량 고객으로 둔갑하는 것이었다.

 전화를 끊자 내가 한마디 했다. "방금 이 대리의 전화를 받은 그 상담원은 낮에 불량 고객에게 호되게 당하던 이 대리 모습과 다를 바가 없을 겁니다."

불만을 품고 항의를 하거나 민원을 제기하는 고객이 따로 정해져 있는 것이 아니라 상황이 그렇게 만든다. 회사로 찾아와 고래고래 고함을 지르며 행패를 부리는 고객도 처음에는 아주 단순한 불만에서 시작한 경우가 많다.

한 번은 병원에서 물리치료를 받고 있는데 옆 칸에서 작은 소란이 일었다. 자기가 더 오래 기다렸는데 왜 다른 환자부터 치료를 하느냐며 욕을 하고 소리를 질러댔다. 담당 간호사는 그것이 아니라고 차근차근 설명했는데 그럴수록 환자의 목소리는 더욱 커졌다. 그때 다른 간호사가 들어가서 상황을 수습했다. 자신들의 규정과 상황을 설명하는 것이 아니라 적절히 맞장구를 쳐주면서 환자 얘기를 끝까지 들어주었다. 그랬더니 상대의 목소리도 점점 잦아들었다. 그러고 나서 병원의 규정을 설명해주니 환자도 이해를 하는 것이었다. 불만 고객을 응대할 때 고객이 오해하고 있는 부분을 가르치려 들면 낭패를 보기 십상이다. 회사나 자기 입장만 변호할 것이 아니라 일단 불만이 무엇인지 명확하게 들어야 한다. 그러고 나서 근본 원인이 무엇인지 차근차근 생각해보는 것이다. 말하는 것은 기술이지만 듣는 것은 예술이란 말이 틀린 것이 아니다.

지금은 고객만족 서비스에 대한 제도나 규정이 없는 기업은 없다. 그러나 껍데기만 있고 알맹이가 없는 100가지 고객만족제도보다 고객을 향한 진심이 담긴 한 가지 행동이 고객을 만족시키고 감동케

한다. 고객을 향한 진심이 담긴 고객만족제도가 무엇인지 알기 위해서는 기업이 현재 실시하고 있는 고객만족제도를 고객의 관점에서 다시 한 번 살펴볼 필요가 있다. 많은 기업이 그저 몇 번의 설문조사와 인터뷰만으로 고객의 니즈를 모두 파악했다고 자부한다. 또한 모든 것을 고객의 관점에서 보겠다고 다짐해놓고도 결국은 자신의 관점을 고객의 것인 양 고집하는 인지적 오류를 범하고 있다. 고객만족에 대한 철학이 바뀌기 위해서는 고객을 당장 이익을 가져다주는 존재가 아니라 평생 좋은 관계를 통해 지속적인 이익을 가져다주는 존재로 인식해야 한다.

고객으로부터 자유로운 기업이나 조직은 없다. 고객은 좋든 싫든 평생을 함께 가야 할 가장 중요한 파트너다. 고객이 있기 때문에 내가 존재한다는 생각, 그리고 찾아준 고객에게 깊은 곳에서 우러나오는 감사의 마음을 갖는 것이 바로 성공의 열쇠다. 고객의 중요성은 갈수록 커질 것이다.

52
약자가 강자를 꺾으면
왜 묘한 쾌감이 느껴질까

• 언더독 효과 •

　한국에서도 인기가 많은 EPL(잉글랜드 프리미어 리그) 경기가 열리고 있다. 한 팀은 강력한 우승후보인데 이에 맞서는 팀은 강등권이어서 이 경기에 패하면 다음 시즌에는 2부 리그에서 뛰어야 한다. 이런 경기를 관람할 때는, 원래 우승후보 팀의 팬이 아니라면 대부분이 약자인 강등권 팀을 응원하게 된다. 사람들에게는 매번 이기는 강자보다는 약자를 동정하는 마음이 있기 때문이다.

　이처럼 절대적인 강자가 존재할 때 약자가 콧대를 꺾어주기를 바라는 심리 현상을 '언더독 효과Underdog Effect'라고 한다. 이 용어는 개싸움에서 유래했는데, 두 마리의 개가 싸움을 할 때 구경꾼들은 밑에 깔린 개underdog가 위에서 짓누르는 개topdog를 이겨주기를 바란다. 이를 빗대 누가 봐도 객관적으로 열세에 놓여 있어 경쟁에서 뒤지는 사람에게 동정표가 몰리는 현상을 지칭하게 됐다. 이 용어가 언론에 등장한 것은 1948년 미국 대선 때다. 당시 토머스 듀이가 우세했고 해리 트루먼이 열세이던 상황이었는데 막판 동정표가 쏟아져 4.4퍼센트의 득표 차이로 트루먼이 역전을 거뒀다.

이처럼 언더독 효과가 가장 두드러지게 드러나는 분야가 정치판이다. 선거에서는 보통 약자가 강자에게 도전하는 형태가 일반적인데, 선거에서 매번 이기는 절대적인 강자보다는 약자가 선전할 때 그 약자를 응원하고 뭔가 반전을 기대하는 심리가 존재한다.

2007년 이명박 후보와 당내 경선에서 맞붙은 박근혜 후보 측에서는 언더독 효과를 노리고 다음과 같은 선전 문구를 유포했다. "박근혜 후보는 부모를 흉탄에 잃었고, 시집도 가지 않았습니다. 박근혜는 대한민국과 결혼했습니다."

박근혜 진영의 언더독 전략은 그전에도 구사된 바 있다. 2004년 제17대 총선을 맞이하여 당대표로 선출된 박근혜 의원은 천막 당사에서 생활을 시작했다. 당시는 한나라당의 정치자금 차떼기 문제로 온 나라가 들끓던 상황이었다. 천막 당사 생활은 당이 붕괴될지 모르는 절체절명의 상황에서 박근혜 대표가 내세운, 일종의 언더독 효과를 노린 전략이었다. 철저히 반성하고, 바닥부터 다시 시작하겠다는 의미였다. 이때 그 유명한 '붕대투혼'이라는 말도 나왔다. '발로 뛰며 얼마나 사람을 많이 만났으면 손이 다 아파서 붕대로 감쌌을까'라고 많은 사람이 짠하게 생각했다.[41]

전설의 언더독들

 2009년 8월 PGA 챔피언십에서 타이거 우즈를 꺾고 한국인 최초로 메이저 대회 타이틀을 따낸 프로골퍼 양용은. 그는 대회 시작 전에는 다크호스에도 끼지 못하는 전형적인 언더독이었다. 세계 랭킹 100위권 밖의 무명 골퍼인 그를 주목하는 사람은 없었다. 세계는커녕 한국에서조차 지명도가 그다지 높지 않으며 나이도 37세로 적지 않았다. 다른 세계 정상급 선수들이 유소년 시절부터 체계적인 영재 교육을 받은 것에 비해 그는 고등학교를 졸업하고 골프장에서 아르바이트를 하다가 골프채를 잡은 늦깎이였다. 그의 우승을 놓고 해외 언론은 '세계 스포츠 역사상 3대 이변'이라는 등의 표현을 했는데 그것이 완전히 호들갑은 아닌 이유다. 세계인은 그에게 아낌없는 박수를 보냈다. 언론들은 언더독이 탑독을 눌러 이긴 대표적인 사례라며 다윗과 골리앗의 싸움에서 다윗이 이긴 것에 비유하기도 했다.

 스포츠에서는 이런 사례가 매우 많다. 2000년 시드니 올림픽 수영 남자 자유형 100미터 경기에서 적도 기니 출신의 에릭 무삼바니는 해수욕장에서나 입는 헐렁한 트렁크 차림으로 '개헤엄'을 쳐 화제가 됐다. 그는 1분 52초 72를 기록해, 예선 1위로 골인한 피터 호헨반트(네덜란드)의 48초 64보다 무려 1분 04초 08이나 뒤졌다. 하지만 "물에 빠져 죽지 않으려고 완주했다"는 유명한 말을 남기며 대회 최고의 스타가 됐다. 그가 골인 지점에 들어온 것은 모든 선수가 들어오고도 한참 후였는데, 관중은 일제히 기립박수를 치며 환호성을 보냈다. 겨울이 없는 나라에서 갖은 고생 끝에 동계 올림픽에 출전한 자메이카

봅슬레이팀 이야기도 비슷하다. 이들은 전 세계인의 박수를 받았고, 그 신화적인 스토리는 〈쿨 러닝Cool Runnings〉이라는 영화로 소개되기도 했다.

언더독 효과 사례를 영화에서 찾자면 〈도어 투 도어Door to door〉를 빼놓을 수 없다. 왓킨스 사의 전설적인 판매왕 빌 포터의 이야기다. 뇌성마비 지체장애자인 그는 홀어머니와 단둘이 살아가고 있었다. 말을 할 때면 안면이 비정상적으로 뒤틀렸고 오른손은 쓸 수 없었으며 다리도 절었다. 누구도 맡으려 하지 않는 어려운 지역으로 보내달라는 각오를 드러내며 어렵게 어렵게 영업사원에 채용이 되긴 했지만, 그가 방문한 가정에서 인사말조차 끝까지 들어주는 집은 몇 되지 않았다. 면전에서 문을 쾅 닫거나 심지어는 걸인 취급을 하기도 했다. 하지만 그는 하루도 쉬지 않고 자신이 맡은 지역을 돌며 회사 제품을 홍보했다. 수십 킬로미터 거리에 달하는 지역을 날마다 방문하는 것은 정상인에게도 벅찬 일이었다. 그는 거절을 당할 때마다 '다음에 더 좋은 제품으로 방문해달라'는 요청이라 생각하고 새로운 제품이 나올 때마다 꼬박꼬박 다시 찾아갔다. 그런 그의 성실함이 점차 고객들에게 전달되면서 주문이 늘어나기 시작했다. 단순히 판매원이 아니라 집집마다 다니면서 집과 집을 연결해주는 고리가 되고 마을의 소식을 전해주는 매개체 역할을 했다. 아픈 사람의 마음을 어루만져주고 깊은 속내 얘기도 진심으로 들어주었다. 마침내 그는 회사 안에서도 모든 이가 존경하는 판매왕이 되었으며 지금까지도 그의 기록은 깨지지 않고 있다. 미국을 비롯한 전 세계 사람들은 이 전형적인 언더욱 빌 포터의 스토리에 아낌없는 박수를 보낸다.

약자에게 보내는 따뜻한 시선

고등학교 1학년 때의 일이다. 길을 가는데 구청 직원들이 트럭을 타고 나타나 노점에서 장사를 하는 할머니의 가판대를 뒤엎는 것을 보았다. 할머니는 바닥에 나뒹구는 물건들을 바라보며 넋이 나간 채 망연자실 서 있을 뿐이었다. 그때 정장 차림의 신사 한 분이 물건 하나를 집어 들고는 값을 지불하고 갔다. 그러자 주위에 있던 사람들이 너도나도 따라 하기 시작했다. 땅바닥에 널려 있던 물건들은 어느새 다 팔리고 할머니의 주머니에는 꼬깃꼬깃한 지폐들이 채워졌다. 그 일은 수십 년이 지난 지금도 여전히 생생하게 기억난다. 사회가 아무리 각박해졌다고 해도 여전히 우리에게는 희망이 있다고 생각하는 이유다.

퇴근길 골목 어귀에 현대식으로 오픈한 멋진 야식집보다는 홀로 아이를 키우는 아주머니의 소박한 떡볶이집에 들러 간식거리를 사 들고 가는 당신, 길 건너 마트에는 깨끗하고 질 좋은 상품이 끝없이 진열되어 있지만 아파트 입구에 자리 깔고 앉은 할머니의 푸성귀를 사 들고 가는 당신, 법적으로는 금지되어 있지만 지하철에서 신문지를 수거하는 노인이나 잡상인을 몰아내는 공익요원에게 조금 살살하라고 핀잔을 주는 당신. 당신이 바로 이런 심리 효과를 보여주는 사람이다.

힘을 가진 사람은 항상 틀리고 약한 사람이 늘 옳은 것은 아니지만, 그래도 약한 사람들이 이겼으면 하는 마음이 누구에게나 있다. 마케팅 고수들의 교묘한 수법에 넘어가는 것만 아니라면 언더독 효과를 통해 세상이 조금은 더 아름다워질 수 있을 것이다.

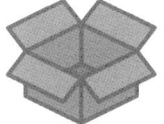

주

1장

1. 네이버 블로그, 당당한 나의 모습, "초두효과"
2. 이트레이트증권 블로그, 행복이 트레이드되는 시간, [심리야 놀자], 초두 효과
3. 네이버 블로그, 애쉬와 나
4. 롤프 도벨리 지음, 두행숙 옮김, 《스마트한 선택들》, 걷는나무, 2013, pp.227-228.
5. 위키백과
6. 김경준 지음, 《지금 마흔이라면 군주론》, 위즈덤하우스, 2012, p.227.
7. 이주형 지음, 《평생 갈 내 사람을 남겨라》, 비즈니스북스, 2011, p.143.
8. 네이버블로그, 상고대, "위대한 파트너십, 산악인 힐러리와 텐징 노르가이!!"
9. 조선일보," '무엇을' 보다 '어떻게'… 故 박영석 대장이 준 교훈", 2012.10.11.
10. 레지너 브릿 지음, 문수민 옮김, 《인생의 끝에서 다시 만난 것들》, 비즈니스북스, 2013, p,105.
11. 정진홍 지음, 《인문의 숲에서 경영을 만나다 II》, 21세기북스, 2008, p.210.
12. 김기석 지음, 《일상순례자》, 웅진뜰, 2011, p.109.
13. 전옥표 지음, 《빅 픽처를 그려라》, 비즈니스북스, 2013. P.242.
14. 존 맥스웰 지음, 김고명 옮김, 《사람은 무엇으로 성장하는가》, 비즈니스북스, 2012, p.349.
15. 네이버 블로그, 양수의 블로그, "갈라파고스 신드롬(Galapagos Syndrome)"
16. http://blogdoc.nate.com/521413
17. 이투데이, "대한민국 축구와 서비스산업 진화의 과제", 2014.01.29.
18. 이지훈 지음, 《혼창통》, 쌤앤파커스, 2010, p.143.
19. 유영만 지음, 《생각지도 못한 생각지도》, 위너스북, 2011, pp.8~9.
20. 김혜남 지음, 《심리학이 서른 살에게 답하다》, 걷는나무, 2009, p.158.
21. 정진홍 지음, 《인문의 숲에서 경영을 만나다 II》, 21세기북스, 2008, p.205.
22. 레이먼드 조 지음, 《관계의 힘》, 한국경제신문, 2013, pp.10-11.
23. 프로이트정신분석연구소, 정신분석강의, 부모교육 중에서
24. 신영복 지음, 《처음처럼》, 랜덤하우스, 2007, p.213.
25. 유영만 지음, 《내려가는 연습》, 위즈덤하우스, 2008, pp.159-160.
26. 레이먼드 조 지음, 《관계의 힘》, 한국경제신문, 2013, p.164.
27. 이트레이트증권 블로그, 행복이 트레이드되는 시간, [심리야 놀자], "단순노출 효과"

28. 한국경제, "직원들과 잦은 커뮤니케이션…비전 심어줘야 회사목표 달성", 2012.12.20.
29. 리처드 J. 라이더, 데이비드 A. 샤피로 지음, 김정홍 옮김, 《인생의 절반쯤 왔을 때 깨닫게 되는 것들》, 위즈덤하우스, 2011.
30. 정진홍 지음, 《인문의 숲에서 경영을 만나다 II》, 21세기북스, 2008, p.204.
31. 농협의 '같이의 가치' 광고 중
32. 레이먼드 조 지음, 《관계의 힘》, 한국경제신문, 2013, p.28.
33. 이주형 지음, 《평생 갈 내 사람을 남겨라》, 비즈니스북스, 2011, p.261.
34. 김경준 지음, 《지금 마흔이라면 군주론》, 위즈덤하우스, 2012, pp.157-158.
35. 김혜남 지음, 《심리학이 서른 살에게 답하다》, 걷는나무, 2009, p.60.
36. 이주형 지음, 《평생 갈 내 사람을 남겨라》, 비즈니스북스, 2011, p.47.

2장

1. 롤프 도벨리 지음, 두행숙 옮김, 《스마트한 선택들》, 걷는나무, 2013, p.287.
2. 혜민 지음, 《멈추면 비로소 보이는 것들》, 쌤앤파커스, 2012, p.76.
3. 신영복 지음, 《감옥으로부터의 사색》, 돌베개, 1998, p.306.
4. 한국경제, "백스윙 때 갈대 건드렸다…양심고백 우승날려", 2010.04.20.
5. 이채욱 지음, 《백만 불짜리 열정》, 랜덤하우스중앙, 2006, pp.88-90.
6. 정진홍 지음, 《인문의 숲에서 경영을 만나다 III》, 21세기북스, 2010, p.129.
7. 롤프 도벨리 지음, 두행숙 옮김, 《스마트한 선택들》, 걷는나무, 2013, pp.107-108.
8. 이트레이트증권 블로그, 행복이 트레이드되는 시간, [심리야 놀자], "자이가르닉 효과"
9. 한국경제, "실패한 기억, 왜 자꾸 떠오를까", 2014.04.04.
10. 보험정보, 학습된 무기력 이란? 무기력 극복방법 - 코끼리의 말뚝 이야기
11. 네이버카페, 든든영이, 영어학습관련 교육테마, "스키마(Schema)를 기르자"
12. 정진홍 지음, 《인문의 숲에서 경영을 만나다 III》, 21세기북스, 2010, p.7.
13. 정진홍 지음, 《인문의 숲에서 경영을 만나다 II》, 21세기북스, 2008, p.52.
14. 위의 책, p.190.
15. 전옥표 지음, 《빅 픽처를 그려라》, 비즈니스북스, 2013, P.139.
16. 이트레이트증권 블로그, 행복이 트레이드되는 시간, [심리야 놀자], "바넘 효과"
17. 네이버 지식 IN, "페루에는 혈액형이 한가지다??"
18. 롤프 도벨리 지음, 두행숙 옮김, 《스마트한 생각들》, 걷는나무, 2012, p.132.

19. 김경준 지음, 《지금 마흔이라면 군주론》, 위즈덤하우스, 2012, pp.239-240.
20. 네이버 카페, 윌리엄을 사랑하는 사람들, "모든 우연한 발견에도 공통점이 있다"
21. 서울신문, "현대차, 길거리 캐스팅으로 인재 채용", 2013.06.26.
22. 이트레이트증권 블로그, 행복이 트레이드되는 시간, [심리야 놀자], "터널시야 현상"
23. 정진홍 지음, 《인문의 숲에서 경영을 만나다 II》, 21세기북스, 2008, p.26.
24. 정진홍 지음, 《인문의 숲에서 경영을 만나다 III》, 21세기북스, 2010, pp.78-79.
25. 전옥표 지음, 《빅 픽처를 그려라》, 비즈니스북스, 2013. P.104.
26. 정진홍 지음, 《인문의 숲에서 경영을 만나다 III》, 21세기북스, 2010, pp.320-321.
27. 말콤 글래드웰 지음, 임옥희 옮김, 《티핑 포인트》, 이끌리고, 2000, pp.17-24.
28. 위의 책, p.27.
29. 김혜남 지음, 《심리학이 서른 살에게 답하다》, 걷는나무, 2009, p.248.
30. 정진홍 지음, 《인문의 숲에서 경영을 만나다 I》, 21세기북스, 2007, pp.57-58.
31. 조선일보, Weekly BIZ, "이카루스 패러독스 노키아 떨어뜨리다", 2012.05.19.
32. 정진홍 지음, 《인문의 숲에서 경영을 만나다 III》, 21세기북스, 2010, p.19.
33. 정진홍 지음, 《인문의 숲에서 경영을 만나다 I》, 21세기북스, 2007, p.76.
34. 정민 지음, 《삶을 바꾼 만남》, 문학동네, 2011, p.13.
35. 게리 켈러, 제이 파파산 지음, 구세희 옮김, 《원씽》, 비즈니스북스, 2013, p.32.
36. 존 맥스웰 지음, 김고명 옮김, 《사람은 무엇으로 성장하는가》, 비즈니스북스, 2012, p.186.
37. 유영만 지음, 《브리꼴레르》, 쌤앤파커스, 2013, p.200.
38. 최인철 지음, 《프레임》, 21세기북스, 2007, pp.11-13.
39. 롤프 도벨리 지음, 두행숙 옮김, 《스마트한 선택들》, 걷는나무, 2013, p.145.
40. 정진홍 지음, 《인문의 숲에서 경영을 만나다 II》, 21세기북스, 2008, pp.239-240.
41. 김기석 지음, 《일상순례자》, 웅진뜰, 2011, pp.63-64.

3장

1. 이주형 지음, 《평생 갈 내 사람을 남겨라》, 비즈니즈북스, 2011, p.153.
2. 롤프 도벨리 지음, 두행숙 옮김, 《스마트한 생각들》, 걷는나무, 2012, p.57.
3. 전옥표 지음, 《빅 픽처를 그려라》, 비즈니스북스, 2013. P.280.
4. 이주형 지음, 《평생 갈 내 사람을 남겨라》, 비즈니즈북스, 2011, p.259.
5. 경향신문, "스마트폰 하루 34번 '확인 습관', 집중력 저하 • 사고력 방해 원인", 2011.07.29.

6. 이투데이, "[올 스마트]'스마트포노이드'시대, 라이프 스타일 반영 어플 'TOP5'", 2013.06.03.
7. 동아일보, "인터넷이 새로운 형태의 중독 증세를 만들고 있다", 2006.12.21.
8. 정진홍 지음, 《인문의 숲에서 경영을 만나다 II》, 21세기북스, 2008, p.228.
9. 유영만 지음, 《브리꼴레르》, 쌤앤파커스, 2013, p.235.
10. 로버트 치알디니 지음, 이현우 옮김, 《설득의 심리학》, 21세기북스, 2002, p.233.
11. 이트레이트증권 블로그, 행복이 트레이드되는 시간, [심리야 놀자], 밴드왜건 효과
12. 로버트 치알디니 지음, 이현우 옮김, 《설득의 심리학》, 21세기북스, 2002, p.186.
13. 이트레이트증권 블로그, 행복이 트레이드되는 시간, [심리야 놀자], "칼리굴라 효과"
14. 코리아헤럴드, "유명인 따라 자살하는 베르테르 효과 통계로 입증", 2014.03.18.
15. 유영만 지음, 《생각지도 못한 생각지도》, 위너스북, 2011, p.5.
16. 이봉희 지음, 《내 마음을 만지다》, 생각속의집, 2011. p.120.
17. 김정운 지음, 《노는 만큼 성공한다》, 21세기북스, 2011. p.210.
18. 박상철 지음, 《당신의 백년을 설계하라》, 생각속의집, 2012, p.233.
19. 한국경제, "직원들 피 말리는 피그말리온 효과", 2012.12.06.
20. 김혜남 지음, 《심리학이 서른 살에게 답하다》, 걷는나무(웅진), 2009, p.127.
21. 이트레이트증권 블로그, 행복이 트레이드되는 시간, [심리야 놀자], "피터팬 증후군"
22. 헤럴드경제, "중견기업 되기까지 19.4년…피터팬 증후군 극복 위한 세제지원 필요", 2014.05.22.
23. 로버트 치알디니 지음, 이현우 옮김, 《설득의 심리학》, 21세기북스, 2002, p.245.
24. 롤프 도벨리 지음, 두행숙 옮김, 《스마트한 생각들》, 걷는나무, 2012, p.17.
25. 리처드 J. 라이더, 데이비드 A. 샤피로 지음, 김정홍 옮김, 《인생의 절반쯤 왔을 때 깨닫게 되는 것들》, 위즈덤하우스, 2011.
26. 강상구 지음, 《마흔에 읽는 손자병법》, 흐름출판, p.221.
27. 이트레이트증권 블로그, 행복이 트레이드되는 시간, [심리야 놀자], "샤르팡티에 효과"
28. 김경준 지음, 《지금 마흔이라면 군주론》, 위즈덤하우스, 2012, p.66
29. 롤프 도벨리 지음, 두행숙 옮김, 《스마트한 생각들》, 걷는나무, 2012, p.82.
30. 전옥표 지음, 《빅 픽처를 그려라》, 비즈니스북스, 2013. p.92.
31. 김기석 지음, 《일상순례자》, 웅진뜰, 2011, p.78.
32. 위의 책, p.210.
33. 조선일보, 고전은 내 친구 〈32〉 R. 발저 "벤야멘타 하인학교", 2013.06.03.
34. 정진홍 지음, 《인문의 숲에서 경영을 만나다 III》, 21세기북스, 2010, p.153.
35. 우노 다카시 지음, 김문정 옮김, 《장사의 신》, 쌤앤파커스, 2012, p.152.

4장

1. 조선일보, Why?, "엄마는 강했다", 2013.6.01.
2. 이트레이트증권 블로그, 행복이 트레이드되는 시간, [심리야 놀자], "링겔만 효과"
3. 정광일 지음, 《회사의 속마음》, 랜덤하우스, 2011, pp.19-21.
4. 정진홍 지음, 《인문의 숲에서 경영을 만나다 I》, 21세기북스, 2007, pp.262-269.
5. 잭 웰치 지음, 이동현 옮김, 《끝없는 도전과 용기》, 청림출판, 2001, pp.166-171.
6. 노스코트 파킨슨 지음, 김광웅 옮김, 《파킨슨의 법칙》, 21세기북스, 2010, p.25.
7. 이주형 지음, 《6시그마 콘서트》, 가산출판사, 2006, pp.248-251.
8. 위키백과, "호손효과"
9. 매일경제, "기니피그 효과, 무슨 뜻?", 2013.12.14.
10. 로렌스 피터, 레이몬드 헐 지음, 서유진, 나은영 옮김, 《피터의 원리》, 21세기북스, 2009.
11. 강상구 지음, 《마흔에 읽는 손자병법》, 흐름출판, p.212.
12. 정진홍 지음, 《인문의 숲에서 경영을 만나다 I》, 21세기북스, 2007, p.23.
13. 정진홍 지음, 《인문의 숲에서 경영을 만나다 II》, 21세기북스, 2008, p.39.
14. 천두성(KT 인사담당 상무)의 페이스북
15. 정진홍 지음, 《인문의 숲에서 경영을 만나다 I》, 21세기북스, 2007, pp.156-157
16. 위의 책, p.37.
17. 롤프 도벨리 지음, 두행숙 옮김, 《스마트한 선택들》, 걷는나무, 2013, p.117.
18. 정진홍 지음, 《인문의 숲에서 경영을 만나다 III》, 21세기북스, 2010, pp.150-151.
19. 조선일보, "지휘봉이 필요 없는 순간", 2014.01.08.
20. 조선일보, Weekly BIZ, "리더로 산다는 건, 눈물이 날만큼 외롭고 힘든 것", 2014.02.14.
21. 김경준 지음, 《지금 마흔이라면 군주론》, 위즈덤하우스, 2012, pp.135-136.
22. 정진홍 지음, 《인문의 숲에서 경영을 만나다 III》, 21세기북스, 2010, p.175.
23. 정진홍 지음, 《인문의 숲에서 경영을 만나다 II》, 21세기북스, 2008, p.59
24. 조선일보, "'여사님' 한마디에…청소업체의 비밀", 2012.06.07.
25. 조선일보, Weekly Biz, "당근과 채찍만으로는 사람의 마음을 움직이지 못한다", 2011.11.05.
26. 박용후 지음, 《관점을 디자인하라》, 프롬북스, 2013. P.209.
27. 이트레이트증권 블로그, 행복이 트레이드되는 시간, [심리야 놀자], "크레스피 효과"
28. 최우석 지음, 《삼국지 경영학》, 을유문화사, 2007, p.59.
29. 이채욱 지음, 《백만 불짜리 열정》, 랜덤하우스중앙, 2006, pp.66-69.
30. 이트레이트증권 블로그, 행복이 트레이드되는 시간, [심리야 놀자], "깨진 유리창 이론"

31. 조정민 지음, 《사람이 선물이다》, 두란노, 2011, p.191.
32. 한국경제, "나폴레옹 패전 초래한 '한 줌의 못'", 2012.12.30.
33. 이트레이트증권 블로그, 행복이 트레이드되는 시간, [심리야 놀자], "잔물결 효과"
34. 조선일보, 세상을 바꾼 리더, "무릎 꿇은 빌리 브란트의 용기…전후 독일을 일으켜 세우다", 2014.02.13.
35. 이트레이트증권 블로그, 행복이 트레이드되는 시간, [심리야 놀자], "유리 천장 효과"
36. 정진홍 지음, 《인문의 숲에서 경영을 만나다 Ⅰ》, 21세기북스, 2007, p.198.
37. 정진홍 지음, 《인문의 숲에서 경영을 만나다 Ⅲ》, 21세기북스, 2010, p.127.
38. 동아일보, "은행강도 쫓아낸 女청경 '살인미소'", 2006.02.07.
39. 박용후 지음, 《관점을 디자인하라》, 프롬북스, 2013. p.261.
40. 위의 책, p.252.
41. 오마이뉴스, "박근혜 '붕대투혼'의 진실… 언더독 전략", 2013.12.01.

지적인 생각법

초판 1쇄 발행 2014년 07월 24일
초판 3쇄 발행 2014년 11월 12일

지은이 이주형
펴낸이 연준혁

출판 2분사 분사장 이부연
책임편집   박경순
제작   이재승
펴낸곳   (주)위즈덤하우스
출판등록   2000년 5월 23일 제13-1071호
주소   (410-380) 경기도 고양시 일산동구 정발산로 43-20 센트럴프라자 6층
전화   031)936-4000 팩스 031)903-3895
홈페이지   www.wisdomhouse.co.kr
종이   월드페이퍼
인쇄·제본   (주)현문
후가공   이지앤비

값 14,000원
ISBN 978-89-6086-696-6 (13320)

* 잘못된 책은 바꿔드립니다.
* 이 책의 전부 또는 일부 내용을 재사용하려면
  사전에 저작권자와 (주)위즈덤하우스의 동의를 받아야 합니다.

국립중앙도서관 출판예정도서목록(CIP)
지적인 생각법 / 지은이: 이주형. -- 고양 : 위즈덤하우스, 2014
   p. ; cm

ISBN 978-89-6086-696-6 13320 : ₩14000

지식[知識]
일반 상식[一般常識]

031-KDC5
039.957-DDC21   CIP2014020682